Hansjörg Hemminger

Und Gott schuf Darwins Welt

Schöpfung und Evolution, Kreationismus und Intelligentes Design

BRUNNEN
Verlag GmbH · Giessen

© 2009 Brunnen Verlag Gießen
www.brunnen-verlag.de
Lektorat: Ralf Tibusek
Umschlagmotiv: Visipix
Umschlaggestaltung: Ralf Simon
Satz: Die Feder GmbH, Wetzlar
Herstellung: Books on Demand GmbH, Norderstedt
ISBN 978-3-7655-1429-6

INHALT

Vorwort

Ende 2007 schrieb mir ein Pfarrer der Evangelischen Landeskirche in Württemberg einen Brief. In dem Schreiben bekannte er sich zum Kreationismus. Sein Argument war klar und einsichtig aufgebaut: Wenn die Evolutionstheorie die Geschichte der Lebewesen erklärt, so schrieb er, dann folgt daraus, dass die Lebewesen nicht von Gott geschaffen wurden. Denn dann braucht man Gott nicht dafür, die Existenz der Lebewesen zu erklären. Wenn dagegen die Lebewesen von Gott geschaffen wurden, kann die naturwissenschaftliche Erklärung für die Geschichte der Natur und der Lebewesen nicht korrekt sein. Dann muss die Biologie das Handeln Gottes berücksichtigen, wie es der Kreationismus und die Bewegung für ein „Intelligentes Design" tun. Der Glaube an Gott, den Schöpfer, steht und fällt deshalb mit der Richtigkeit oder Fehlerhaftigkeit der Naturwissenschaft. Und die Kirche muss sich, das ist die zwingende Folge, auf die Seite des Kreationismus oder mindestens des „Intelligenten Designs" und gegen die Naturwissenschaft stellen. Denn auf den Schöpfungsglauben kann sie nicht verzichten.

Ist die Sachlage wirklich so einfach? Schließen sich Evolution und der Glaube an Gott, den Schöpfer, gegenseitig aus? Dann müssten die Kirchen ihr eigenes Bildungssystem aufbauen und eine christliche Naturwissenschaft entwickeln, um ihrem Bekenntnis in der modernen Welt der Wissenschaft und Technik treu zu bleiben. Dann könnte ich als Autor nicht gleichzeitig Christ und forschender Naturwissenschaftler sein. Und ich könnte als jemand, der den Kreationismus ablehnt und dem „Intelligenten Design" kritisch gegenübersteht, kein kirchliches Amt ausüben. Oder gibt es doch eine Möglichkeit, die Erkenntnisse der modernen Naturwissenschaft und das Schöpfungszeugnis der Bibel beide in ihrem Recht stehen zu lassen?

Eine einfache Frage, die aber nicht leicht zu beantworten ist. Denn es handelt sich um einen Sonderfall einer weit größeren Frage, die man in philosophischer Sprache so formulieren kann: Wie ist das Verhältnis von Immanenz und Transzendenz zu verstehen? Oder, in christlichen Begriffen: Wie verstehen wir als Menschen, als Geschöpfe Gottes, das Wirken unseres Schöpfers, des ewigen Gottes, in der geschaffenen Welt, die wir kennen und deren Abläufe wir zum Teil erklären können? Was ist zum Beispiel, wenn eine Lungenentzündung durch Antibiotika kuriert wird und gleichzeitig für den Kranken gebetet wurde?

Die Medizin erklärt vielleicht nicht vollständig, aber doch zum großen Teil, wie die Infektion zurückgedrängt wurde. Wenn das Medikament den Kranken gesund gemacht hat, was hat Gott noch damit zu tun?

Die meisten Christen würden darauf antworten, dass es keinen Widerspruch zwischen der „immanenten" Ursache der Heilung, dem Medikament, und der transzendenten Einbettung der Heilung in das Handeln Gottes gibt. Gott hat, so würden sie sagen, auch durch das Medikament am Kranken gehandelt. Gegen seinen Willen und ohne seinen Segen hätte es nicht geholfen. Also darf und soll man, so die Schlussfolgerung, Gott für die Heilung durch das Antibiotikum danken. Wenn wir für etwas beten und das Gebet wird erhört, können wir häufig im Nachhinein eine Reihe von Ursachen dafür angeben. Wir verstehen, wie es dazu kam, wenn auch nicht im Voraus und nicht vollständig.

Unerklärliche Gebetserhörungen gibt es ebenso, aber sie sind selten. Gehören die Ursachen, die wir verstehen, nicht zum Handeln Gottes, und betrachten wir nur unerklärliche Ereignisse als Gebetserhörung?

Im Gegenteil, wir gehen mit Recht davon aus, dass alles, was uns widerfährt, seinen letzten Grund in Gottes Willen hat, ob wir Erklärungen dafür haben oder nicht. Das Handeln Gottes an der Welt und in der Welt steht nicht im Widerspruch zu den gesetzmäßigen Abläufen, die von Menschen erkannt und genutzt werden, reicht allerdings weit über sie hinaus. Aber wenn das überall sonst gilt, warum nicht in der Geschichte der Lebewesen? Warum soll in diesem Fall ein einfaches Entweder-Oder gelten, mit dem wir sonst nicht auskommen? In meiner Antwort auf den Brief des Pfarrers benutzte ich folgendes Beispiel: Bei jedem Taufgottesdienst wird den Eltern von der Kirche zugesagt, dass ihr Kind ein einzigartiges Geschenk Gottes sei. Aus medizinischer Sicht entsteht das einmalige menschliche Individuum jedoch durch einen absichtslosen Naturprozess, der bei der Reifung und späteren Verschmelzung der Keimzellen die genetische Kombination dieses Menschen erzeugt. Wir verstehen diesen Prozess inzwischen sehr gut, und wir können das Erbgut eines Menschen fast vollständig „lesen". Niemand kommt auf die Idee, darin eine Widerlegung der Glaubensaussage zu sehen, nach der das Individuum in seiner Einzigartigkeit von Gott gewollt ist.

Warum eigentlich nicht? In den Theorien der Fortpflanzungsmedizin und der Genetik kommt Gottes Handeln nicht vor. Also – so muss man schließen, wenn man denkt wie mein Korrespondent – kommt das einmalige Individuum nicht nach Gottes Willen zustande, sondern durch bloßen Zufall. Wir brauchen eine andere Medizin, die feststellt, wann und wo Gott in den Prozess der Reifeteilung und Insemination eingreift. Oder ist die Tatsache, dass wir einen Ablauf medizinisch erklären können, doch kein Widerspruch dazu, dass Gott gehandelt hat? Vielleicht sind die Erkenntnisse der Biologie zur Entstehung von Lebewesen auch kein Widerspruch zu dem Glauben, dass Gott dabei gehandelt hat?

Warum man diese Fragen mit „ja" beantworten muss, und warum die Alternativen dazu nicht überzeugen, ist das erste Thema dieses Buchs. Es will naturwissenschaftlich fundiert über Biologie und Schöpfungsglauben informieren, aber es will zusätzlich etwas Weiteres erreichen: Wenn wir als Christen den gedanklichen Problemen um Gottes Handeln in der Welt entgehen wollen, müssen wir über unser eigenes Denken nachdenken.

Das ist das zweite Thema des Buchs: Welche Art von Erkenntnis ist menschliche Naturerkenntnis? Was bedeutet es, über das Ganze von Welt und Wirklichkeit zu sagen, Gott habe alles geschaffen? Beide Erkenntnisse werden in menschlicher Sprache als Sätze formuliert, und sie liegen im Gehirn von Menschen als Assoziationen vor, mit denen diese Menschen ihre Wirklichkeit deuten. Aber sprechen sie von derselben Wirklichkeit auf gleiche Weise, wie mein Korrespondent selbstverständlich annahm? Oder sprechen menschliche Sätze vielleicht nur von einem Aspekt, einem Teilbereich der ganzen Wirklichkeit, weil menschliche Erkenntnis nicht mehr leistet und menschliche Sprache nicht mehr ausdrücken kann?

Vielleicht spricht das Bekenntnis zur Schöpfung über das Ganze der Welt, aber nicht über Einzelheiten ihres Werdens und Seins, während die Naturwissenschaft nur über diese Einzelheiten etwas zu sagen hat? Wenn es so wäre, müsste man sehr vorsichtig damit sein, zwischen Naturwissenschaft und Schöpfungsglauben vorschnelle Widersprüche zu konstruieren oder umgekehrt vorschnell das eine mit dem anderen belegen und beweisen zu wollen.

Schließlich gibt es einen dritten Grund, ein Buch über Evolution und Schöpfung zu schreiben. Die moderne Naturwissenschaft nur als ein Problem für den Glauben zu sehen, greift viel zu kurz. Wir Christen würden eine große Chance verspielen, wenn wir die Ergebnisse der Naturwissenschaft nicht für das Bekenntnis zu Gott, dem Schöpfer, nutzen würden. Wir haben nämlich allen Anlass, über die Ordnung und die Vielfalt des Lebendigen zu staunen, die uns die moderne Wissenschaft vor Augen führt: Wir wissen Bescheid über die chemische „Schrift", mit der Erbinformation von Generation zu Generation weitergegeben wird.

Wir kennen die winzigen biochemischen „Lesemaschinen", die solche Informationen in die Baustoffe einer lebenden Zelle umsetzen.

Wir verstehen das Zusammenwirken unzähliger Arten von Tieren und Pflanzen in einem Ökosystem zwar keineswegs vollständig. Aber wir wissen genug, um absehen zu können, mit welcher komplexen Ordnung wir es zu tun haben.

Es wäre traurig, würden wir in den Kirchen über all jenen Fragen vergessen, die Natur offen und staunend zu betrachten und uns an den Wundern der Schöpfung zu freuen. Für die Weisheitsliteratur des Alten Testaments war es selbstverständlich, dass mehr Wissen über die Natur ein Weg zu mehr Weisheit und mehr Gottvertrauen ist. Diesen Weg gilt es wieder zu gehen.

Neben der Torheit, Gott zu leugnen,
ist doch wohl die größte, ihn zu beweisen.

Emil Brunner

KREATIONISMUS IM AUFWIND

Sturm im Blätterwald

Der deutsch-französische Kultursender Arte gab am 18. September 2006 den Anstoß für eine heftige Debatte um Schöpfung und Evolution. Ein dreiteiliger Themenabend zum christlichen Fundamentalismus begann mit der Sendung „Von Göttern und Designern – Ein Glaubenskrieg erreicht Europa". In der Sendung bestätigte der Biologie- und Chemielehrer Wolfgang Meyer von der Liebig-Schule in Gießen, dass er im Unterricht das Schulbuch „Evolution – ein kritisches Lehrbuch" der kreationistischen Studiengemeinschaft „Wort und Wissen" benutzte: *„Ich stelle den Schülern im Biologieunterricht beide Modelle vor, die Evolutionstheorie und die Schöpfungslehre. Sie sollen sich mit beiden Theorien auseinander setzen."*[1]

Weiterhin stellte Arte die private Gießener August-Hermann-Francke-Schule vor, in der kreationistischer Unterricht erteilt werde. Das zuständige Schulamt nahm wenige Tage später dazu Stellung. Die evangelische Bekenntnisschule halte sich, so die Behörde, an den Rahmen des Schulrechts, weil sie außer den kreationistischen Ideen auch den prüfungsrelevanten Stoff im Fach Biologie unterrichte. Der Fall des staatlichen Gymnasiallehrers Wolfgang Meyer, der privat wie der Leiter des Schulamts einer Freikirche in Gießen angehört,

wurde disziplinarrechtlich überprüft. Zum Erstaunen mancher war
das Ergebnis, dass auch jener sich im Rahmen der rechtlichen Vorgaben bewegt habe. Denn im Lehrplan heiße es: „Auseinandersetzung
mit religiösen und philosophischen Aussagen müssen die naturwissenschaftliche Diskussion ergänzen und erweitern."

Allerdings versteht sich das Buch, das Meyer benutzte, „Evolution – ein kritisches Lehrbuch", nicht als theologisches oder philoso-
phisches Werk, sondern naturwissenschaftlich. Wo dies nicht der
Fall ist, wird der Wechsel der Argumentation säuberlich vermerkt
(Näheres in den Kapiteln „Die Bibel und die Angst vor der modernen
Welt" sowie „Moderne Biologie und Kreationismus). Dieser Um-
stand spricht für das Buch, aber gegen das Schulamt. Deshalb vermu-
teten kritische Naturwissenschaftler und Journalisten ein faules Spiel
im frommen Gießen, und die damalige Kultusministerin Karin Wolff
(CDU) musste zu dem Fall Stellung beziehen.[2]

Was die ehemalige Religionslehrerin zum Verhältnis von Biologie-
und Religionsunterricht zu sagen hatte, war durchaus bedenkens-
wert, und an ihrer Ablehnung des Kreationismus ließ die Ministerin
keinen Zweifel. Sie bejahte die Frage, ob im Biologieunterricht fä-
cherübergreifende und verbindende Fragestellungen aufgeworfen
werden dürfen. Sie fügte an, dass „naturwissenschaftliche Aussagen
jederzeit in einen Dialog mit philosophischen oder auch theologischen Fragen zu stellen sind. Der Kreationismus will diesen Dialog
ja gar nicht."

Sie habe „keinerlei Absicht, sich mit Vertretern des Kreationismus
zu verbünden".

So weit, so gut. Jedoch machte sich die Ministerin die Argumentation des Schulamts zu eigen, der Gießener Lehrer habe „fächer-
übergreifend" gelehrt. Genau das hatte er aber nicht, denn der Kreationismus versteht sich als alternative Naturwissenschaft. Frau
Wolff war sich – so muss man im Nachhinein schließen – der Brisanz
des Themas nicht bewusst. Sie goss Öl ins Feuer, als sie sagte, dass
zwischen der Schöpfungserzählung der Bibel und der naturwissen-

schaftlichen Evolutionsvorstellung Ähnlichkeiten bestehen. Recht verstanden, war diese Feststellung keineswegs neu. Denn die Schöpfungszeugnisse der Bibel unterscheiden sich von den Schöpfungsmythen anderer antiker Kulturen dadurch, dass die geschaffene Natur als ein geordnetes System von belebten und unbelebten Geschöpfen erscheint, in der außer dem Schöpfer selbst keine übernatürlichen Wesen am Werk sind. Diese entgöttlichte und entzauberte Natur entfaltet sich in 1. Mose 1 sogar stufenweise, so dass man in der Tat von einem erstaunlich modernen Naturbild des Alten Testaments sprechen muss. Aber seine Ähnlichkeit zur Naturwissenschaft ist weltanschaulicher Art und macht die Schöpfungserzählungen nicht zur Naturwissenschaft. Selbstverständlich werden die Entdeckungen der Biologie zum „Wie" der Entfaltung des Lebens in der Bibel nicht vorweggenommen.

> „Weder die Kultusministerin noch ihre Kritiker verstanden es, den Unterschied zwischen einer weltanschaulichen Deutung der Natur als Schöpfung und den Ergebnissen der Naturwissenschaft den Medien zu vermitteln."

Weder die Ministerin noch ihre Kritiker verstanden es, den Unterschied zwischen einer weltanschaulichen Deutung der Natur als Schöpfung und den Ergebnissen der Naturwissenschaft in den Medien zu vermitteln. Deshalb wurde der lokale Fall der Liebig-Schule Gießen zu einem Lehrstück der in dieser Diskussion gängigen Missverständnisse. Da Frau Wolff auch noch den unglücklichen Begriff Schöpfungslehre übernahm, statt sprachlich richtig vom Schöpfungsglauben zu sprechen, warf ihr Professor Ulrich Kutschera vom Verband Deutscher Biologen vor, die Sprache der Kreationisten zu übernehmen und auf deren Tricks hereinzufallen. Der Sturm der Entrüstung, der anschließend über die Kultusministerin hereinbrach, sprengte den Rahmen von Vernunft und Anstand. Ein Bruch der Landesverfassung wurde ihr ebenso unterstellt wie Annäherung an Fundamentalisten, missionarischen Eifer und die Verbreitung religiöser Märchen. Ein Artikel verdient besonders erwähnt zu werden, weil er selbst in dieser Debatte durch seine Häme auffiel:

Unter der Überschrift „Die Bio-Bibel" warf in der Frankfurter Rundschau der Journalist Arno Widmann der Kultusministerin Dummheit vor und machte ihre (völlig korrekte) Aussage lächerlich, dass es zwischen dem christlichen Schöpfungsglauben und den Ergebnissen der Naturwissenschaft keinen Widerspruch gebe. Er machte die Ministerin für das schlechte Ergebnis der PISA-Studie mitverantwortlich und ließ auch sonst nichts aus, um den Menschen Karin Wolff persönlich abzuwerten. Wie fand ein solches Machwerk Eingang in eine ansonsten niveauvolle Tageszeitung? Warum überhaupt die öffentliche Entrüstung wegen eines einzigen Lehrers in Gießen? Der resignierende Spruch „politisch Spiel, schmutzig Spiel" erklärt nicht alles. Hinter der Debatte um Schöpfung und Evolution, die Arte auslöste, verbirgt sich eine Frage, die heute wie zu allen Zeiten tiefe Sehnsüchte und Ängste weckt, nämlich die Gottesfrage.

> „Hinter der Debatte um Schöpfung und Evolution verbirgt sich eine Frage, die heute wie zu allen Zeiten tiefe Sehnsüchte und Ängste weckt, nämlich die Gottesfrage."

Privat kann zwar in der säkularen Gesellschaft jeder an Gott glauben, wer das will. Das gestand sogar Arno Widmann der Theologin Karin Wolff zu. Aber auf keinen Fall, so muss man seinen redaktionellen Wutanfall deuten, darf daraus etwas für Gesellschaft und Staat folgen. Der Kreationismus ist ihm vor allem ein Gräuel, weil er einen öffentlichen Geltungsanspruch erhebt. Er behauptet etwas Unerhörtes, nämlich dass die ungläubigen Naturwissenschaftler den

Glauben an Gott und die Wahrheit der Bibel durch eine Verfälschung ihrer Ergebnisse unterdrücken und dass eine redliche, unvoreingenommene Naturwissenschaft den Glauben an Gott und die Bibel bestätigen würde. Damit greift der Kreationismus einen Grundpfeiler der modernen Kultur an, nämlich die Unterscheidung von Religion und wissenschaftlicher Vernunft. Die Wissenschaft soll allein von Vernunft und Erfahrung abhängen, nicht von weltanschaulichen und religiösen Deutungssystemen der Welt und des Lebens.

Diese Unabhängigkeit ist tatsächlich die Grundlage einer säkularen Gesellschaft, in der sich Menschen verschiedener Weltanschauung und Religion dennoch auf geltende Wahrheiten und Regeln einigen können. Eine Naturwissenschaft, die den Glauben der Bibel beweist, läuft auf die kulturelle Machtübernahme des christlichen Glaubens hinaus, deshalb die gereizten bis hysterischen Reaktionen. Genau darum geht es auch in den USA, nämlich um einen politischen Kampf zwischen verschiedenen weltanschaulichen Lagern, die sich um die öffentliche Deutungsmacht streiten, vor allem um die Deutungsmacht im staatlichen Bildungswesen.

In Europa ist das Verhältnis von Staat und Religion jedoch anders geregelt. Zum Beispiel setzt der religiös neutrale Verfassungsstaat unseres Grundgesetzes den Beitrag der Religionen zum öffentlichen Leben unausgesprochen, und an manchen Stellen sogar ausdrücklich, voraus. Dass es eine praktische Vernunft gibt, deren Ergebnisse über die Religionen und Weltanschauungen hinweg verlässlich sind, wird allgemein anerkannt. Die Religions- und Weltanschauungsfreiheit als Bürgerrecht wird von niemandem ernsthaft in Frage gestellt, auch von den meisten Kreationisten nicht, und ganz sicher nicht von den großen Kirchen. Das genügt jenen Atheisten und religiös Gleichgültigen, denen es um politische Freiheiten und gesellschaftlichen Konsens geht. Aber es gibt andere, die gar keine Beteiligung der Religionen an Staat und Gesellschaft wollen. Für diese Gruppe ist der Kreationismus ein willkommenes Schreckgespenst. Sie betrachten die Religion an sich als einen Angriff auf die eigene Lebensorientierung, als eine Bedrohung nicht nur der Freiheitsrechte, sondern des Lebenssinns. Gott ist tot, und wehe dem, der anzudeuten wagt, er könne noch am Leben sein! Dass irgendjemand öffentlich behaupten darf, oder sogar in der Schule lehren darf, wir seien als Menschen „von Gott geschaffen samt allen Kreaturen", wie es im kleinen Katechismus von Martin Luther heißt, ist eine Beleidigung des Glaubens an den Menschen, ein Sakrileg im vollen Sinn, denn der autonome Mensch ist dieser Ausprägung des Atheismus heilig. Folglich kämpfen sie darum, jede Form von Religion aus dem öffentlichen Leben zu verdrängen, selbst dort, wo sie unsere Rechtsordnung ausdrücklich vorsieht, wie im staatlichen Bildungswesen.

> **„Ebenso emotional, wie Kreationisten sich dagegen wehren, dass der Mensch aus dem Tierreich stammen soll, wehren sich manche Atheisten dagegen, dass Gott etwas mit dem Menschen zu tun haben könnte."**

Die Leidenschaften haben eine seltsame Ähnlichkeit: Ebenso emotional, wie Kreationisten sich dagegen wehren, dass der Mensch aus dem Tierreich stammen soll, wehren sich manche Atheisten dagegen, dass Gott etwas mit dem Menschen zu tun haben könnte. Bei ihrem neu aufgeflammten Kampf gegen die Religion als angeblicher Unheilsmacht geht es nicht nur um irgendeinen Fundamentalismus, sondern um alles, was die Autonomie des Menschen einschränken könnte, ganz bestimmt gegen jede Religion, die uns einen Gott zumutet, der Himmel und Erde schuf.

Kreationismus aus der Nähe betrachtet

Als Christen nehmen wir uns allerdings die Freiheit, politische und gesellschaftliche Fragen – bei all ihrer Wichtigkeit – nicht an die erste Stelle zu rücken. An erster Stelle steht die Frage nach der Wahrheit. Ist es wahr, dass die Schöpfungserzählungen der Bibel wissenschaftlich plausibel wären, würden nicht atheistische Naturwissenschaftler ihre Ergebnisse manipulieren? Ist es wahr, dass der Glaube an den Gott der Bibel vernünftig beweisbar ist, oder in welchem Verhältnis stehen Glaube und Vernunft zueinander? Denn es ist keineswegs von vornherein ausgemacht, dass die moderne Trennung von Religion und Vernunft unchristlich ist und ihre Gleichsetzung christlich wäre. Es ist nicht gesagt, dass es dem Glauben an den Gott Israels und Jesu Christi guttäte, wenn er im Auftrag des Staates als bewiesene Erkenntnis unterrichtet würde. Über Jahrhunderte war es so. Ob der Glaube dadurch eher gefördert oder eher entstellt wurde, ist eine offene Frage.

Der Glaube an Gott, den Schöpfer, ist jedenfalls kein exklusives Merkmal des Kreationismus. Diesen Glauben teilen alle großen Religionen des Westens, Juden, Christen und Muslime. Der Kreationismus ist, wie bereits gesagt, etwas politisch viel Brisanteres, nämlich eine alternative Naturwissenschaft oder wenigstens der Versuch einer solchen. Er geht davon aus, dass die Ergebnisse der modernen Wissenschaft, wie sie in den Lehrbüchern stehen, einen unlösbaren Widerspruch zum Schöpfungsglauben bilden und dass der Schöpfungsglaube nur dann eine vernünftige Grundlage hat, wenn man die Naturwissenschaft verwirft. Nur ein kleiner Teil der Juden, Christen und Muslime teilt diese Überzeugung. Die Mehrheit ist der Auffassung, dass es möglich ist, die Natur, wie die moderne Wissenschaft sie beschreibt, in ihrem Werden und Sein als Werk des Schöpfers zu verstehen. Der Kreationismus lehnt dies ab und entwirft ein völlig anderes Bild der Natur, das er aus der Bibel entnimmt oder zu entnehmen beansprucht. Man kann dieses Bild wie folgt zusammenfassen:

- Die Erde ist weniger als 10.000 Jahre alt. Sie wurde einschließlich aller Lebewesen und des Menschen in sechs Tagen erschaffen, wie die Bibel es sagt.
- Die Lebewesen wurden von Gott so geschaffen, wie sie heute sind, oder als Grundtypen, aus denen die heutigen Arten in wenigen tausend Jahren hervorgingen.
- Die Sintflut fand so statt wie in der Sintfluterzählung beschrieben. Nach Ansicht vieler (nicht aller) Kreationisten entstanden die geologischen Ablagerungen einschließlich der Fossilien durch die Sintflut oder kurz danach.
- In der ursprünglichen Schöpfung gab es keine Sünde und keinen Tod. Der Tod kam erst durch den Fall des Menschen in die Welt.

Die Kritik an der Evolutionstheorie richtet sich folglich nicht nur gegen den sogenannten Darwinismus. Besonders der heute dominierende Kurzzeit-Kreationismus ersetzt große Teile der Naturwissenschaft durch alternative Thesen, da er nicht nur die Evolutionstheorie ablehnt, sondern auch die Altersbestimmungen von Geologie und Kosmologie, ihre Theorien über die Entwicklung des Weltalls und der Erde und so fort. Diese Thesen werden durch eine wechselnde Zahl von Annahmen gestützt, die allerdings zum Teil im Kreationismus selbst strittig sind. Viele dieser Annahmen sind offenkundig falsch, wobei naturwissenschaftliche Laien dies aber oft nicht erkennen können. Die häufigsten Annahmen lauten:

- Die Zerfallsrate radioaktiver Elemente war in der Vergangenheit höher. Radiometrische Altersmessungen kommen daher auf viele Millionen Jahre, während diese Elemente nur wenige tausend Jahre alt sind. (Einwand: Eine Zerfallsrate, die das Alter z. B. von Uranen auf wenige tausend Jahre verkürzt, hätte eine Hitze erzeugt, die den gesamten Globus verflüssigt und verdampft hätte. Alternativ wird deshalb angenommen, die Zerfallsenergien wären früher viel kleiner gewesen, was aber mit den Erkenntnissen der Kernphysik unvereinbar ist.)

- Die Datierung von Gesteinen und Fossilien durch radioaktive Zerfallsraten beruht auf willkürlichen Voraussetzungen. In Wirklichkeit weiß niemand, welche Menge eines Elements und seiner Zerfallsprodukte vor wenigen tausend Jahren bereits vorhanden war. (Einwand: Kein denkbarer Fehler ist groß genug, um das radiometrisch gemessene Alter eines Minerals von einer Milliarde Jahre auf 10.000 Jahre zu senken. Des Weiteren ist die Menge von Mutterisotop und Zerfallsprodukten in gewissen Fällen sehr wohl nachträglich bestimmbar.[3] Und schließlich gibt es eine Reihe weiterer Möglichkeiten, das Erdalter mehr oder weniger genau abzuschätzen, die von Radioaktivität unabhängig sind, wie z. B. die Verlangsamung der Erdrotation, die Kontinentalplattenbewegung und andere.)

- Die Lichtgeschwindigkeit war früher viel höher. Daher ist die astrophysikalische Berechnung der Laufzeit des Lichts zwischen der Erde und weit entfernten Sternen falsch. Sie beträgt nicht Milliarden Jahre, sondern nur wenige tausend Jahre. (Einwand: Dann brauchen wir eine neue theoretische Physik, denn die Lichtgeschwindigkeit[4] ist eine elementare physikalische Konstante. Weiterhin sind die Beobachtungsdaten ferner Supernovae mit einer veränderten Lichtgeschwindigkeit unvereinbar.)

- Alternativ zu den ersten Thesen: Das Universum ist von Gott so geschaffen worden, einschließlich radioaktiver Zerfallsprodukte, des Lichts zwischen den Sternen, der Fossilien usw., dass es den Eindruck großen Alters vermittelt.[5] In Wirklichkeit ist es wenige tausend Jahre alt. (Einwand: Das Argument schafft die Möglichkeit ab, überhaupt Naturwissenschaft zu betreiben, da man es auf alle denkbaren Beobachtungsdaten anwenden kann. Eine Theorie, die alles erklären kann – alle Befunde und auch deren Gegenteil –, erklärt in Wahrheit nichts.)

- Die Sintflutgeschichte wird dadurch belegt, dass archäologische Expeditionen Reste der Arche gefunden haben. (Einwand: Die angeblichen Reste sind nicht vorhanden oder nicht untersuchbar.)

- Die Wahrscheinlichkeit, dass sich nützliche Merkmale von Lebewesen durch das zufällige Zusammentreffen von Mutationen bilden, ist viel zu gering, als dass die Evolutionstheorie funktionieren könnte (Einwand im Kapitel Intelligentes Design).
- Es gibt keine oder viel zu wenig fossile Übergänge zwischen den Arten und Großgruppen der Lebewesen. Die „missing links" fehlen immer noch. (Einwand: In vielen Abstammungslinien sind die Übergänge zwischen Arten und Artengruppen hervorragend fossil belegt.)
- Luxusbildungen bei Tieren und Pflanzen, wie der Schwanz des Pfaus, lassen sich durch die Selektionstheorie nicht erklären. Sie hätten sich im Kampf ums Dasein nicht durchsetzen können. (Einwand: In diesem Fall hat sogar schon Charles Darwin selbst die richtige Erklärung gegeben, nämlich sexuelle Selektion.[6])
- Natürliche Prozesse, die nach einfachen Regeln ablaufen, können keine Information erzeugen. Die Evolution der Lebewesen erzeugt aber Information. Also wäre sie nur mit Hilfe einer planenden Intelligenz möglich (Einwand im Kapitel Intelligentes Design).

Eine Reihe von häufig zu lesenden Annahmen sind so skurril, dass Einwände gegen sie nicht nötig sind, wie die Geschichte von den menschlichen Fußabdrücken, die neben Saurierspuren entdeckt wurden, oder die These, dass die Evolutionstheorie gegen den zweiten Hauptsatz der Thermodynamik verstoße. Das Argument von Prof. Dr. Werner Gitt, Information sei eine geistige Größe und könne deshalb durch materielle Prozesse nicht hervorgebracht werden, stellt in der Landschaft der Fehlschlüsse so etwas wie einen Gipfel dar.[7] Dass das Schnabeltier mit seinen „Mosaikmerkmalen" (Schnabel, Eier, Säugen der Jungtiere usw.) nicht evolutionär entstanden sein kann, ist ein weiteres Argument aus dem Kuriositätenkabinett. Wir werden uns nicht mit dieser Sammlung kreationistischer Seltsamkeiten, sondern mit den ernst zu nehmenden Argumenten in den Kapiteln Moderne Biologie und Intelligentes Design befassen.

Allerdings muss zu diesem Thema noch etwas Weiteres gesagt werden, was sich schwer sachlich sagen lässt: Zum Erscheinungsbild des Kreationismus gehören nicht nur Argumente, die es zu diskutieren lohnt, und offensichtliche Irrtümer, die eine Diskussion nicht lohnen. Zu seinem Erscheinungsbild gehören bewusste Verfälschungen, Verzerrungen und Entstellungen von verfügbaren Daten und Zitaten in erschreckendem Umfang. Viele kreationistische Aussagen sind Scheinargumente, die nicht redlich entwickelt werden. Es hilft niemand weiter, bei diesem Thema allzu lange zu bleiben, weder den Kreationisten, die es ehrlich meinen, noch den Christen, die nicht kreationistisch denken, noch den Wissenschaftlern. Aber man muss wissen, dass gezielte Täuschung beim Kreationismus immer mit im Spiel ist. Ein Beispiel aus dem Internet soll diesen Punkt illustrieren und (hoffentlich) auch erledigen. Auf der Internetseite www.evolution-schöpfung.de[8], die von türkischen Islamisten auf Deutsch betrieben wird, wird ein Poster angeboten, in dem es heißt: *„Ein Fund, der das Märchen von der Evolution des Menschen widerlegt: Das Atapuerca Fossil – Im Jahr 1995 wurde in Spanien ein Fossil entdeckt, das der Evolutionstheorie einen herben Schlag versetzte. Bei Ausgrabungen in der Gran Dolina Höhle in der Region Atapuerca fanden drei spanische Wissenschaftler und ihr Team ein Fossil, welches das Märchen von der Evolutionstheorie heftig erschütterte. Bei dem Fossil handelt es sich um ein menschliches Gesicht, das mit dem eines heutigen Menschen völlig identisch ist. Die Gesichtsknochen, welche die evolutionären Wissenschaftler so in Aufregung versetzten, gehören einem elfjährigen Kind. Seit seinem Tode sind jedoch sage und schreibe 800 000 Jahre vergangen. Eigentlich hätten die Evolutionisten, nach diesem Fund, ihre erdichteten Stammbäume der sich angeblich über hunderttausende von Jahren erstreckenden ‚menschlichen Evolution‘, die sie mit den Schädeln ausgestorbener Menschen- und Affenarten, irgendwelchen Knochenteilen und phantastischen Rekonstruktionen aufgestellt haben, auf den Müll werfen und sich eine neue Beschäftigung suchen müssen …"*

Das humanoide Fossil, auf das sich das Poster bezieht, ist nach Ansicht der spanischen Paläoanthropologen zwischen 780 000 und 650 000 Jahre alt und weist einen erstaunlich modernen Gesichtsschädel auf. Allerdings heißt es in den Originalpublikationen unmittelbar danach, dass der übrige Schädel mit seinem Kiefer und den Überaugenwülsten eher primitiv gebaut sei und sich mit späteren Funden vergleichen lasse, die der Art Homo erectus (andere Nomenklatur: Homo ergaster) zugeordnet werden, zum Beispiel den Funden von Bilzingsleben (400 000 Jahre alt) und Mauer bei Heidelberg (500 000 bis 600 000 Jahre alt). Außerdem fand man in den Höhlen von Atapuerca nicht die Reste eines Individuums, sondern (wenn auch bruchstückhaft) von vermutlich sechsunddreißig Individuen, sodass die primitiven Merkmale der Funde gut belegt sind. Deshalb werden sie als Übergangsformen zwischen Homo erectus und den späteren Neandertalern betrachtet, die von etwa 400 000 bis 30 000 v. Chr. Europa besiedelten. Dass die Entdecker dieser Fossilien die Neuheit ihrer Funde betonten, hat mit Zweifeln an der menschlichen Evolution nichts zu tun. Es sind die ältesten Hominidenfunde in Europa überhaupt, und die Entdecker würden ihnen gerne den Status einer eigenen Art zuweisen: Homo antecessor. Die Mehrheit der Paläontologen ist skeptisch, weil es für diesen Fossiltypus nur diesen einen Fundort gibt und die Reste bis auf wenige Ausnahmen nicht von Erwachsenen stammen.

Eine solche Debatte ist typisch für die Erforschung der Evolution des Menschen. Jede Forschergruppe träumt davon, eine neue Hominidenart zu finden, mit der sich der verwickelte Stammbaum von Homo sapiens weiter erhellen lässt. Ob es aus der Sicht der Systematiker nun berechtigt sein mag oder nicht, den Fossilien von Atapuerca einen eigenen Artnamen zu geben – kein Paläoanthropologe hält sie für moderne Menschen. Das kreationistische Poster stellt die Daten falsch dar, indem es wesentliche Informationen unterschlägt, und es verfälscht die Zitate der beteiligten Wissenschaftler. Durch ein Versehen oder durch einen Irrtum ist dies nicht erklärbar. Es handelt sich um absichtliche Täuschung der Leser oder um mangelnde geistige Kapazität, die Thematik intellektuell zu erfassen. Das ist, wie gesagt, leider kein Einzelfall, sondern eher die Regel als die Ausnahme. Den ehrlich argumentierenden Kreationisten sollten diese Methoden allerdings nicht angelastet werden.

Europa trotzt dem Kreationismus

Am 4. Oktober 2007 verabschiedete die Parlamentarische Versammlung des Europarats in Straßburg Resolution 1580 mit dem Titel: Die Gefahren des Kreationismus im Erziehungswesen. In 20 Paragrafen wird vor dem Einfluss des Kreationismus gewarnt, und die Mitgliedsstaaten werden aufgefordert,

- die Naturwissenschaft zu verteidigen und zu fördern
- dem Kreationismus im Unterricht energisch entgegenzutreten, wenn er als wissenschaftliche Richtung auf der gleichen Ebene wie die Evolutionstheorie auftritt, und grundsätzlich allen kreationistischen Ideen in jedem Fach eine Absage zu erteilen, außer in der Religion[9]

Ein religionskritischer Zungenschlag ist in der Resolution nicht zu überhören, obwohl sie sich ausdrücklich nicht gegen die Religionsfreiheit richten soll. So heißt es,

- es gebe eine echte Gefahr, dass im Denken von Kindern ernsthafte Verwirrung entsteht bezüglich der Frage, was mit Überzeugungen, Glaubensrichtungen, Idealen aller Art zu tun hat und was mit Wissenschaft
- die Evolutionstheorie habe nichts mit einer göttlichen Offenbarung zu tun, sondern beruhe auf Tatsachen[10]

Beide Feststellungen sind nicht an sich falsch. Aber die Gegenüberstellung von Glaube und Wissenschaft, von Offenbarung und Tatsachen, ist zu naiv. Weder sind naturwissenschaftliche Theorien (schon gar nicht eine allgemeine Rahmentheorie wie die Selektionstheorie) einfach eine Tatsache. Wenn es so wäre, könnten sie sich nicht mehr ändern, was aber laufend geschieht. Noch sind religiöse Einsichten nur subjektiv und beliebig, also das Gegenteil von Tatsachen. Die Verfasser der Resolution erwähnen den „neuen Atheismus" mit keinem Wort, also den Versuch, die Religion mit scheinwissenschaftlichen Argumenten als unvernünftig zu diffamieren. Diese Ideen sind ebenso unwissenschaftlich wie der Kreationismus und vermutlich im europäischen Erziehungswesen sehr viel häufiger. Sie machen dem Europarat aber offenbar keine Sorgen. Die Parlamentarier in Straßburg waren wegen ihrer einseitig aufklärerischen Sichtweise genauso wenig wie die Ex-Ministerin Wolff dazu imstande, den Unterschied zwischen einer religiösen Deutung der Natur als Schöpfung und den Ergebnissen der Naturwissenschaft in einer angemessenen Sprache auszudrücken. Das scheint tatsächlich schwieriger zu sein, als es auf den ersten Blick aussieht.

> **„Die Gegenüberstellung von Glaube und Wissenschaft, von Offenbarung und Tatsachen, ist zu naiv."**

Die klaren Alternativen im Stil des Kreationismus und des neuen Atheismus sind dagegen einfach. Auch deswegen wird die zunehmende Verbreitung des Kreationismus von einer ebenso auffälligen Zunahme von Religionskritik begleitet. Denn wie zu erwarten war, folgte dem Versuch, Gott naturwissenschaftlich zu beweisen, die Gegenbewegung auf dem Fuß. Derzeit belegen Sachbücher eines „neuen Atheismus" Spitzenpositionen in den Bestsellerlisten. Sie leben weitgehend davon, dass sie vor der angeblich anrollenden Flut religiöser Unvernunft warnen und die Religion wieder (wie vor hundert Jahren) als eigentliche Unheilsmacht der Menschheitsgeschichte entdecken.

Ein entscheidendes Datum, das diese Entwicklung vorbereitete, war der 11. September 2001, die Zerstörung des World Trade Centers durch islamistische Terroristen. Religion rückte danach nicht nur als geistige, sondern als politische Macht wieder ins Blickfeld der religiös gleichgültigen westlichen Welt. Religiöser Fundamentalismus wurde nicht nur zu einem wichtigen Thema, sondern zu einem Feindbild des Westens. Ein Symptom dafür ist der Aufstieg von Richard Dawkins' „Gotteswahn" auf der Bestsellerliste auch in Deutschland (Platz 3 bei den Sachbüchern), der Erfolg der Polemik von Christopher Hitchens und anderer, ähnlicher Publikationen.[11]

Der Arbeitskreis „Kritische Theorie" an der Universität Trier veranstaltete vom 15.–17.6.2007 einen Kongress mit dem Titel: Die erschöpfte Theorie? Evolution und Kreationismus in Wissenschaften. Die Kooperationspartner repräsentieren so etwas wie die religionskritische Front in Deutschland: Neben der Gewerkschaft Erziehung und Wissenschaft (GEW) finden sich in der Liste die Heinrich-Böll-Stiftung, die atheistische Giordano-Bruno-Stiftung, der Internationale Bund der Konfessionslosen und Atheisten, die Rosa-Luxemburg-Stiftung und andere politisch links orientierte Stiftungen. Unter den Unterstützern sind die „Brights", ein aus den USA kommender antireligiöser Studentenbund, der Bund demokratischer WissenschaftlerInnen usw.

Nun wird die Besorgnis über den Einfluss des Kreationismus nicht nur von politisch links stehenden Menschen und von Atheisten geteilt. Aber den anderen Kreationismus-Kritikern droht eine unsachliche Polarisierung der Debatte, die darauf hinausläuft, dass man als Christ für den Kreationismus sein müsse, weil die Gottesleugner dagegen sind und umgekehrt. Diese Gefahr ist sehr real, und zwar auf beiden Seiten. Zum Beispiel enthält der großenteils naturwissenschaftlich und erkenntnistheoretisch argumentierende Sammelband „Kreationismus in Deutschland", der von der Arbeitsgemeinschaft Evolutionsbiologie des Verbands Deutscher Biologen (VdB) verantwortet wird, auch Passagen ideologischer Religionskritik.[12] Umgekehrt versucht die kreationistische Studiengemeinschaft „Wort und Wissen" die Zusammenarbeit von Christen mit der AG Evolutionsbiologie als Kollaboration mit dem Feind darzustellen. Das ist ärgerlich, weil die Arbeitsgemeinschaft neben Atheisten und einer Mehrheit von Wissenschaftlern, die das Thema nicht ansprechen, auch einige Christen umfasst. Das Polarisierungsspiel mit Feindbildern ist auch deswegen gefährlich, und zwar für beide Seiten, weil man in den USA anschaulich beobachten kann, wohin es führt, nämlich in eine kulturell tief gespaltene Gesellschaft. Das kann sich niemand für Deutschland und Europa wünschen, weder die Kirchen noch die Forschung.

In den USA ist alles anders

Umfrageergebnisse zeigen, dass die Ablehnung der Evolutionstheorie in den USA weit über der in jedem anderen westlichen Land mit christlicher Tradition liegt. Eine Meta-Studie der National Geographic Society[13] von 2006 fasst zahlreiche dieser Ergebnisse in Europa und Japan seit 1985 mit denen in den USA zusammen. Danach betrachten jeweils knapp 40% der US-Bürger die Evolutionstheorie als „wahr" oder als „falsch", 21% sind sich unschlüssig. Unter allen erfassten Staaten liegt diese Rate nur in der Türkei mit gut 50% Ablehnung und vielen Unschlüssigen höher. In den europäischen Ländern und in Japan akzeptieren 60% bis über 80% der Menschen die Evolutionstheorie, wobei der Wert eher vom technischen Entwicklungsstand als von der religiösen Prägung abzuhängen scheint. Entschiedene Ablehnung, bei der man religiöse Gründe vermuten kann, äußerten in Europa nur 7% (Großbritannien) bis maximal 15% (Niederlande). In den USA lag dieser Wert bei erstaunlichen 32%. Die Studie geht vorsichtig davon aus, dass der Einfluss religiöser Ideen auf die Haltung zur Evolutionstheorie in den USA als doppelt so stark anzusetzen ist wie in Europa. Hier sei, so die Studie, der politische Konservativismus nicht mit Evolutionskritik verbunden, wohl aber in den USA: *„In der zweiten Hälfte des 20. Jahrhunderts übernahm der konservative Flügel der Republikaner den Kreationismus als Teil eines Programms, das darauf zielte, ihre Unterstützung in den Südstaaten und denen des Mittleren Westens zu festigen."* Nur aus europäischer Sicht kam es deshalb überraschend, dass Präsident George W. Bush sich 2005 dafür aussprach, in staatlichen Schulen „Intelligent Design" zu unterrichten (siehe unten). Wie schwierig Umfrageergebnisse im Einzelnen zu deuten sind, zeigt jedoch eine Erhebung von USA Today von 2007[14]: Die Frage, ob Gott den Menschen in den letzten 10 000 Jahren erschaffen habe, beantworteten 39% mit „definitiv wahr" und 27% mit „vermutlich wahr", nur 16% mit „definitiv falsch". Auf der anderen Seite hielten 53% die Evolutionstheorie nach Charles Darwin für „wahr", und nur 16% für „vermutlich falsch" sowie 28% für „definitiv falsch". Mit anderen Worten: die Teil-Stichproben überlappen sich im großen Ausmaß, und es steht jedem Interpreten frei zu raten, was die Befragten nun tatsächlich genau denken – oder auch nicht.

Allerdings machen solche Zahlen verständlich, warum die Debatte um „Creation Science" und „Intelligent Design" in den USA einen Stellenwert hat, der sich in Europa mit seinem anderen Politik- und Bildungssystem nur schwer nachvollziehen lässt. Wie ist die kreationistische Seite in diesem Kulturkampf organisiert? Wortführer des Kreationismus ist das Institute for Creation Research unter Direktor John Morris, dem Sohn des 2006 verstorbenen Gründers. Das Institut wird vom Staat Kalifornien als Ausbildungsstätte anerkannt und verfügt über großen Einfluss auf die Massenmedien.

Zu erwähnen ist weiterhin die Creation Science Fellowship in Pittsburg, Pennsylvania, die alle vier Jahre eine internationale Konferenz veranstaltet. Die sechste fand 2008 in San Diego zum Thema „Entwicklung und Systematisierung von Schöpfungsmodellen" statt. CSF und ICR bemühen sich, den wissenschaftlichen Anspruch des

Kreationismus einzulösen und pflegen einen relativ moderaten Stil der Auseinandersetzung.

Einen Gegenpol dazu bildet „Answers in Genesis" des Australiers Ken Ham mit Hauptsitz in Kentucky, das in allen englischsprachigen Ländern und in Japan präsent ist. Für ihn bilden christliche Mission, rechtskonservative Politik und Kreationismus eine Einheit. Polemik gegen Andersdenkende nimmt dabei viel Raum ein. Sie richtet sich sogar gegen Mit-Kreationisten, die ein höheres Erdalter als die von AiG propagierten 6.000 Jahre vermuten. Zum Beispiel wird der britischen „The Biblical Creation Society" Kompromisslertum vorgeworfen, weil es in ihr Leute gibt, die bezweifeln, dass die geologischen Schichten aus der Sintflut stammen. Sie nehmen stattdessen eine „Rekolonisation" der von der Flut verwüsteten Erde in mehreren Wellen an und ordnen die Fossilschichten diesen Wellen zu.[15] Dazu benötigen sie 12 000 Jahre. Damit werde die Autorität der Bibel angeblich bereits untergraben, da man dazu Lücken in den Genealogien des 1. Buchs Mose annehmen müsse. Erschreckend ist, dass in den USA gerade die Fanatiker politisch Erfolg haben: „Answers in Genesis" beschäftigte 2007 über 160 hauptamtliche Mitarbeiter und eröffnete 2007 ein Naturkundemuseum in Petersburg (Kentucky) für mehrere Millionen Dollar. Ähnlich agiert „The Creation Science Association for Mid-America" (CSA) in Kansas. Alle Übel der Welt, Kriminalität, Unmoral und sogar die „hundert Millionen Toten des Zweiten Weltkriegs" werden der sogenannten Evolutionslüge angelastet. In der anscheinend mindestens seit der Jahrhundertwende nicht mehr überarbeiteten Selbstdarstellung von CSA im Internet heißt es: *„Die verbreitete Akzeptanz dieser falschen Ursprungsidee hat körperlichen Schaden für Millionen Menschen allein in diesem Jahrhundert und Gesetzlosigkeit in unserer Gesellschaft verursacht und unzähligen Menschen eine gute Beziehung zu ihrem Schöpfer genommen."*[16] AiG und CSA entsprechen eher als das ICR (und viel eher als die deutsche Studiengemeinschaft „Wort und Wissen") dem Feindbild

Fundamentalismus, wie es durch die Politik der Neo-Konservativen um Präsident George W. Bush in der europäischen Wahrnehmung fixiert wurde.

Um 1990 tauchte ein neues Schlagwort in der amerikanischen Debatte auf: „Intelligent Design". Zum Motor der Bewegung wurde das 1990 gegründete Discovery Institute in Seattle, das mit der Republikanischen Partei eng verbunden ist. Sein wichtigster Zweig, das „Center for Science and Culture", befasst sich damit, die geltende Evolutionstheorie anzugreifen. Dass sich die Bewegung Anfang der neunziger Jahre formierte, ist kein Zufall. 1987 verbot der Oberste Gerichtshof der USA dem Bundesstaat Louisiana, den Kreationismus als Ergänzung in den Lehrplan staatlicher Schulen aufzunehmen. Damit war der Versuch des Kreationismus, in den USA ins staatliche Bildungswesen vorzudringen, endgültig gescheitert. „Intelligentes Design" sollte nun dazu dienen, als unreligiöse Alternative die Evolutionstheorie aus den Lehrplänen zu verdrängen. Der bereits existierende Entwurf des Schulbuchs „Of Pandas and People" wurde vom Herausgeber geändert; an über hundert Stellen wurden die Worte Schöpfer, Schöpfung, Kreationismus und Schöpfungswissenschaft durch „Intelligentes Design" ersetzt.[17] Von daher wird die Bewegung in Medienberichten politisch richtig, wenn auch inhaltlich vereinfachend, dem Kreationismus zugerechnet. Sie wird gelegentlich auch als Neokreationismus bezeichnet, zum Beispiel im EKD-Text 94, der am Schluss dieses Kapitels näher beschrieben werden wird.

Diese Bezeichnung ist allerdings nicht ganz sachgerecht, da es sich inhaltlich beim Argument für ein Intelligentes Design der Lebewesen nicht um eine Neuauflage kreationistischer Argumente handelt. Die politische Kontinuität spiegelt sich in den Inhalten so nicht wider. Dennoch ist diese Kontinuität kennzeichnend für die Bewegung. Zusätzlich zu den wissenschaftlichen Argumenten soll in der Tradition des politisierten Kreationismus die zerstörerische Wirkung der Evolutionstheorie auf die Werte der Familie, der Moral und so weiter betont werden. Damit nahm das Discovery Institute die alte Debatte um das Menschenbild wieder auf, die bereits Bischof Samuel Wilberforce und Thomas Huxley bei ihrer berühmten Diskussion 1860 in Oxford beschäftigte: Wenn der Mensch aus dem Tierreich stamme, gebe es keine Grundlage mehr für Willensfreiheit, für moralische Einsichten und das menschliche Gewissen und damit keine Grundlage mehr für die menschliche Ethik.

> „In der Tat belegt die neuzeitliche Ideologiegeschichte, dass Darwins Theorie immer wieder zur Entmenschlichung des Menschen herangezogen wurde."

In der Tat belegt die neuzeitliche Ideologiegeschichte, dass Darwins Theorie immer wieder zur Entmenschlichung des Menschen herangezogen wurde.[18] Erinnert sei nur an die unsägliche deutsche Gesellschaft für Rassenhygiene, der nach dem Ersten Weltkrieg sowohl der Zoologe und Kirchenkritiker Ernst Haeckel als auch der wissenschaftlich bedeutendere Zoologe August Weismann als Ehrenmitglieder angehörten und die den Rassenwahn des Nationalsozialismus mit vorbereitete. Wenn man Adolf Hitlers „Mein Kampf" auf darwinistische Inhalte hin untersucht, wird man denn auch in großem Ausmaß fündig. Insofern gibt es keinen Grund, die Anfragen des Discovery Institutes lächerlich zu machen.[19] Aber sind seine Antworten tragfähig? Sämtliche großen Fachverbände der USA bewerten die Bewegung als pseudowissenschaftlich, darunter die National Academy of Sciences, die American Association for the Advancement of Science und die National Science Teachers Association. Das Discovery Institute ist danach kein wissenschaftliches Institut, sondern ein Unternehmen des politischen Lobbyismus. Taede A. Smedes stuft die Bewegung für ein Intelligentes Design sogar als politische Ideologie ein, die weder Naturwissenschaft noch Theologie sei.[20]

Es ist bezeichnend für die Bewegung, dass an ihrem Anfang der Versuch stand, das Bildungswesen und die Öffentlichkeit zu überzeugen, keineswegs eine wissenschaftliche Einsicht. Den Versuch einer wissenschaftlichen Argumentation unternahm die Bewegung erst später. Ausgangspunkt dafür war das Buch von Philip E. Johnson „Darwin on Trial" im Jahr 1991.[21] In den USA war es ein Bestseller, fand in Europa aber wenig Beachtung. 1996 folgte Michael Behe mit dem Buch „Darwins Black Box" und löste in Europa ein deutlicheres, vergleichsweise aber immer noch geringes Echo aus. Relativ unbekannt blieb der dritte, in den USA wichtige Autor William Dembski[22], der 1998 das Buch „Intelligent Design" publizierte. Diese Autoren vertreten ein einziges, vielfach entfaltetes Argument: Die komplizierten Merkmale der Lebewesen seien nur durch eine intelligente Planung oder eine steuernde Vernunft erklärbar. Die gerichtlichen Auseinandersetzungen um diese Strategie sind in den USA trotz einiger Niederlagen der „Intelligenten Designer" noch nicht ausgestanden, einen Überblick findet man im Internet.[23]

In vielen Schuldistrikten und Einzelstaaten enthalten die Schulbücher derzeit nichts über das Alter der Erde, nichts über die Altersbestimmung von Gesteinen, Fossilien und vorgeschichtlichen Menschenspuren, nichts über vormenschliche Fossilfunde, natürlich auch nichts über die Evolutionsbiologie. Dadurch wird deutlich, dass es letztlich nicht um Wissenschaft geht. Denn aus der Idee eines Intelligenten Designs folgt nicht, dass all diese Theorien falsch sind. Ginge es nur darum, könnten sämtliche naturwissenschaftliche Evolutionsvorstellungen, von der Kosmologie über die Geologie und die Biochemie der ersten Lebensformen bis hin zur Paläontologie in den Schulbüchern verbleiben, mit Ausnahme der Selektionstheorie.

Ebenso wenig wird das für den Protestantismus entscheidende Problem des Bibelverständnisses gelöst. Sämtliche Interpretationen der Bibeltexte, von einer Verbalinspirationslehre bis zur Entmythologisierung, sind mit Intelligentem Design verträglich. Darüber hinaus liegt der Schritt von einer externen Planung der Lebewesen zum Schöpfungsgedanken nur in einer christlich geprägten Kultur nahe.

Aus anderer Sicht könnte man zum Beispiel (wie in der esoterischen Tradition) einen Stufenbau der Welt annehmen, wobei astrale oder feinstoffliche Ebenen die Bauanleitung für die materielle, grobstoffliche Ebene enthalten. Faktisch war ein solches oder ähnliches Naturbild mit vielen Weltanschauungen verbunden: mit der antiken Stoa, mit der platonischen Ideenlehre, dem Esoterizismus des 19. Jahrhunderts usw. Für sich alleine genommen leistet das intelligente Design also kaum etwas von dem, was der Kreationismus beweisen oder plausibel machen will. Es handelt sich um ein Türöffner-Argument, dessen politische Funktion in der Bezweiflung der Naturwissenschaft besteht. Deshalb sollte man in Europa zwischen dem Argument für ein Intelligentes Design an sich und seiner politischen Verzweckung in den USA unterscheiden.

Das Argument selbst hat große Ähnlichkeit mit dem sogenannten physikoteleologischen Gottesbeweis der aufgeklärten Theologie des 18. Jahrhunderts und Bezüge zu sogenannten teleologischen Naturbildern in der Geschichte der Philosophie. Damit wird sich das Kapitel Intelligentes Design näher befassen. Allerdings bestreiten Michael Behe und seine Mitkämpfer die Nähe zur Theologie bzw. Naturphilosophie und nehmen in Anspruch, rein naturwissenschaftlich zu argumentieren. Dieser Anspruch wird sich, so viel sei schon gesagt, als Selbstmissverständnis herausstellen. Das Argument für ein Intelligentes Design ist tatsächlich das, was es zu sein scheint, nämlich die Neuauflage eines traditionellen, religiös oder metaphysisch begründeten Denkens. Die Idee kann deshalb auch in einem anderen Umfeld als dem des Kreationismus stehen, zum Beispiel beim Wiener Kardinal Schönborn. Der Kardinal ist kein Kreationist, wie man aus seinen Katechesen 2005 und 2006 sowie aus dem daraus entstandenen Buch[24] entnehmen kann. Aber als er sich in den USA für „intelligent design" aussprach, fand er sich in kreationistischer Gesellschaft wieder.

Kreationismus in Deutschland und Europa

Die deutsche Anhängerschaft des Kreationismus liegt, auf die Bevölkerung gesehen, niedriger als in den USA, auch niedriger als in anderen englischsprachigen Ländern.[25] Bei Meinungsumfragen ist schwer festzustellen, wovon die Ablehnung der Evolutionstheorie im Einzelfall motiviert ist. Deshalb sind Zahlen über die Verbreitung des deutschen Kreationismus mit Vorsicht zu genießen. So ergab 2006 eine Umfrage unter Studienanfängern der Universität Dortmund, dass 12,5% Zweifel an der Evolutionstheorie hatten, und selbst unter künftigen Biologielehrern fanden sich 5,5% Zweifler. Der Aussage, dass ein höheres Wesen den Menschen im Wesentlichen in seinem jetzigen Aussehen geschaffen habe, stimmten 18% bzw. 10% zu.[26] Auch in dieser jungen und bildungsmäßig privilegierten Stichprobe gab es also einen signifikanten Anteil von Evolutionskritikern. Dabei kann man vermuten, dass der Einfluss katholischer Überzeugungen den des protestantischen Kreationismus überwog.

Die bereits erwähnte Meta-Studie von National Geographic aus dem Jahr 2006 setzt den Anteil der Deutschen, die eine Evolution ablehnen, auf rund 20% an. Die „entschiedene Ablehnung" liegt deutlich niedriger, beide Werte liegen nahe am europäischen Durchschnitt. Alles in allem bewegen sich die Ergebnisse immer in einem Rahmen zwischen 10 und 20 Prozent Ablehnung, so dass man auf eine in diesem Umfang verbreitete Skepsis gegenüber der Evolutionstheorie schließen kann. Diese Skepsis ergibt sich, so ist zu vermuten, ebenso aus dem Zerfall der kulturellen Autorität der Wissenschaft wie aus kirchlichen Bindungen.

Aufsehen erregte eine von der kreationistischen Organisation Pro-Genesis in Auftrag gegebene Umfrage in der Schweiz von 2007, nach der 75% aller Schweizer dafür sind, Schöpfung und Evolution gleichberechtigt in der Schule zu lehren. Prompt fühlte sich ProGenesis darin bestätigt, im Biologieunterricht ihre kreationistische Schöpfungslehre zu unterrichten. Allerdings hatte die Umfrage das nicht eindeutig erbracht, denn vom Wortlaut der Umfrage her ließ sich das Votum für die Schöpfung auch als Befürwortung eines christlichen Religionsunterrichts verstehen. Ausschließlich die Schöpfung zu behandeln, verlangten nur rund 5% der Schweizer.

Wie hoch der Anteil der überzeugten Kreationisten in der Bevölkerung ist, klären solche Umfragen daher nicht. Aber er scheint zumindest in der Deutschschweiz höher zu sein als sonst in Europa. Am 9. April 2008 lehnte der Grosse Rat des Kantons Bern einen Antrag der „Eidgenössischen Demokratischen Union" mit 99 zu 23 Stimmen ab, Evolutionstheorie und Schöpfungslehre gleichberechtigt im Biologieunterricht zu behandeln. Der Antrag fand also immerhin rund ein Viertel Befürworter im Grossen Rat.[27] Er wurde auch von einigen Ratsmitgliedern der „Schweizerischen Volkspartei" unterstützt, während sich in der „Evangelischen Volkspartei" EVP viele der Stimme enthielten.

Man kann vermuten, dass die deutschsprachige Schweiz (abgesehen von der Türkei, siehe unten) zusammen mit den Niederlanden in Europa am stärksten unter dem Einfluss des Kreationismus steht. Trotzdem wird man den Anteil religiös motivierter Kritik an der Evolutionstheorie im deutschsprachigen Raum generell auf nicht mehr als 10% ansetzen müssen, und diese stammt wiederum nur zum Teil von Menschen, denen es um die Geltung der Bibel geht. Das protestantische Milieu, in dem der Kreationismus zur Theologie gehört, umfasst 2 bis 3% der Bevölkerung, nämlich Sondergemeinschaften wie die Zeugen Jehovas, evangelische Freikirchen und unabhängige Gemeinden, dazu der konservative Rand der evangelikalen Bewegung. Wie viele überzeugte Kreationisten es in diesem Rahmen und darüber hinaus letztlich gibt, bleibt Ansichtssache. Wie steht es mit dem Kreationismus außerhalb dieses Milieus? Inhaltlich lässt sich die Evolutionskritik im orthodoxen Judentum am ehesten mit dem protestantischen Kreationismus vergleichen, da dabei die wörtliche Geltung der Thora in Frage steht. Im deutschen Sprachraum spielt diese Debatte keine Rolle, wohl aber in den USA und in Israel.

In der römisch-katholischen Kirche gibt es eine Tradition der Anti-Modernität, auf die hier nicht eingegangen werden kann. Da es dabei nicht um die Verteidigung der Irrtumslosigkeit der Bibel geht, liegen die Argumente auf einer anderen Ebene. Ein Beispiel, der Artikel von Kardinal Schönborn (Wien) in der New York Times zum Thema „Intelligent Design", wurde erwähnt. Während der Kardinal kein Kreationist ist, gibt es manchmal Bündnisse zwischen Katholizismus und dem Kreationismus. Ein Beispiel ist der ehemalige polnische Bildungsminister und Vorsitzender der Partei „Liga der polnischen Familien" Roman Giertych. Sein Vater Maciej Giertych ist Biologe, sitzt im Europäischen Parlament und kämpft seit Jahren gegen die aus seiner Sicht zerstörerische Evolutionstheorie. Einer seiner Mitstreiter ist der deutsche Evolutionsgegner Hans-Joachim Zillmer, dessen Bücher sich auf niedrigstem naturwissenschaftlichem Niveau bewegen. Viele Kreationisten distanzieren sich deshalb von ihm. Bei der „Liga der polnischen Familien" verbinden sich Nationalismus und Katholizismus zu einer ideologischen Einheit. Allerdings spielt der Kreationismus in ihrem Themenkatalog insgesamt nur eine geringe Rolle, Maciej Giertych ist eine Randfigur des polnischen Katholizismus.

Wesentlich mehr Bedeutung als in der römisch-katholischen Kirche hat der Kreationismus in der russischen Orthodoxie[28], in der es seit 2000 ein einflussreiches kreationistisches Missionszentrum „Shestodnev" (Creatio) gibt, das von Erzpriester Constantine Bufeev geleitet wird. Er denunziert die Evolutionstheorie als ein Werk Satans, als Ketzerei und Heidentum. Umgekehrt sprach ein Vertreter evolutionären Denkens, G.L. Muravnik, vom Kreationismus als von einem „schlimmen allergischen Anfall, den Darwins Modell der Evolution bei gewissen Protestanten im Westen ausgelöst habe", die nun Anhänger in der russischen Orthodoxie anwerben. Patriarch Alexi II von Moskau soll sich Anfang 2007 nach westlichen Pressemeldungen ebenfalls zum Kreationismus bekannt haben.[29] Das ließ sich allerdings durch russische Quellen nicht bestätigen.

Die Ausgangslage in Russland ähnelt jedenfalls der in der ehemaligen DDR: Die antikirchliche Propaganda des Sowjetregimes bediente sich des Darwinismus als Beweis gegen den Glauben. Insofern liegt es nahe, nun umgekehrt die Evolutionstheorie als Überrest der kommunistischen Ideologie zu diffamieren. Es lässt sich vermuten, dass dadurch wie in den USA, so auch in Russland die Wiederkehr eines militanten Atheismus gefördert wird.

Unter Muslimen, die sich von der angeblichen Gottlosigkeit des Westens abgrenzen, findet Evolutionskritik immer mehr Anklang. Die Türkei ist das erste und einzige hoch industrialisierte Land, in dem der Biologieunterricht unter der Regierung der AKP, der islamischen Partei für Gerechtigkeit und Aufschwung, immer mehr kreationistische Lehren vermittelt und die geltende Naturwissenschaft verschweigt. Sie kann sich dabei auf eine Zustimmung von rund 50% der Bevölkerung stützen. Der derzeitige (2008) Erziehungsminister Hüseyin Celik ist bekennender Kreationist und betrachtet die biologische Evolutionstheorie als Waffe der Materialisten und Gottlosen gegen den Islam. Einer seiner Mentoren ist der muslimische Fundamentalist Adnan Oktar (literarisches Pseudonym Harun Yahya). Bei ihm verbindet sich aggressive Evolutionskritik mit einer unduldsamen Verdammung der westlichen Welt und mit einer erheblichen Prise Antisemitismus. Seine Ideen werden von der Türkei aus unter Muslimen in Deutschland nicht nur auf Türkisch, sondern auch auf Deutsch verbreitet: *diese Bücher zerstören die Denkweise, Logik und Ideologie des Systems des Unglaubens in der Weise wie es im Quran erwähnt wird: Wir schleudern die Wahrheit gegen die Lüge, und sie zerschmettert sie (Sure 21:18 – al Anbia)…"*

Diesem Zweck dient vor allem der 800 Seiten starke und sechs Kilo schwere, überaus aufwändig gemachte, „Atlas der Schöpfung", zu dem es heißt: *Die Fossilien offenbaren, dass die Lebensformen der Erde sich niemals auch nur im Geringsten verändert haben… Es gibt keine Evolution.*

Das Werk ist auf sieben Bände angelegt, die Bände zwei und drei sind schon veröffentlicht. Es wird von Istanbul aus in großer Zahl umsonst in Europa und den USA verteilt; wer die Millionenkosten aufbringt, ist unbekannt. Der angebliche Autor Adnan Oktar gesteht darin eine Millionen Jahre während Erdgeschichte zu und ist insoweit ein Langzeit-Kreationist. Ansonsten ist seine Unkenntnis naturwissenschaftlicher Methoden und Theorien derart massiv, dass eine naturwissenschaftliche Diskussion mit ihm nicht möglich sein dürfte.[30] Es ist zutiefst beunruhigend und sollte Christen, die zum Kreationismus neigen, sehr zu denken geben, dass der erste große politische Erfolg des Kreationismus in einem säkularen Staat, wenn er denn kommen sollte, im Namen des Islam erzielt werden wird.

> **„Sollte sich der Kreationismus irgendwo politisch durchsetzen, wird dies mit Sicherheit im islamischen Umfeld sein. Dies sollte Christen mit einer Neigung zum Kreationismus zu denken geben.“**

Jehovas Zeugen scheinen mehrheitlich ebenfalls einen Langzeit-Kreationismus zu vertreten, der es erlaubt, die sechs Schöpfungstage von 1. Mose 1 als Epochen zu deuten. Aber die inhaltliche Armut des überreichlichen Schrifttums macht die Deutung recht schwierig. Dass auch die Rael-Bewegung (eine skurrile UFO-Sekte) eifrig gegen die Evolutionstheorie polemisiert, ist dagegen nur eine Randnotiz wert. Schließlich glauben die Raelianer, dass alle Lebewesen auf Erden einschließlich der Menschen durch die überlegene Biotechnik Außerirdischer – der sogenannten Elohim – vor historisch kurzer Zeit produziert worden seien. Daher kommen ihnen die vorfabrizierten Argumente des Kreationismus gerade recht.

Ernster zu nehmen ist, dass die neuzeitliche Esoterikbewegung immer mehr auf einen Kurs der Evolutionskritik einschwenkt. Man versucht, die Idee einer planvollen kosmischen Höherentwicklung, die Idee eines durchgeistigten Kosmos, gegen die Idee einer zweck-

und zielblinden Selektion durchzusetzen. Insofern sind viele Esoteriker Anhänger eines Intelligenten Designs, allerdings ohne einen als Person zu begreifenden Designer. Eine fast vergessene Quelle für diese Idee bildet die Theosophie, zum Beispiel das Werk des Paläontologen und Theosophen Edgar Dacqué (1878 bis 1945). Dacqué entwarf eine Metaphysik der Evolution, nach der das, was sich in der grobstofflichen Welt entwickelt, auf höheren Seinsebenen bereits vorher existiert (Präexistenz). Dass auch der Entwicklungsbiologe Hans Driesch, ein Vertreter des Neo-Vitalismus in der ersten Hälfte des 20. Jahrhunderts, Theosoph war, ist heute fast vergessen. Die genannten Beispiele zeigen, dass ein zentrales kreationistisches Argument irrig ist, nämlich dass das Verschwinden des Evolutionsdenkens zum biblischen Glauben zurückführen würde. Die Abkehr von einem „wissenschaftlichen Weltbild" kann Menschen in verschiedene Richtungen führen. In Europa wäre die kreationistische Option, anders als in den USA, nicht erste Wahl.

Wo stehen die deutschen Kirchen?

In dem Spannungsfeld zwischen religiösem Fundamentalismus und ideologischer Religionskritik müssen sich auch die Kirchen positionieren. Die Evangelische Kirche in Deutschland (EKD) mit ihren Landeskirchen lehnt den Kreationismus ebenso eindeutig ab wie die Idee des „Intelligenten Designs". Bis 2006 gab es allerdings nur von den württembergischen und sächsischen Kirchenleitungen Beurteilungen des Kreationismus, beide mit kritischer Tendenz, und beide vom Ende der achtziger Jahre.[31]

2007 legte der Beirat für Weltanschauungsfragen der Evangelischen Landeskirche in Württemberg, unter Bezug auf die Beurteilung von 1987, erneut eine kritische Stellungnahme zum Kreationismus vor, die über Internet verbreitet und von der Evangelischen Zentralstelle für Weltanschauungsfragen in Berlin (EZW) übernommen wurde. Von Ende 2006 bis Ende 2007 publizierte die EZW zusätzlich in ihrer Monatszeitschrift „Materialdienst" zwei Artikel zum Thema Kreationismus[32] und einen umfangreichen EZW-Text „Mit der Bibel gegen die Evolution", in dem die naturwissenschaftlichen Argumente des Kreationismus und der Bewegung für ein „Intelligentes Design" kritisch aufgegriffen werden. Auch der Rat der EKD nahm sich in seinem Bericht für die Synode der EKD 2007[33] in Dresden des Kreationismus an. Der Ratsvorsitzende Wolfgang Huber führt darin unter anderem aus: *„Der Glaube an den Schöpfer wird zu einer pseudowissenschaftlichen Weltanschauung: dieser Glaube selbst soll nämlich das zutreffende Wissen über die Entstehung und Entwicklung der Welt vermitteln. Mit dieser Verkehrung des Glaubens an den Schöpfer in eine Form der Welterklärung hat die Christenheit immer wieder Schiffbruch erlitten. Indem ein zur Weltanschauung missdeuteter Glaube an die Stelle der wissenschaftlichen Vernunft treten sollte, wurde in Wahrheit das Bündnis von Glaube und Vernunft aufgekündigt. Deshalb ist aus Gründen des Glaubens ein klarer Widerspruch notwendig..."*

Diesen Widerspruch bekräftigte die EKD mit dem EKD-Text 94, der am 1. April 2008 erschien: Weltentstehung, Evolutionstheorie und Schöpfungsglaube in der Schule.[34]

Wie bereits im Ratsbericht wird nicht nur der Kreationismus kritisiert, sondern ebenso die angeblich wissenschaftliche Kritik am Glauben, der die Wissenschaft als einzigen Zugang zur Realität versteht: *„Die Verengung der Wahrnehmung durch einen ideologischen Szientismus tangiert nicht nur die Theologie, sondern stellt auch eine eminente Herausforderung für das Denken überhaupt dar."*[35]

Verantwortlich für die Schrift ist eine Autorengruppe unter Federführung von Michael Beintker und Friedrich Schweitzer. Ein Themenheft aus der Evangelischen Kirche in Hessen-Nassau nahm die Fragen Anfang 2008 ebenfalls auf und präsentierte Unterrichtsideen zur Behandlung von Kreationismus und Intelligentem Design.[36]

Allerdings spricht die evangelische Kirche weder in dieser Frage noch in anderen mit einer Stimme, vielmehr gehört die Meinungsvielfalt zu ihrem Wesen. Im Rahmen der vielgestaltigen evangelikalen Bewegung gibt es auch innerhalb der Landeskirchen kreationistische Positionen, dazu mehr im Kapitel Die Bibel und die Angst vor der modernen Welt. Die Evangelische Allianz, die als loser Dachverband der Evangelikalen in Landes- und Freikirchen gelten kann, legt sich nicht fest und will das Thema möglichst niedrig hängen. Aus der Sicht des derzeitigen Vorstands (2008) will man vermeiden, dass die Frage nach dem Kreationismus die Allianz in der Weise spaltet, wie es in den USA bereits der Fall ist. Auch aus der Sicht der oben zitierten kirchlichen Schriften ist eine Vielfalt von Meinungen in der evangelischen Kirche zu tolerieren, solange Kreationisten und Kritiker sich nicht gegenseitig den Glauben absprechen und sich kirchlich ausgrenzen. Die Haltung zur Evolutionstheorie ist, so diese Stimmen, zwar eine wichtige, aber keine Bekenntnisfrage der evangelischen Kirche.

Die katholische Kirche hat weniger Grund als die evangelische, sich kritisch mit dem Kreationismus zu befassen, da er (trotz der Affinitäten zwischen rechtskonservativen Katholiken und Kreationisten) im Kern ein protestantisches Phänomen ist. Mit der Evolution als naturwissenschaftlich beschriebenem Prozess, mit dem Alter der Welt usw. hat das katholische Lehramt jedenfalls keine Probleme. Papst Johannes Paul II. äußerte sich 1996 im „Quarterly Review of Biology" zu den Beratungen der von ihm beauftragten Wissenschaftler, die sich mit der Evolutionstheorie befassten. Er schrieb, dass von der katholischen Theologie nur die Erschaffung der menschlichen Seele für Gott beansprucht wird. Die Entstehung der Arten, einschließlich des Homo sapiens, durch darwinistische Mechanismen der Mutation und Selektion sei kein Problem für den Glauben. Damit ging er sogar weiter als später Kardinal Schönborn (Wien), der wie gesagt die Selektionstheorie nicht akzeptieren mochte. In seinem im Juli 2005 veröffentlichten Artikel in der New York Times

„Finding Design in Nature" bezeichnet er den Brief von Johannes Paul II. an das „Quarterly Review of Biology" als „vage und unwichtig". Vielmehr habe Johannes Paul II. darauf Wert gelegt, dass man in der Natur die Vernunft des Schöpfers auch wissenschaftlich erkennen könne.[37]

Der Chefastronom des Vatikans, der hoch angesehene Jesuit George Coyne, publizierte darauf hin in „The Tablet" eine scharfe Entgegnung und wies darauf hin, dass 2004 eine internationale theologische Kommission[38] unter der Leitung des Kardinals Ratzinger, dem jetzigen Papst Benedikt XVI., befand, dass kein Konflikt zwischen darwinistischen Erkenntnissen und den Lehren der Kirche bestünde. In einem späteren Interview bezeichnete Coyne die Idee eines Intelligenten Designs sogar als „absurd". Der Hintergrund dieser innerkatholischen Debatte wird im Kapitel Intelligentes Design näher beleuchtet werden.

> **„Für die katholische Kirche besteht kein Konflikt zwischen Darwins Erkenntnissen und den Lehren der Kirche."**

Auch der Verband Evangelischer Freikirchen in Deutschland (VEF) äußerte sich in einer Erklärung[39] seines Beauftragten am Sitz der Bundesregierung Peter Jörgensen (Berlin) zu Kreationismus und Intelligentem Design: *„Vertreter der Evolutionstheorie, aber auch des Intelligent Design und auch Anhänger des Kreationismus haben nebeneinander ihren Platz in den Freikirchen. Um den Wahrheitsanspruch der sich einander ausschließenden Deutungsmodelle wird zum Teil heftig gerungen ... Trotz des teilweise heftigen Ringens besteht weitestgehende Einigkeit darin, die Existenz Gottes ,weder so noch anders' beweisen zu können ... So, wie wir die Religionsfreiheit und die Trennung von Staat und Kirche positiv werten, halten wir grundsätzlich auch die Trennung von Glaube und Wissen wissen-*

schaftstheoretisch für überzeugend... Wir sind der Überzeugung, dass ein ausschließlich auf wissenschaftlichen Erklärungsmethoden beruhendes Weltbild zu kurz greift. Aber wir betonen auch, dass Gott weder der ‚Lückenbüßer' unserer Erkenntnisdefizite ist, noch wollen wir ihn auf den jeweiligen Stand der menschlichen Erkenntnis eingeengt wissen."

Von einem fundamentalistischen Anspruch auf wissenschaftliche Wahrheit grenzte sich der VEF mit dieser Erklärung ab. Eine naturwissenschaftliche Wertung der kreationistischen Vorstellungen sowie des „Intelligenten Designs" vermied der Verband, obwohl er kompetente Naturwissenschaftlerinnen und -wissenschaftler in seinen Reihen hat.

Da einige Mitgliedskirchen mehrheitlich oder vollständig eine kreationistische Theologie vertreten, zum Beispiel der Bund Freier Evangelischer Gemeinden (FEG) und der Bund Freikirchlicher Pfingstgemeinden (BFP), wollte man vermutlich ebenso wie die Evangelische Allianz innere Konflikte um die Naturwissenschaft vermeiden. Radikale Formen des Kreationismus findet man jedoch (mit Ausnahme des BFP) im deutschen Protestantismus nicht bei den im VEF organisierten Freikirchen, sondern bei den zahlreichen unabhängigen Gemeinden, die keine überörtliche Organisation haben, sowie bei den tausenden von Aussiedler- und Immigrantengemeinden. Dort ist der Kreationismus Teil einer negativen Grundhaltung zur Gesellschaft. So wird von den sogenannten christlichen Schulverweigerern, die aus Glaubensgründen für ihre Kinder den Schulbesuch ablehnen, die Evolutionstheorie regelmäßig als Grund angeführt. Sie bringe, so das Argument, die Kinder vom Glauben ab. (Das zweite, ständig wiederholte Argument bezieht sich auf den schulischen Sexualkunde-Unterricht, der angeblich die biblische Moral zerstört.) Die Evolutionstheorie sei wissenschaftlich unbewiesen und ein Instrument Satans, um die westliche Welt von Gott abzubringen. Lassen wir dazu noch einmal den EKD-Text 94 zu Wort kommen: *„Man kann nicht sagen, dass die moderne Wissenschaftsentwicklung maßgeblich den moder-*

nen Atheismus vorangetrieben oder gar hervorgebracht habe. Dieser speist sich aus anderen Wurzeln, vor allem aus der Absolutsetzung der innerweltlichen Rationalität und aus dem Aufbegehren gegen alles Religiöse."[40]

Ein Blick in die Geschichte der Evolutionstheorie im folgenden Kapitel wird zeigen, dass und warum diese Feststellung zutrifft.

*Wenn sie imstande sind, anhand verlässlicher Dokumente
eine Tatsache der physikalischen Wissenschaft zu beweisen,
werden wir zeigen, dass sie der Schrift nicht widerspricht.*

Aurelius Augustinus

Bibeltext und Weltwissen – ein Blick in die Geschichte

Biblische Geschichte und Weltwissen

„Am Anfang schuf Gott Himmel und Erde." Der erste Satz der Bibel
ruft den Gott Abrahams, Isaaks und Jakobs zum Ursprung und Urgrund der Welt aus. Der Gott Israels ist viel mehr als ein Volks- und
Stammesgott. Der Gott Jesu Christi und der Gott der Christenheit ist
viel mehr als einer der Götter, Mächte und Gewalten der Weltreligi-
onen. Er ist, und er wird sein, alles in allem. Er bringt die Welt nicht
nur hervor, er handelt in ihr und offenbart sich seinem Geschöpf,
dem Menschen. Davon erzählt die Bibel, und ihr erster Satz legt den
Grund dafür. Auf dieser Basis stehen der Glaube Israels und der
Glaube der Kirche.

Die Geschichte der Welt, die Geschichte des Lebens und die Geschichte der Menschheit wird aber nicht nur von der Bibel erzählt.
Der Glaube der Bibel beschränkt sich schon lange nicht mehr auf die
jüdische Priesterschaft und das jüdische Volk der frühen Antike Vor-
derasiens, die Zeit, in der die Urgeschichte der Bibel verfasst wurde.
Jede Zeit und jede Kultur hat ihr eigenes Wissen über die Welt und
den Menschen, das mit dem Wortlaut des biblischen Berichts nicht

ohne weiteres zusammengeht. Wie das biblische Schöpfungszeugnis und das umfassende, eindrucksvolle Weltwissen der griechischen Kultur zusammen zu denken seien, war für Aurelius Augustinus im Karthago des vierten Jahrhunderts eine wichtige Frage. Die klassische, hellenistische Naturwissenschaft, mit der es die frühe Kirche zu tun hatte, war zwar nicht evolutionistisch ausgerichtet. Aber dass die Lehren von Aristoteles, Demokrit, Ptolemaios und Aristarch von Samos mit den Naturbildern von Genesis 1 und 2 nicht einfach zusammengehen, war auch im vierten Jahrhundert nach Christus klar. Ebenso klar war, dass die Verkündigung der Kirche darauf angewiesen war, an das geltende Wissen anzuknüpfen. In der Schrift „De genesi ad litteram" sagt Augustinus: *„Oft genug kommt es vor, dass auch ein Nichtchrist ein ganz sicheres Wissen durch Vernunft und Erfahrung erworben hat, mit dem er etwas über die Erde und den Himmel, über Lauf und Umlauf, Größe und Abstand der Gestirne, über bestimmte Sonnen- und Mondfinsternisse, über die Umläufe der Jahre und Zeiten, über die Naturen der Lebewesen, Sträucher, Steine und dergleichen zu sagen hat. Nichts ist nun peinlicher, gefährlicher und am schärfsten zu verwerfen, als wenn ein Christ mit Berufung auf die christlichen Schriften zu einem Ungläubigen über diese Dinge Behauptungen aufstellt, die falsch sind und, wie man sagt, den Himmel auf den Kopf stellen, so dass der andere kaum sein Lachen zurückhalten kann. Dass ein solcher Ignorant Spott erntet, ist nicht das Schlimmste, sondern dass von Draußenstehenden geglaubt wird, unsere Autoren hätten so etwas gedacht. Gerade sie, um deren Heil wir uns mühen, tragen den größten Schaden, wenn sie unsere Gottesmänner daraufhin als Ungelehrte verachten und zurückweisen. Denn wenn sie einen von uns Christen auf einem Gebiet, das sie genau kennen, bei einem Irrtum ertappen und merken, wie er seinen Unsinn mit unseren Büchern belegen will, wie sollen sie dann jemals diesen Büchern die Auferstehung der Toten, die Hoffnung auf das ewige Leben und das Himmelreich glauben, da sie das für falsch halten müssen, was diese Bücher geschrieben haben über*

Dinge, die sie selbst erfahren haben und als unzweifelhaft erkennen konnten? Es ist unbeschreiblich, wie viel Verdruss und Kummer einsichtigen Brüdern durch solche unbesonnenen Eiferer bereitet wird... Und dann wagen sie es auch noch, um sich zu beweisen, unsere heiligen Bücher anzuführen oder aus dem Gedächtnis alles mögliche daraus vorzubringen, von dem sie meinen, es nützte ihnen als Bestätigung, und verstehen doch weder, was sie sagen, noch die Dinge, die sie behaupten (1 Tim 1,7)."[41]

Richtige Naturerkenntnis muss vom christlichen Denken aufgenommen werden und damals wie heute zu besserer Welt- und Gotteserkenntnis führen. Dieses zuversichtliche Programm verfolgten auch die Theologen des Hochmittelalters wie Albertus Magnus und Thomas von Aquin, als sie der antiken Wissenschaft in den Schriften des Aristoteles, im Almagest des Ptolemäus und in den hippokratischen Schriften wieder begegneten. Das Weltbild der Scholastik, wie es uns literarisch in der „Göttlichen Komödie" von Dante Alighieri (1265 bis 1321) überliefert ist, malt uns ihre eindrucksvolle Verbindung zwischen Wissen und Glauben vor Augen. Diese große scholastische Synthese erinnert uns allerdings auch daran, dass jedes christliche Weltbild irgendwann wieder überholt wird und überholbar sein muss, weil sich die Naturerkenntnis wandelt.

> „Die Aufgabe, den Schöpfungsglauben unter Einbeziehung des gegenwärtigen Wissens für die Gegenwart zu formulieren, stellt sich deshalb jeder Generation von Neuem."

Die Aufgabe, den Schöpfungsglauben unter Einbeziehung des gegenwärtigen Wissens für die Gegenwart zu formulieren, stellt sich deshalb jeder Generation von Neuem. Das Bekenntnis zum Schöpfer, der „mich gemacht hat samt allen Kreaturen"[42] wandelt sich nicht, wohl aber die Sprache, in der für die jeweilige Zeit erklärt werden muss. Die richtige Sprache zu finden bedeutet immer, das Weltbild der Zeit mit dem Schöpfungszeugnis in richtiger Weise zusammenzubringen. Was die richtige Weise ist, war in der Kirche immer wieder strittig. Allerdings war das Ringen um die Beziehung von Weltwissen und Bibeltext selten so heftig, und so erschütternd für den christlichen Glauben, wie im 18. und 19. Jahrhundert. Ein Grund war der Aufstieg der neuzeitlichen Naturwissenschaft, deren Zugriff auf die Welt und deren Erklärungskraft alles übersteigt, was es vorher an Wissen und Technik gab. Wie es dazu kam, sollte man sich in Erinnerung rufen, um die heutige Debatte um die Evolutionstheorie richtig einordnen zu können.

Galilei, Kepler und andere Fromme

Die heutige Naturwissenschaft entstand in der christlichen Kultur des späten Mittelalters. Man glaubte damals weithin (siehe die bereits erwähnte „Göttliche Komödie"), dass der Kosmos ebenso von Gottes Willen geordnet sei, wie es das irdische Leben sein sollte. Sünde, Leid und Tod seien auf die von Gott abgefallene Erde beschränkt. In der Unendlichkeit des Kosmos geschehe Gottes Wille in der ewigen Harmonie der Sphärenmusik, die beim Gang der Gestirne erklingt. Der Sternenstoff sei so vollkommen, wie der Erdenstoff unvollkommen sei.

Die frühen Wissenschaftler des 16. und 17. Jahrhunderts, Nikolaus Kopernikus, Johannes Kepler, Galileo Galilei und später Isaac Newton, der Erbauer des physikalischen Weltbilds, wollten die Ordnung der Schöpfung, und damit die Vernunft des Schöpfers, denkend und rechnend nachvollziehen. Besonders Johannes Kepler (1571 bis 1630) wurde mehr noch als sein älterer Zeitgenosse, der nüchternere Galileo Galilei, von der Schau der kosmischen Harmonie erfüllt:

„Gott ist für mich der große Künstler der Welt, ich schaue bewundernd die Werke seiner Hände: in der Mitte die Sonne, die Ausspenderin des Lichts und des Lebens, die nach heiligem Gesetz die Erde zügelt und ihren Lauf lenkt. Ich sehe die Mühen des Mondes und dort die Sterne zerstreut auf unermessener Flur. So kann ich nur staunend vor dem Weltgeheimnis stehen, kann beten und sagen: ‚Vater der Welt, was bewegt dich, ein armes, schwaches Erdengeschöpf so hoch zu erheben, dass es im Glanze dasteht, fast ein Gott; denn es denkt deine Gedanken dir nach.'"

Die Naturforschung dieser Zeit richtete sich nicht gegen den christlichen Glauben, sie forderte jedoch die Macht der katholischen Kirche heraus, in der die Lehren des Ptolemäus und des Aristoteles als religiöse Wahrheit galten – übrigens in den evangelischen Ländern manchmal ebenso. Man hatte das Weltbild der Scholastik – selbst eine Synthese zwischen Schöpfungstheologie und antiker Naturwissenschaft – als kirchliche Lehre festgeschrieben. Dazu gehörte das geozentrische System der Gestirne, wie es im „Almagest" des Ptolemäus entfaltet wird, und wie es die zeitgenössische, sehr populäre Kosmologie des Tycho Brahe[43] lehrte, die eine letzte Fortentwicklung des ptolemäischen Weltbilds war.[44] In der Mitte der Welt sahen Kopernikus, Galilei und Kepler aber nicht mehr die Erde, sondern die Sonne stehen. Das rechnende und denkende Nachvollziehen der Schöpfungsordnung war ihnen nur möglich, wenn die scholastischen Traditionen bezweifelt werden durften.

Galilei wollte nicht mehr nur Ptolemäus lesen, um die Himmelsmechanik zu verstehen, sondern das Buch der Natur, das er als allgemeine Offenbarung verstand. In seinem Werk über die Kometen „Saggiatore" von 1623 äußert er die berühmt gewordene Auffassung, dass man die rechte Philosophie (nach dem Sprachgebrauch seiner Zeit die Wissenschaft) im Buch der Natur lesen könne und dass dieses in der Sprache der Mathematik geschrieben sei. In seinem „Dialog über die beiden hauptsächlichsten Weltsysteme, das ptolemäische und das kopernikanische" von 1632 stellt er dieses Forschungsprogramm an mehreren Beispielen vor. Das rief schließlich den Widerstand der Kurie auf den Plan, die den Aufstieg der Wissenschaft in den protestantischen Ländern (Deutschland, England, die Niederlande, Skandinavien) mit Misstrauen verfolgte.

Der „Fall Galilei" wurde allerdings erst im 19. Jahrhundert von den religionskritischen Aufklärern dieser Zeit zum Drama zwischen Glauben und Vernunft stilisiert. In Wirklichkeit gab es auf Seiten der Kurie astronomischen Sachverstand; die Überlegenheit des neuen Weltsystems war Galileis Richtern ebenso klar wie ihm selbst. Es durfte jedoch aus ihrer Sicht aus politischen Gründen nur als mathematische Hypothese, nicht als Weltanschauung verbreitet werden. Dass die römische Kurie Redlichkeit und Wahrheit ihrem Machtinteresse opferte, machte die Dramatik des „Falls Galilei" aus: *„Die Tragik von Galileos Wirken liegt darin, dass er – als ein zeitlebens tiefgläubiges Mitglied seiner Kirche – den Versuch unternahm, eben diese Kirche vor einem verhängnisvollen Irrtum zu bewahren. Seine Intention war es nicht, die Kirche zu widerlegen oder zu spalten, sondern vielmehr war ihm an einer Reform der Weltsicht der Kirche gelegen. Seine verschiedenen Aufenthalte in Rom bis zum Jahr 1616 hatten auch den Zweck, Kirchenmänner wie Bellarmin davon zu überzeugen, dass die Peripatetiker[45] nicht unfehlbar waren und die Heilige Schrift nicht immer buchstabengetreu gelesen werden müsse. Auch war Galilei der Überzeugung, die wunderbaren Werke des Herrn durch Experiment und Logik (früher oder später) vollständig klären zu können; Papst Urban VIII.[46] dagegen blieb bei seiner Meinung, dass die vielfältigen Naturerscheinungen, die der Allmächtige bewirkt, sich dem beschränkten Verstand der Menschen für immer entziehen."*[47]

Fast 400 Jahre später ist klar, dass beide irgendwie Recht hatten, aber in anderer Weise, als sie es damals wissen konnten: der Papst, der aus der Sicht kirchlichen Machtinteresses die Grenzen menschlicher Vernunft betonte, und der Wissenschaftler, der aus der Sicht seines Forschungsinteresses ihre Möglichkeiten betonte.

Nahezu alle Naturerscheinungen, die dem 17. Jahrhundert unerklärlich schienen, wurden seither naturwissenschaftlich erklärt. Insofern gab die Zeit Galilei Recht. Eine komplette naturwissenschaftliche Naturerklärung wird es trotzdem nie geben. Jede Antwort wirft neue Fragen auf, und die denkbaren Antworten verlieren sich im Unbegreiflichen und Unerforschlichen. Insofern hatte auch Urban VIII Recht, denn der weitere Fortschritt der Naturwissenschaft enthüllte nicht nur ihre Möglichkeiten, sondern auch ihre Grenzen.

Wenn es in den folgenden Kapiteln um die Evolutionstheorien gehen wird, wird der Doppelcharakter naturwissenschaftlichen Erklärens eine wichtige Rolle spielen. Davon, und vom Siegeszug wissenschaftlich begründeter Technik, konnte man zur Zeit Keplers und Galileis noch nichts ahnen. Wir neigen unter dem Eindruck ihrer Erfolgsgeschichte heute dazu, die Rolle der Wissenschaft in der frühen Neuzeit zu überschätzen.

> **„Eine komplette naturwissenschaftliche Naturerklärung wird es nie geben.“**

Die Reformation und ihre Folgen spielten als Triebkraft des Wandels eine wichtigere Rolle. Johannes Kepler musste mehrfach fliehen, um sich und seine Familie vor Verfolgung zu retten, aber keineswegs wegen seiner Theorien, sondern weil er sich im Dreißigjährigen Krieg weder auf die eine noch auf die andere Seite schlagen wollte. Auf der Seite der falschen Konfession zu stehen, war lebensgefährlich – die astronomische Überzeugung eines Gelehrten war vergleichsweise belanglos.

Die Welt als Uhrwerk, die Welt als Entfaltung aus sich selbst

In der Zeit der Aufklärung wurde das mit der Symbolik christlichen Glaubens durchsetzte Weltall des Mittelalters von einer komplizierten, wunderbaren Mechanik aus Ursachen und Wirkungen abgelöst, von einem kosmischen Uhrwerk. Keplers Programm galt als erfüllt, die Mechanik des Kosmos war mathematisch erfasst und lag (so schien es lange Zeit) offen vor der menschlichen Vernunft. Der Begriff des Naturgesetzes erhielt in dieser Zeit seine heutige Bedeutung. Gott war damit nicht aus dem Weltbild ausgeschlossen. Als der große Uhrmacher, als der Gesetzgeber, als der Ursprung der Vernünftigkeit der Weltordnung, findet er sich im Denken der Aufklärung wieder.[48] Aber dessen Welt der mechanischen Kräfte und mathematischen Gesetze war nicht mehr so selbstverständlich christlich wie der mittelalterliche Kosmos.

Man konnte das kosmische Uhrwerk als Werk Gottes deuten, aber auch als einen mechanischen Apparat, der seinen eigenen Gesetzen folgt und keinen Gott benötigt. Oder man konnte Gott in Anlehnung an Aristoteles auf die Rolle des „ersten Bewegers" beschränken, der in den Weltenlauf nicht mehr eingreift. Der englische Theologe William Paley[49] (1743 bis 1805) betrachtete in seiner „Natural Theology" die Kompliziertheit und Zweckdienlichkeit, also die spezifizierte Komplexität der Natur als einen Gottesbeweis (teleologischer beziehungsweise physikoteleologischer Beweis). Er widersprach damit dem Schotten David Hume (1711 bis 1776), der solche Beweise ablehnte.

Paleys Argumentation kehrt heute, bis in die Wortwahl hinein, bei den Befürwortern des „Intelligent Design" wieder. Wenn man eine Uhr finde, deren Teile zweckmäßig zusammenwirken und besonders für ihre jeweilige Funktion geformt seien, so müsse man, sagte Paley, auf die Existenz eines Uhrmachers schließen. Folglich müsse auch ein lebender Organismus, dessen Körperteile ebenso zweckmäßig zusammenwirken wie die Teile der Uhr, einen intelligenten Schöpfer haben, den Paley als „Designer" bezeichnete. Wie wirksam dieses Argument trotz aller philosophischen und theologischen Kritik war und ist, beweist nicht nur die gegenwärtige Lebendigkeit der Intelligent-Design-Bewegung in den USA, sondern auch die Tatsache, dass sich Atheisten wie Richard Dawkins bis heute an ihm abarbeiten, um ihr naturalistisches Weltbild zu stützen.[50]

Allerdings entstanden in der Biologie (damals Naturgeschichte) des 18. Jahrhunderts auch Entwicklungs- und Entfaltungstheorien, um die Zweckdienlichkeit der Lebewesen und ihrer Merkmale zu erklären. Durch die weltweiten Entdeckungsreisen und die neuen europäischen Kolonien wurden zahlreiche fremde Tier- und Pflanzenarten bekannt. Dies führte zu einer regen Sammeltätigkeit der Naturalisten und zu dem Versuch, die Vielfalt sinnvoll zu ordnen.

Der französische Naturforscher George-Louis Leclerc de Buffon (1707 bis 1788), der eine monumentale Naturgeschichte in 44 Bänden schrieb, nahm eine stufenweise Entwicklung der Natur über lange Erdepochen an. Er ordnete höhere und niedere Lebewesen diesen Stufen zu. Die Triebkräfte der Artentwicklung sah Buffon in äußeren Einflüssen wie Klima und Ernährung. Er widersprach damit seinem großen Zeitgenossen Carl von Linné (1707 bis 1778), der von der Unveränderlichkeit der Arten überzeugt war und auf den das bis heute benutzte Benennungssystem der Lebewesen zurückgeht.

Nach Buffon entwickelte Jean Baptiste de Monet, Chevalier de Lamarck (1744 bis 1829) die lange Zeit sehr verbreitete Vorstellung, dass sich die Lebewesen durch den Gebrauch oder Nichtgebrauch ihrer Organe verändern und dass sie erworbene Eigenschaften an ihre Nachkommen vererben. Unter anderem illustrierten seine Nachfolger (er selbst wohl nicht) jene Idee mit dem langen Hals der Giraffe, der entstanden sei, weil sich deren Vorfahren bei Dürre nach Blättern an den Bäumen hätten strecken müssen. Er deutete die Entstehung neuer Arten damit teleologisch (als auf ein Ziel gerichtet), da ein innerer

„Vervollkommnungstrieb" die Lebewesen zur Übung ihrer Fähigkeiten treibe. Nach Lamarck spielen also die Organismen selbst eine aktive Rolle bei der Entstehung neuer Arten, eine Idee, die Darwin später zum Teil ablehnte und zum Teil übernahm, die aber Ende des 19. Jahrhunderts durch August Weismann experimentell widerlegt wurde.

Auch Lamarck ging wie Buffon von langen Zeiten und einer Abfolge mehrerer Erdepochen für die Entwicklung der Lebewesen aus, ebenso der Begründer der modernen Paläontologie, George Cuvier (1769 bis 1832). Er wies durch seine Untersuchung geologischer Schichten nach, dass Arten aussterben können, was Lamarck bestritten hatte. Auf Grund der geordneten Abfolge von fossilen Schichten mit jeweils anderen Lebensspuren lehnte Cuvier aber graduelle Veränderungen der Lebewesen ab und widersprach damit den Theorien seiner Landsleute Buffon und Lamarck, ebenso seinen Zeitgenossen Geoffroy Saint-Hilaire und Charles Lyell, dem Begründer der modernen Geologie. Er entwickelte als Erklärung seiner Fossilbefunde den sogenannten Katastrophismus, nach dem in der Erdgeschichte wiederholt Katastrophen den Gesamtbestand der Lebewesen vernichteten, so dass in der nächsten Phase neues Leben durch wiederholte Urzeugung entstanden sei.

Eine Neuschöpfung durch Gott postulierte Cuvier damit nicht. Er dachte ebenso aufgeklärt wie seine Zeitgenossen im damaligen Paris, der Hochburg der Naturwissenschaft. Seine Theorie wurde jedoch von Theologen und von Gegnern auch in theistische Richtung gedeutet.

Die Frage nach der Herkunft der Lebewesen war also im 18. und beginnenden 19. Jahrhundert wissenschaftlich offen, auch wenn kein seriöser Forscher die langen Zeiträume der Erdgeschichte anzweifelte. Man muss sich vor Augen führen, dass die Geschichte der modernen Biologie, auch die Geschichte der Evolutionstheorie, nicht mit Charles Darwin beginnt, sondern schon eine hundertjährige Tradition hatte, als 1859 Darwins Hauptwerk „On the Origin of Species …" erschien.

Bemerkenswert ist auch, dass die Theorien Buffons, Lamarcks oder Cuviers als Argumente gegen die Religion in der französischen Aufklärung keine besondere Rolle spielen. Wichtiger war die Frage nach der menschlichen Seele, die Julien Offray de La Mettrie in seinem Buch „L'homme machine" von 1748 als Produkt von Körpersäften darstellte und die der deutsche Arzt Rudolf Virchow später beim Sezieren von Leichen vergeblich suchte. La Mettrie war Hofarzt im Potsdam Friedrichs des Großen, dessen religiöse Gleichgültigkeit sich der französischen Kultur des 18. Jahrhunderts verdankte. Die Frage nach der Seele zieht sich durch die Wissenschaftsgeschichte bis zum Vitalismus, genauer Neovitalismus, des deutschen Entwicklungsbiologen und Theosophen Hans Driesch (1867 bis 1941), der von vielen Zeitgenossen als Gegenspieler Ernst Haeckels betrachtet wurde. Haeckel hatte die Rolle des Vorkämpfers für den Materialismus inne, nach dem alle Lebensprozesse physikalischer und chemischer Art sind, auch das menschliche Denken. Aus dem Vitalismus konnte man dagegen sogar in der Weimarer Zeit noch traditionelle Seelenvorstellungen ableiten.

Bereits zu David Humes und William Paleys Zeiten, nicht erst zur Zeit Darwins und Haeckels, war demnach Christlichkeit unter den Gebildeten alles andere als selbstverständlich. Sonst hätte sich der englische Naturtheologe seine Sammlung von Belegen für die Wahrheit des christlichen Glaubens von 1794 (A View of the Evidences of Christianity) sparen können.

Vernunftglauben und Fortschritt

Für die Gebildeten des 18. Jahrhunderts – ob religiös oder religionskritisch – lag es nahe, sich der Zuverlässigkeit und Logik der Naturgesetze zum Wohl der Menschen zu bedienen. Das Zauberwort Aufklärung stand für die Zuversicht, man werde immer mehr Wissen über die Welt erringen und die Übel des Lebens durch menschliche Vernunft aufheben. Mit dem Begriff „Fortschrittsglauben" ist diese Haltung nur unzureichend beschrieben. Sie konnte zwar die Form einer nahezu religiösen Erlösungshoffnung annehmen, aber auch Kirche und Theologie konnten sich auf dem Grund christlicher Ethik aufgeklärt verstehen.

Die heute noch bekanntesten Beispiele christlicher Aufklärung sind vielleicht Pädagogen wie Johann Friedrich Oberlin (1740 bis 1826), dem es gelang, die Armut im Steinental im Elsass zu überwinden. Noch weiter wirkte die Pädagogik des Schweizers Johann Heinrich Pestalozzi (1746 bis 1827). Beide hatten ihr Vorbild in dem Philosophen und Lehrer Johann Amos Comenius (1592 bis 1670), der Pfarrer der böhmischen Brüder war und das Schicksal der Verfolgung durch die katholische Kirche mit ihnen teilte. In der Pädagogik und in vielen anderen Wissensbereichen, im Landbau, in der Medizin und der Technik, gab es handfesten Fortschritt. Alexander von Humboldt (1769 bis 1859) entwickelte zum Beispiel die Bergbautechnik entscheidend weiter, was der Produktion, aber auch den Bergarbeitern zugutekam. Die Kalk- und Gipsdüngung saurer Wiesen, um die Heuproduktion zu fördern, und die zweckmäßige Anlage eines Stalls für Kleinbauern gehen in Württemberg auf einen Pfarrer zurück. Durch die Summe vieler solcher Verbesserungen gelang es, bis Mitte des 19. Jahrhunderts in Deutschland die Geißel der periodischen Hungersnöte zu überwinden. Die Hoffung, durch die Wissenschaft das Los der Menschen verbessern zu können, wurzelte also in praktischer Erfahrung.

Allerdings wurde die Fortschrittshoffnung unter dem Vorzeichen des Vernunftglaubens auch zur umfassenden Utopie und zur innerweltlichen Gegenreligion. Man hoffte, der Mensch könne mit Hilfe der Wissenschaft, durch Erziehung und Technik letztlich ein irdisches Paradies schaffen und zum „Neuen Menschen" werden.[51] Die Hoffnung, dass technische Macht die Übel des menschlichen Lebens aufheben könne und dass der Mensch sich selbst zum Neuen Menschen umschaffen könne, trat in Konkurrenz mit der biblischen Hoffnung auf die Erlösung von Gott her. Das Datum der Französischen Revolution von 1789 markiert wie kein anderes die Wirkung dieses Vernunftglaubens. Viele ihrer Vorkämpfer waren (anders als die des amerikanischen Unabhängigkeitskrieges) antireligiös. Sie wollten nicht nur die Kirche entmachten, sondern den christlichen Glauben durch die Verehrung der Vernunft ersetzen. Es ging letztlich nicht um Naturerkenntnis, sondern um eine quasireligiöse Hoffnung.

Der Chemiker Antoine Laurent de Lavoisier wurde im selben Jahr geboren wie William Paley und starb 1794 durch die Guillotine, weil er als Adeliger ein Amt in der vorrevolutionären Regierung innegehabt hatte. Dass er als der bedeutendste Wissenschaftler seiner Zeit galt, rettete ihn nicht. Der Astronom und Mathematiker Pierre-Simon Laplace (1749 bis 1827) überlebte alle politischen Wirren, weil er von einfacher Herkunft war und es verstand, sich den jeweiligen Machthabern anzupassen. Von ihm stammt der radikale Entwurf eines völlig determinierten Weltgeschehens, das kausal geschlossen ist und nach mathematischen bzw. logischen Gesetzen abläuft. Ein „Laplacescher Dämon", ein unbegrenzter Weltgeist, dem alle Zustände der Materie in einem Moment perfekt bekannt wären, könnte sämtliche Zustände des Weltgeschehens in Vergangenheit und Zukunft logisch ableiten. Sein Determinismus ist heute nicht nur philosophisch, sondern physikalisch überholt, prägte aber die französische Aufklärung.

Von Laplace stammt die berühmte Antwort auf die Frage Napoleons, warum Gott in seiner Astronomie nicht vorkomme: „Ich hatte diese Hypothese nicht nötig", soll er 1799 dem Ersten Konsul der Republik erwidert haben. In Deutschland fand man dagegen unter dem Einfluss der Weimarer Klassik und des von ihr inspirierten, genialen Brüderpaars Wilhelm und Alexander von Humboldt eine Synthese zwischen Wissenschaft und Religion, indem Letztere verinnerlicht und vergeistigt wurde. Das Weltwissen lieferte die recht verstandene Wissenschaft, die Gottesbeziehung war eine Sache der Moral, der Innenschau und des Gefühls: „*Das wichtigste Resultat des sinnigen physischen Forschens ist daher dieses: in der Mannigfaltigkeit die Einheit zu erkennen, von dem Individuellen alles zu umfassen, was die Entdeckungen der letzteren Zeitalter uns darbieten, die Einzelheiten prüfend zu sondern und doch nicht ihrer Masse zu unterliegen, der erhabenen Bestimmung des Menschen eingedenk, den Geist der Natur zu ergreifen, welcher unter der Decke der Erscheinungen verhüllt liegt. Auf diesem Wege reicht unser Bestreben über die enge Sinnenwelt hinaus, und es kann uns gelingen, die Natur begreifend, den rohen Stoff empirischer Anschauung gleichsam durch Ideen zu beherrschen.*"[52]

Mit der Beschränkung des christlichen Glaubens auf gutes Tun und geistiges Erleben wurden allerdings die Grundlagen des reformatorischen Erbes infrage gestellt. Das rief den Widerstand nicht nur mancher Theologen, sondern auch des Kirchenvolks hervor. Die Erweckungsbewegungen und später die Freikirchen wirkten nicht zufällig gerade dort, wo Liberalismus und Fortschrittsdenken den Protestantismus prägten: in England, den USA, etwas später in der Schweiz und in Deutschland. Die erweckliche Frömmigkeit gehört ebenso zum Erscheinungsbild des Protestantismus im 19. Jahrhundert wie Idealismus und Wissenschaftsglauben. Grundsätzliche Wissenschaftskritik war kein zentrales, aber doch ein wichtiges Thema der erwecklichen Gruppen, schon deshalb, weil es aufseiten der Wissenschaft ideologische Positionen gab, die jede Form der Christlichkeit als Gegner des Fortschritts ansahen.

Rudolf Virchow, Ernst Haeckel und Thomas Henry Huxley benutzten ihre Religionskritik zur Emanzipation der Universitäten, des Forschungs- und Wissenschaftsbetriebs von der alten Kulturmacht Kirche. Zu diesem Zweck behaupteten sie eine grundsätzliche Kluft zwischen Religion und Wissenschaft und gingen daran, die Politik auf die Seite der Wissenschaft zu ziehen. Dabei spielte der Darwinismus eine wichtige Rolle. Rudolf Virchow (1821 bis 1902) stand allerdings der darwinschen Theorie zeitlebens skeptisch gegenüber, was ihn keineswegs zu einem religiösen Menschen machte.

Huxley (1825 bis 1895) wurde zum wichtigsten Popularisierer von Darwins Ideen. Er begründete den modernen Agnostizismus und prägte selbst diesen Begriff. Sein Buch „Evidence as to Man's Place in Nature" von 1863, mit dem er Darwins Ideen auf den Menschen anwandte, war politisch und ideologisch wirksamer als Charles Darwins vier Jahre vorher erschienenes (und sofort ausverkauftes) Werk „On the Origin of Species ..." von 1859. Die berüchtigte Frage, ob der Mensch vom Affen abstamme oder nicht, die Huxley 1860 im Oxforder Universitätsmuseum für Naturgeschichte mit Bischof Wilberforce diskutierte, wurde durch sein Buch zum Reiz- und Streitthema zwischen Religion und Wissenschaft. Es wirkt bis heute weiter, obwohl die Fragestellung, genau genommen, schon 1860 falsch war und seither durch die Fortschritte der Paläontologie und Genetik sinnlos wurde.

Die Diskussion zwischen Biologe und Bischof verlief nicht annähernd so einseitig, wie Huxley sie später darstellte, die Einwände des Bischofs waren keineswegs alle unbegründet. Aber es kam Huxley darauf an, den hoch angesehenen Geistlichen politisch zu diskreditieren. Samuel Wilberforce war der dritte Sohn von William Wilberforce, dem es durch eine jahrzehntelange politische Kampagne trotz massiver Anfeindungen schließlich gelungen war, den Sklavenhandel im britischen Empire abzuschaffen. Der Name Wilberforce signalisierte also moralische Autorität, und die galt es zu entmachten.

Charles Darwin selbst hatte keine derartigen Ziele. Die politischen Folgen seiner Theorie erlebte er mit Unbehagen und äußerte sich nur sparsam dazu, obwohl er sich in den folgenden Jahren vom christlichen Glauben abwandte. In seinem Grundlagenwerk von 1859, ebenso im Werk seines Mitentdeckers Alfred Russel Wallace, findet sich keine Religionskritik und kaum etwas über die Abstammung des Menschen. Dieses Thema nahm Darwin erst über ein Jahrzehnt später mit seinen Werken zur sexuellen Selektion und zur Entwicklung des menschlichen Verhaltens auf.[53]

Darwinismus in Deutschland

Ernst Haeckel (1834 bis 1919) war als Evolutionsbiologe eher ein Leichtgewicht. Seine Stärke war die Beschreibung: Großartige Zeichnungen belegen Beobachtungsgabe und Naturliebe des Jenaer Professors. Viel bekannter wurde er jedoch als Religionskritiker. Auf dem internationalen Freidenker-Kongress 1904 in Rom wurde er am 20. September feierlich zum „Gegenpapst" ausgerufen, ein Vorgang, der angeblich sogar seinen Mitstreitern peinlich war. 1909 gründete er den „Deutschen Monistenbund" als Plattform seiner Weltanschauung. Aus kirchlichen Kreisen zog Haeckel damit heftige, zum Teil gehässige und verleumderische Kritik auf sich. Um die christliche Kritik an der Wissenschaft richtig einzuordnen, einschließlich der Ablehnung der Evolutionstheorie, die sich in dieser Zeit herausbildete, sollte man die dafür mit ursächlichen Exzesse der liberalen und kirchlichen Polemik berücksichtigen.

Ein Vertreter dieser Kritik war der (in Deutschland tätige) Schweizer Lehrer Jean Frédéric Bettex (1837 bis 1915)[54], dessen Bücher im evangelischen Bürgertum weit verbreitet waren. Seine Theologie wurde von der protestantischen Theosophie Jakob Böhmes, ebenso vom Pietismus Friedrich Christian Oetingers und Johann Michael Hahns geprägt.

Bettex war formal gesehen Kreationist, allerdings hatte seine Evolutionskritik mit den heutigen Kritikansätzen nicht allzu viel gemeinsam. Er wandte sich gegen Bücher wie das vermutlich populärste Werk Ernst Haeckels, „Die Welträthsel", (1899) oder das 1896 erschienene Buch von Andrew Dickson White „A History of the Warfare of Science with Theology in Christendom" (Eine Geschichte des Krieges zwischen Wissenschaft und Theologie in der Christenheit).

White, Geschichtsprofessor der von ihm mit gegründeten, schnell angesehenen Cornell Universität im Staat New York, war ein typischer Propagandist der Religionskritik am Ende des 19. Jahrhunderts. Selbst kein Naturwissenschaftler, promovierte White in Jena und war später Botschafter der USA in Berlin. Er war daran beteiligt, die Geschichtslegende zu konstruieren, dass christlicher Glaube und Wissenschaft von Anfang an Gegner gewesen seien. Er verbreitete die historische Unwahrheit, dass man im Mittelalter geglaubt habe, die Erde sei flach, und dass Christoph Kolumbus mit dieser Auffassung habe kämpfen müssen. Ein Blick in Galileo Galileis „Dialog über die beiden hauptsächlichsten Weltsysteme" oder in das Werk von Dante Alighieri, oder in die Briefe von Johannes Kepler, hätte ihn eines Besseren belehrt.

Whites Behauptung, Martin Luther habe gegen das kopernikanische Weltbild gekämpft, wurde ebenfalls später widerlegt. Der Reformator interessierte sich nicht für Astronomie, sein schriftliches Werk enthält kaum etwas darüber. Eine unvoreingenommene historische Forschung findet bis zum 19. Jahrhundert wenig grundsätzliche Feindschaft zwischen Naturwissenschaft und christlichem Glauben. Nicht nur das Werk von Frédéric Bettex, sondern auch die späteren Entwürfe christlicher Gegenwissenschaft sind nur als Reaktion auf die zum Teil unhistorische, polemische Religionskritik des 19. und 20. Jahrhunderts verständlich.

Aus zwei Gründen ist es wichtig, den heutigen Kreationismus nicht ohne diesen Blick in die Geschichte zu behandeln. Zum einen macht er deutlich, dass es sich beim Siegeszug der Aufklärung und des Liberalismus keineswegs um einen Sieg der vernünftigen Wissenschaft über die vernunftfeindliche Religion handelte. Innerhalb der Wissenschaft selbst, in den Reihen der Forscher und der Liberalen, wurde darum gerungen, in welchem Verhältnis wissenschaftliche Naturerkenntnis zum Christentum stünde. Das Spektrum der Antworten blieb dabei weit offen. Es reichte im 17. ebenso wie im 18. und 19. Jahrhundert vom Glauben bis zum Unglauben, von konservativer Kirchlichkeit bis zur kalten Gleichgültigkeit der Kirche gegenüber, von Isaac Newton und Blaise Pascal bis zu David Hume und La Mettrie.

Die Frage nach Gott wurde durch die Jahrhunderte hindurch in der forschenden Existenz der größten Wissenschaftler selbst aufgeworfen und unterschiedlich beantwortet, nicht selten zugunsten des christlichen Glaubens: bei Michael Faraday ebenso wie bei William Lord Kelvin und James Maxwell. Die politischen Machtverhältnisse änderten sich, der Wissenschaftsbetrieb änderte sich, und vor allem änderten sich durch den Siegeszug moderner Technik die Lebensverhältnisse der Menschen. Aber die Frage, wie die wissenschaftliche Naturerkenntnis und das Bekenntnis der Bibel zu verbinden oder zu trennen seien, blieb eine offene Frage.

> „Die Frage, wie die wissenschaftliche Naturerkenntnis und das Bekenntnis der Bibel zu verbinden oder zu trennen sind, ist bis heute unbeantwortet."

Zum anderen macht der Blick in die Geschichte deutlich, dass die Frage „Evolution oder Schöpfung?" in der Religionskritik der Aufklärung bis zur Mitte des 19. Jahrhunderts keine zentrale Rolle spielte. Die in der kreationistischen Literatur ständig wiederholte Behauptung, die Evolutionstheorie oder der „Darwinismus" sei die geistige Ursache für den Atheismus der Moderne, trifft nicht zu. Das mechanistische Menschenbild des bereits erwähnten La Mettrie kam vor dem biologistischen Menschenbild von Thomas Huxley, und lange vor dem Biologismus von Richard Dawkins. Auch die Französische Revolution kam zwei Generationen vor Charles Darwin. Selbst Karl Marx hatte seine Philosophie fertig formuliert, bevor ihm

Darwins Werk begegnete. Nicht nur der Kommunismus, auch ein biologisch begründeter Rassismus und Nationalismus entfalteten schon vor Darwin ihre Wirkung. Diese Ideologien wurden später allerdings durch darwinsche Ideen gestützt und populär gemacht. Es ist kein Zufall, dass Ernst Haeckel 1905 Ehrenmitglied der neu gegründeten Deutschen Gesellschaft für Rassenhygiene wurde.

Als Sozial- und Rassendarwinismus floss die biologische Evolutionstheorie also gegen Ende des 19. Jahrhunderts in die Ideologiegeschichte ein, mit zum Teil schrecklichen Auswirkungen. Diese wurden erst durch die geschichtliche Erfahrung mit Nationalsozialismus und Kommunismus vorläufig überwunden.[55] Es gibt demnach sehr wohl eine unheilvolle Geschichte des Darwinismus. Aber die steht nicht am Anfang der Entchristlichung der westlichen Kultur, sondern fast an ihrem Ende – nur die Ideologien auf der Grundlage von Tiefenpsychologie und Behaviorismus sind noch jünger als der Darwinismus.

Jenseits des Wissenschaftsglaubens

Nicht nur der ideologische Darwinismus, sondern der gesamte Fortschrittsglaube des 19. Jahrhunderts ist allerdings derzeit, und vermutlich auf Dauer, aus der westlichen Kultur verschwunden. Der christliche Glaube hat den Wissenschaftsglauben locker überlebt, auch wenn das im 19. Jahrhundert für die Zeitgenossen von Haeckel und Bettex noch anders ausgesehen haben mag. Die Stationen seines Verfalls lassen sich historisch markieren: Die totalitären Ideologien, die sich auf die Wissenschaft beriefen, verwüsteten im 20. Jahrhundert Europa und kosteten mehr Menschenopfer als alle früheren Kriege zusammengenommen. Die Schreckenserfahrungen mit der technischen Kriegführung im Ersten Weltkrieg, die Entwicklung der Atombombe im Zweiten Weltkrieg und die Angst vor dem atomaren

Weltuntergang während des Kalten Kriegs, die Umweltkrise, die Risiken der neuen Biotechnik, die Bedrohung durch chemische und biologische Vernichtungswaffen prägten das 20. Jahrhundert. Auch das naturwissenschaftliche Weltbild wandelte sich, es blieb nicht beim vernünftig geordneten Kosmos des 19. Jahrhunderts stehen. Physik und Astronomie postulierten den Wärmetod des Alls und – als sich diese Idee erledigt hatte – den Urknall und die endlose Expansion eines unfasslich riesigen Weltalls. Die Vorstellungsbilder eines abgründig chaotischen Kosmos und eines dem Menschen gegenüber gleichgültigen Universums taten ihre Wirkung. Die moderne Technik schuf zwar Dampfmaschinen und Impfstoffe, aber auch Nervengas und Neutronenbomben.

> „Die Umweltkrise, gentechnisch veränderte Kulturpflanzen, das Klonen von Nutztieren und das Ringen um den Schutz menschlichen Lebens machen den Eindruck, die Biologie, die Wissenschaft vom Leben, bedrohe das Leben mehr, als sie ihm hilft."

Heute bringen viele Menschen der Naturwissenschaft und ihrer Technik mehr Ängste als Hoffnungen entgegen. Die Umweltkrise, gentechnisch veränderte Kulturpflanzen, das Klonen von Nutztieren und das Ringen um den Schutz menschlichen Lebens machen den Eindruck, die Biologie, die Wissenschaft vom Leben, bedrohe das Leben mehr, als sie ihm hilft. Dem stehen Gentherapien für erbliche Erkrankungen gegenüber, dem stehen vielleicht eine Lösung des Hungerproblems in manchen Weltgegenden und zahlreiche wissenschaftliche Umweltschutz-Programme gegenüber. Ob die wissenschaftliche Biologie in der öffentlichen Wahrnehmung heute eher eine Segens- oder eine Unheilsmacht darstellt, lässt sich deshalb nicht ohne weiteres sagen.

Die Hoffnung auf den vernünftigen, zum Fortschritt fähigen „neuen Menschen" löste sich jedenfalls im zwanzigsten Jahrhundert auf. Damit verlor auch die wissenschaftliche Religionskritik für Jahrzehnte an Bedeutung. Allerdings strömten die Menschen deshalb keineswegs in Scharen in die Kirchen zurück. Das Streben nach Autonomie und innerweltlichem Glück erwies sich als weit hartnäckiger als seine früheren, scheinbar wissenschaftlichen Begründungen. Mit dem persönlichen Gott der Bibel, vor dem man sein Leben zu verantworten hat, wollte die Mehrheit auch weiterhin nichts (oder nur auf Distanz) zu tun haben. Mit anderen Worten: Unsere Zeitgenossen denken weiterhin anthropozentrisch, nicht theozentrisch, auch wenn sie nicht mehr an den wissenschaftlichen Fortschritt glauben. Aber immerhin büßte die weltanschauliche Auseinandersetzung dadurch jahrzehntelang ihre frühere Schärfe ein, und ein beziehungsloses Nebeneinander von Glauben und Wissenschaft wurde bis vor kurzer Zeit zum Normalfall.

Die allgemeine Gleichgültigkeit gegenüber Wahrheitsfragen in der heutigen Kultur nahm der Debatte noch mehr von ihrer Brisanz. Religionskritiker griffen den christlichen Glauben meist nicht mehr mit wissenschaftlichen Argumenten, sondern mit moralischen Vorwürfen an. Im Gespräch begegneten sich christlicher Glauben und Naturwissenschaft, wenn überhaupt, wo es um ethische Fragen geht. Die Umweltkrise, die Konflikte bei der Anwendung von Biotechnologien, beim Klonen oder bei der Gentherapie usw. beschäftigen beide Seiten. In der Regel richteten dabei die Christen Anfragen an Naturwissenschaft, nicht umgekehrt, so zum Beispiel in der Debatte um die Embryonenforschung und um die Frage, wann das menschliche Leben beginnt.

Allerdings hat sich diese Situation, wie im ersten Kapitel beschrieben, jetzt wieder verändert. Aber der Fortschrittsglaube der Aufklärungszeit kehrt auch mit dem „neuen Atheismus" nicht zurück. Seine Argumente sind defensiv ausgerichtet, um die (angeblichen und wirklichen) Privilegien der technisch-wissenschaftlichen Eliten gegen religiöse Angriffe zu verteidigen. Deshalb kommen ihnen religiöse

Feindbilder recht, zu deren Abwehr sie sich sammeln können. Wie gut – oder wie schlecht – sich der biblische Schöpfungsglaube als Feindbild für die neuen Religionskritiker eignet, liegt an uns Christen selbst. Wir können die religionsfeindlichen Ideologen nicht an ihrer Polemik hindern, aber wir können es ihnen leicht oder schwer machen. Machen wir es ihnen in Gottes Namen schwer.

We are not afraid today
aus der Hymne der Bürgerrechtsbewegung
„We shall overcome"

DIE BIBEL UND DIE ANGST VOR DER MODERNEN WELT

Die Fundamente

Konservative amerikanische Christen reagierten am Ende des 19. und Anfang des 20. Jahrhunderts auf den Wissenschaftsglauben, den theologischen Liberalismus und die historische Bibelkritik mit einer zwischen 1910 und 1915 in 12 Heften erschienenen, in Millionenauflage verbreiteten Schriftenreihe: „The Fundamentals – a Testimony to the Truth."[56]

Die Artikel, in denen die Evolutionstheorie dort angesprochen wird, sind recht unterschiedlich. Einen festgeschriebenen Kreationismus als Deutungsschema der Bibel und der Wissenschaft gab es in den „Fundamentals" noch nicht. Vielmehr wurde ein breites konservatives Meinungsspektrum abgedeckt. In Band I behandelte zum Beispiel Dyson Hague unter dem Titel „Die dogmatische Bedeutung der ersten Kapitel des Buchs Genesis"[57] (bzw. des 1. Buchs Mose) die biblischen Schöpfungserzählungen. Seine Thesen zum Verständnis der Bibel dürften auch heute noch so oder ähnlich in weiten Kreisen gelten:

- Das Buch Genesis hat keine Bedeutung für die christliche Lehre, wenn es keine Autorität hat.

- Das Buch Genesis hat keine Autorität, wenn es nicht wahr ist. Wenn es nicht historisch ist, ist es nicht zuverlässig; und wenn es nicht offenbart ist, hat es keine Autorität.
- Das Buch Genesis ist nicht wahr, wenn es nicht von Gott kommt. Denn wenn es nicht von Gott kommt, ist es nicht inspiriert; und wenn es nicht inspiriert ist, besitzt es für unsere Lehre keinerlei Bedeutung.
- Das Buch Genesis kommt nicht direkt von Gott, wenn es eine heterogene Zusammenstellung mythologischen Volksglaubens von unbekannten Autoren ist.
- Die ursprünglichen Dokumente, wenn es sie gegeben hat, wurden, inspiriert von Gott, von Moses gesammelt, geprüft und neu verfasst.

Durch dieses Bibelverständnis war der Streit mit der Naturwissenschaft vorprogrammiert, aber es gab auch andere Positionen. James Orr behandelte in Band I, Kapitel 18 das Thema „Wissenschaft und Christlicher Glauben". Er lehnte die Selektionstheorie Darwins als unbiblisch ab, akzeptierte aber die langen Zeiträume der Erd- und Naturgeschichte und die allmähliche Entwicklung neuer Tier- und Pflanzenarten. Dass der Mensch körperlich von anderen Lebewesen abstammen soll, war Orr kein Problem. Das biblische Menschenbild erfordere allerdings, dass die Menschwerdung direktes Werk Gottes sei. Ein vormenschliches Wesen – das nach Orr nicht als krudes, affenähnliches Geschöpf gedacht werden muss – wurde durch einen speziellen Schöpfungsakt zum Gegenüber Gottes: *„Der Mensch ist das letzte von Gottes Schöpfungswerken – die Krone und der Sinn des Ganzen – und er wird als Bild Gottes erschaffen. Um dem Rechnung zu tragen, müssen wir einen besonderen Schöpfungsakt annehmen, der den Menschen zu dem macht, was er ist. Dieser bezieht sich nicht nur auf die Seele, denn höhere geistige Kräfte hätten einem bloß tierischen Gehirn nicht verliehen werden können. Auch auf der körperlichen Seite muss es eine Steigerung gegeben haben, die dem* *mentalen Aufstieg entspricht. Körperlich und geistig kommt der Mensch aus der Hand seines Schöpfers.*"

Orr warnte davor, die Bibel als Naturkundebuch zu verstehen: *„Die Natur wird so genommen, wie sie ist, und in einfacher, volkstümlicher Sprache geschildert, so wie wir selbst jeden Tag von ihr sprechen. Die Welt, die sie* (die Bibel, Anm. d. Verf.) *beschreibt, ist die Welt, die Menschen kennen und in der sie leben, und sie wird beschrieben, wie sie ihnen erscheint, nicht so, wie sich ihre innere Verfasstheit aus der Sicht der Wissenschaft und ihrer schwer verstehbaren Forschung darstellt.*"

Während James Orrs Argumentation zwischen Glaube und Naturwissenschaft vermitteln will, wurde der Ton in Band IV, Kapitel 5 der „Fundamentals" schärfer. Ein Artikel von Henry H. Beach trägt den Titel „Der Abstieg des Darwinismus"[58]. Er stützte sich zum Teil auf Argumente gegen die Selektionstheorie, die damals in der Wissenschaft verbreitet waren. Denn die „Fundamentals" hatten es mit einer Biologie zu tun, der die wichtige Synthese von Evolutionstheorie, Genetik und Populationsdynamik noch nicht gelungen war und die vom molekularen Mechanismus der Vererbung nichts wusste (siehe dazu das Kapitel Moderne Biologie und Kreationismus). Von daher gab es Naturwissenschaftler, die ähnlich skeptisch waren wie Beach. Allerdings vermengte er wissenschaftliche Fragen in polemischer Absicht mit Glaubensfragen und bereitete damit einem christlichen Fanatismus den Weg:

- Er (der Darwinismus, Anm. d. Verf.) ist moralisch armselig. Eine Theorie der Natur muss idealistisch sein, um wahr zu sein. Durch natürliche Selektion überleben die Leidenschaftlichen und die Gewalttätigen, die Schwachen und Schutzlosen werden vernichtet. Um wahr zu sein, müsste Schwarz Weiß werden, Unrecht müsste Recht werden, und Gott wäre ein Iwan der Schreckliche …
- Es ist falsch, dass im Kampf ums Dasein die Tüchtigsten überleben. Tüchtigkeit ist ein mehrdeutiger Begriff. In der Selektionstheorie bedeutet es, am stärksten und am besten bewaffnet zu sein.

Gerade die überleben aber nicht, sie degenerieren und verschwinden. Wer Waffen trägt, zieht Angreifer an. Die Vorsehung sorgt dadurch für Strafe oder Korrektur.

● Es ist falsch, dass der Mensch von einem Tier abstammt und das Tier von einem Gemüse. Eine der Kräfte des menschlichen Lebens ermöglicht ihm, Gott zu erkennen, und schafft in ihm ein Sündenbewusstsein. Das entwickelte sich nicht in menschenähnlichen Affen, denn in ihnen gibt es so etwas nicht. Tiere unterscheiden sich von Pflanzen durch ihr Bewusstsein, und das entstand nicht in Pflanzen, denn in ihnen gibt es so etwas nicht.

● Natürliche Selektion ist in sich widersprüchlich und unmöglich …

Trotz Beach kann sich der gegenwärtige Kreationismus nur bedingt auf die „Fundamentals" berufen. Seine im heutigen Sinn fundamentalistische Position[59] entwickelte sich im Lauf der folgenden Jahrzehnte, da sich die abgrenzenden und radikalen gegen die maßvollen und vermittelnden Positionen durchsetzten. Dabei spielte die immer weiter ausgebaute Vorstellung von der Inspiriertheit, Unfehlbarkeit und Irrtumslosigkeit[60] der Heiligen Schrift eine entscheidende Rolle. Eine „volkstümliche Sprache" im Sinn Orrs oder, wie Bettex es ausgedrückt hatte, einen „Lapidarstil" gestand man dem Bibeltext immer weniger zu.[61]

Auch die Konzentration auf die christliche Lehre, wie noch bei Hague und Orr, wich einer Neigung, die Bibel zur absolut richtigen Antwort auf jede Frage zu machen, sei sie politischer, moralischer, rechtlicher oder wissenschaftlicher Art. Dabei wurde die Evolutionstheorie immer mehr zum Feindbild. Deshalb führte der Kreationismus einen Feldzug gegen die Geologie, die Biologie und später (als auch die Kosmologie eine Entwicklung des Weltalls postulierte) die Astrophysik. Dabei versuchte er sich, wie schon Beach, mit den Mitteln wissenschaftlicher Argumentation zu behaupten. Er beanspruchte, nicht nur eine alternative, sondern die bessere Wissenschaft zu sein. Allerdings war das biblische Wissen offenbar keineswegs eindeutig, denn über Jahrzehnte konkurrierten verschiedene Formen des Kreationismus miteinander.

Verschiedene Formen des Kreationismus

Der *Langzeit-Kreationismus* (day-age-creationism) deutete die Schöpfungsgeschichte (1. Mose 1) so, dass jeder der sieben Schöpfungstage für einen Äon der Erdgeschichte steht. Wenn man diese hinreichend lang macht, lassen sich der naturwissenschaftliche und der biblische Zeitrahmen harmonisieren. Für Frédéric Bettex und James Orr war diese Betrachtungsweise selbstverständlich. Die Ergebnisse der Astrophysik und der Geologie, auch die Fossilfunde, lassen sich mit Zusatzannahmen erklären. Einige Langzeit-Kreationisten erklären die Abfolge der Lebewesen, wie sie fossil belegt ist, als eine Folge von göttlichen Schöpfungsakten. Diese Vorstellung ähnelt dem Katastrophismus von George Cuvier. Der Streit mit der Naturwissenschaft konzentriert sich auf die Biologie, den Gedanken der natürlichen Auslese, und damit auf das Menschenbild.

Der Langzeit-Kreationismus, der vom gegenwärtigen Fundamentalismus als Kompromiss mit der Naturwissenschaft verstanden wird, spielt heute nur noch eine geringe Rolle. Allerdings ist der zu den Zeugen Jehovas gehörige Genetiker Wolf-Ekkehard Lönnig vom Kölner Max-Planck-Institut für Züchtungsforschung ein Langzeit-Kreationist, der vor allem über das Internet im deutschen Sprachraum eine erhebliche Breitenwirkung erzielt.

Der *Vorzeit-Kreationismus* (gap creationism) geht davon aus, dass zwischen die ersten beiden Sätze der Schöpfungsgeschichte (1. Mose 1) eine lange Epoche einzuschieben ist. Auch dieses Argument findet sich bereits bei Frédéric Bettex: „Am Anfang schuf Gott Himmel und Erde."

Dann wurde die erste Erde durch den Fall Luzifers zerstört. Äonen der Verwirrung folgten. Aus ihnen stammen die geologischen Schichten und die Fossilien ausgestorbener Lebewesen, am Ende dieser Zeit war die Erde „wüst und leer". Nun erst folgte die zweite Schöpfung in sechs Tagen. Diese neue Erde war „sehr gut", aber weil sich der Mensch von Luzifer verführen ließ, kamen Sünde und Tod in die Welt. Schließlich wurde durch die Sintflut die Welt geformt, in der wir heute leben.

Der Vorzeit-Kreationismus kommt ebenso wie der Langzeit-Kreationismus mit den Zeiträumen von Geologie und Paläontologie zurecht. Dass die heutigen Tiere und Pflanzen sich aus früheren Vorfahren entwickelten (Abstammungstheorie), muss er dagegen ablehnen, ebenso die Theorie der natürlichen Auslese. Insofern trägt er den Streit einen Schritt weiter ins feindliche Lager der Wissenschaft, allerdings für die meisten heutigen Kreationisten nicht weit genug.

Der *Kurzzeit-Kreationismus* (young earth creationism) beherrscht heute das Feld und wurde deshalb im ersten Kapitel näher beschrieben. Er fasst die sieben Tage von 1. Mose 1 als Kalendertage auf und akzeptiert keine andere Deutung der Schöpfungstage und keine „Vorzeit". Je nachdem, ob man die Genealogien der biblischen Urgeschichte (vor allem 1. Mose 5 und 10) als lückenlose Folgen betrachtet oder nicht, kommt man auf ein Weltalter von 6 000 bis maximal 12 000 Jahren. Durch seinen engen Zeitrahmen zwischen der Erschaffung der Welt und der Gegenwart sind seine Aussagen mit nahezu allen Feldern der Naturwissenschaft unvereinbar: Kosmologie, Geologie und Biologie stützen ihre Zeitmessungen auf physikalische Methoden, so dass der Kurzzeit-Kreationismus gezwungen ist, Physik und Geologie neu zu konstruieren. An dieser Aufgabe scheitern seine Autoren in mehr oder weniger offensichtlicher Weise. Trotzdem setzte sich im politischen Konservatismus der USA diese radikalste Form der Evolutionskritik durch. Wie kam es dazu?

Im Jahr 1921 wurde in Kentucky zum ersten Mal eine Gesetzesvorlage eingebracht, nach der es verboten sein sollte, die Abstam-

mung des Menschen von Tieren an staatlichen Schulen zu unterrichten. Zwischen 1921 und 1929 gab es ähnliche Vorlagen in 31
US-Staaten. In Tennessee wurde sie 1925 zum Gesetz (Butler Act), in
Mississippi 1926 und in Arkansas 1928. Zum Showdown der Befürworter und Gegner kam es bereits 1925 beim sogenannten Affenpro-
zess von Dayton in Tennessee. Ein Lehrer namens John T. Scopes
wurde von der „American Civil Liberties Union" (ACLU) aufgefordert, gegen das Verbot zu verstoßen. Die ACLU übernahm die Pro-
zesskosten für ihn. In erster Instanz wurde er schuldig gesprochen
und zu 100 Dollar Geldstrafe verurteilt, später jedoch vom obersten
Gericht Tennessees freigesprochen. Verteidigt wurde er in Dayton
von dem weit bekannten Juristen Clarence Darrow. Die Anklage
wiederum wurde von einem der prominentesten Politiker unterstützt,
nämlich dem mehrfachen demokratischen Präsidentschaftskandida-
ten und späteren Außenminister William J. Bryan (1860 bis 1925).
Er assistierte ganz offiziell der Staatsanwaltschaft.

Als Pazifist und Sozialreformer entsprach Bryan nicht dem Bild,
das die heutigen Evolutionskritiker in den USA abgeben. Wegen der
drohenden Kriegsgefahr kurz vor dem Eintritt der USA in den Ersten
Weltkrieg war er von seinem Amt als Außenminister unter Präsident
Woodrow Wilson zurückgetreten.

Im Streit um die Evolution vertrat Bryan einen Langzeit-Kreationismus. Die Auseinandersetzungen zwischen ihm und Darrow bestimmten das Geschehen im Gerichtssaal und das weltweite Echo in
den Zeitungen. Für den Kreationismus stellte diese öffentliche Debatte eine Niederlage dar. Trotzdem verschwand er keineswegs, sondern gehört seither mit seinen inhaltlichen Wandlungen und seinen
unterschiedlichen politischen Zwecken zum Bestand konservativen
theologischen und politischen Denkens in den USA (siehe Kapitel
Kreationismus im Aufbruch).

Umfragen unter bedeutenden Naturwissenschaftlern belegen, dass
es in den USA und anderswo zu einer immer stärkeren Polarisierung
zwischen Glaube und Unglaube, öffentlicher Meinung und Wissen-

schaft kam. 1914 bekannten sich von 400 bedeutenden Naturwissenschaftlern, die der Soziologe James H. Leuba befragte, 28% zu einem persönlichen Gott, zu dem man betet und von dem man Antworten erwartet. 35% glaubten an die persönliche Unsterblichkeit.[62] Als Leuba die Befragung 1933 wiederholte, waren die Ergebnisse auf 15% und 18% gesunken. Diese Änderung in nur 19 Jahren ist immerhin bemerkenswert. Es liegt nahe, sie mit der Blütezeit des Kreationismus in Verbindung zu bringen, die in den USA nach dem Ersten Weltkrieg einsetzte und bis etwas 1930 dauerte.

Eine Umfrage 1998 von Edward J. Larson fand noch 7% bzw. 8% Gläubige unter den Forschern. Bei Biologen lagen die Werte noch niedriger. Der Rückgang hatte sich also in den 65 Jahren nach 1933 stetig fortgesetzt.

> „Die ‚Selbstsäkularisierung' der großen Kirchen führte dazu, dass auch sie der „scientific community" nur noch wenig zu sagen hatten. Man kann den Status eines ernsthaften Gesprächspartners anscheinend sowohl durch falsche Abgrenzung gegen die Naturwissenschaft, als auch durch Anbiederung verlieren."

Die Kluft zwischen der wissenschaftlichen Kultur in der Forschung, an den Spitzen-Universitäten und in den intellektuellen Medien auf der einen Seite und der breiten Bevölkerung auf der anderen Seite erscheint heute fast unüberbrückbar. Auch die sogenannten protestantischen „mainstream churches", die immer noch einen großen Teil der Kirchenlandschaft in den USA ausmachen, scheinen nicht imstande zu sein, die „scientific community" zu erreichen.

In Europa steht es nicht anders. Zwar spielte der Kreationismus hier bis etwa 1980 kaum eine Rolle, aber die „Selbstsäkularisierung" der großen Kirchen führte dazu, dass auch sie der „scientific community" nur noch wenig zu sagen hatten. Man kann den Status eines ernsthaften Gesprächspartners anscheinend sowohl durch falsche

Abgrenzung gegen die Naturwissenschaft als auch durch Anbiederung verlieren.

Sintflut-Geologie

Ab 1960 verschwand die Vielfalt kreationistischer Ideen immer mehr, und der Kurzzeit-Kreationismus trat in den USA seinen Siegeszug an. Ausgangspunkt war 1961 das Buch von J. C. Whitcomb und H. M. Morris „The Genesis Flood". Die Autoren versuchten, die Sintflut als historisches Ereignis zu beweisen. Nach ihrer Ansicht wurden die geologischen Schichten und die Fossilien in ihnen fast alle innerhalb eines Jahres von einer weltweiten Flut vor rund 6000 Jahren abgelagert. Mit dieser Sichtweise setzten sie sich in den USA praktisch vollständig durch.

Die Suche nach der Arche Noah in der Türkei, in Armenien, im Iran und anderswo blieb zwar bis heute vergeblich. Trotzdem wurde das Institute for Creation Research (ICR) in Santee bei San Diego mit dem am 25. Februar 2006 verstorbenen Präsidenten und späteren Alterspräsidenten Morris zum Zentrum des Kreationismus in den USA. Ein wesentlicher politischer Grund für den Erfolg war ein Wechsel der Strategie: Es wurde nicht mehr wie zu Zeiten des Affenprozesses versucht, die Evolutionstheorie als unamerikanisch verbieten zu lassen. Vielmehr wurden schulmäßige und kreationistische Naturwissenschaft als gleichberechtigte Möglichkeiten dargestellt, die in den Schulen gleichrangig behandelt werden müssten. Der Kreationismus des ICR ist inzwischen in den christlichen Privatschulen und -universitäten, im erwecklichen Schrifttum und im Internet fest etabliert. Außerhalb der USA jedoch werden seine zahllosen Publikationen, Internet-Seiten und Bildungsangebote kaum beachtet.[63]

Zur Internet-Enzyklopädie Wikipedia gibt es gleich zwei kreationistische Alternativen, die versuchen, die Deutungshoheit der Wissenschaft in dieser wichtigen Informationssammlung in Frage zu stellen.[64] Als Stolperstein der kreationistischen Kulturpolitik erwies sich jedoch immer wieder das staatliche Bildungswesen in den USA. Denn dort verhindert die von der amerikanischen Verfassung vorgegebene Trennung von Staat und Religion (Laizismus) religiöse Unterweisungen. 1968 entschied das oberste Gericht der USA (Supreme Court), dass der Kreationismus als religiöse Lehre zu betrachten und deshalb in staatlichen Schulen unzulässig sei. Anderslautende Regelungen von Einzelstaaten wurden aufgehoben. 1987 wurde die Entscheidung in einem weiteren Fall bestätigt. Als Kansas 1999 noch einmal versuchte, die Evolutionstheorie aus Schulbüchern zu entfernen bzw. sie durch „Intelligent Design" zu ersetzen, musste diese Regelung auf eine Intervention des Obersten Gerichtshofs hin zurückgenommen werden.

Solche Urteile sind ein Grund dafür, dass der politische Konservativismus einschließlich des letzten Präsidenten George W. Bush die Rechtspflege als liberal und damit als feindlich betrachtet. Dennoch bleibt die politische Betätigung wesentliches Merkmal des Kreationismus. Sie muss nicht radikal oder aggressiv sein, ist es aber häufig. Feindbild und Verschwörungstheorien beherrschen das Denken: die Ungläubigen, die Liberalen, die Linken, die Evolutionisten, der Okkultismus und der Islam.

Inzwischen hat sich in der europäischen Öffentlichkeit unter dem Eindruck der Erfahrungen mit dem Islamismus und der Politik der US-Regierung ein umgekehrtes Feindbild „Fundamentalismus" herausgebildet, das ebenso undifferenziert und angstbesetzt ist wie die Feindbilder der „Fundamentalisten".

Deutscher Kreationismus

Der Kreationismus in Deutschland entstand aus US-amerikanischen Einfluss auf Teile der evangelikalen Bewegung. Dieser Einfluss nahm in den letzten Jahrzehnten stetig zu. Er verdrängte die ältere Tradition pietistischer und christlich-theosophischer Auseinandersetzung mit der Naturwissenschaft, für die noch Frédéric Bettex stand. Im Gegensatz zu einer häufigen Annahme spielte nämlich das Thema Evolution im erwecklichen Protestantismus der Vor- und Nachkriegszeit eine viel geringere Rolle als heute. In den meisten pietistischen Gemeinschaften hat der Kreationismus immer noch wenig Bedeutung.[65] Hier wirkt nach, dass der Pietismus und die damals sogenannten Bibelchristen bis in die Nachkriegszeit hinein mit der Naturwissenschaft kaum im Streit lagen. Der Tübinger Paläontologe und Saurierforscher Friedrich von Huene (1875 bis 1969) war einer der frommen Querdenker, die ihre Naturwissenschaft mit ihrem Glauben zu verbinden wussten: *„Der Mensch im Sinne der Bibel, der zu Gottes Reich berufen ist, fängt mit Adam an. Aber der Mensch im zoologischen Sinn war schon früher da."*[66]

Von Huene stellte sich Adam als eine aus der Urmenschheit herausgerufene Einzelperson vor, mit der die Geschichte Gottes und der Menschheit beginnt. Einen Widerspruch zu den (damals spärlichen) menschlichen Fossilfunden sah er nicht.

Ähnliche Ideen hatte der jüngere Chemiker und Fossilexperte Paul Müller (1896 bis 1983), der durch seine Vortrags- und Publikationstätigkeit das Verhältnis zur Naturwissenschaft bei vielen CVJMs und Gemeinden in der Bundesrepublik der Nachkriegszeit prägte.[67] Müller orientierte sich an den schwäbischen „Pietistenvätern" Friedrich Christoph Oetinger und Michael Hahn, aber auch an dem Tübinger Theologen Karl Heim, und er ließ sich sogar von dem Theosophen Edgar Dacqué inspirieren. Aus seiner Sicht bringt Gott zuerst, vor der sichtbaren Welt, eine unsichtbare Welt hervor, die ebenso biblisch bezeugte Realität ist wie die sichtbare Natur: *„... die Bibel rech-*

net vom Anfang bis zum Ende mit zwei Wirklichkeiten, der sichtbaren und der unsichtbaren Welt, die nicht über- oder untereinander liegen, sondern sich aufs innigste durchdringen. "[68]

Es gilt, dass die unsichtbare Schöpfung gegenüber der sichtbaren „... *die Urwirklichkeit ist, die vor jener existierte und auch heute fortbesteht, dass sie unsere sichtbare Welt von innen her beseelt ...* "

Damit löst sich der scheinbare Widerspruch zwischen biblischem Zeugnis und Naturwissenschaft auf: Der Garten Eden (1. Mose 2, 8-17) ist für Müller kein historischer und geographischer Ort, sondern die ursprüngliche Heimat des ungefallenen Menschen in Gottes unsichtbarer Welt. Eine Naturwissenschaft, die ihren Geltungsbereich methodisch nicht überschreitet, ist daher für den Glauben kein Problem: „*Die biblische Offenbarung jedoch, die Welt des Glaubens an die Geburt, Auferstehung und Himmelfahrt Jesu Christi, die Wahrheiten von Gottes Schöpfung bis zur Vollendung der Welt, auch sein Eingreifen im Wunder, das alles gehört einer Wirklichkeit an, die weit über dem innerweltlich Erforschbaren steht und durch kein Ergebnis der Naturwissenschaft in Frage gestellt werden kann.* "[69]

Ein Zeitgenosse Friedrich von Huenes war der nicht dem Pietismus zuzurechnende Pfarrer und Ornithologe Otto Kleinschmidt (1870 bis 1954). Er entwickelte im Widerspruch zum damaligen Darwinismus eine Weltformenkreislehre der Tier- und Pflanzenwelt, die auch bei seiner Beschäftigung mit dem Nationalsozialismus und dessen Rassendenken eine wichtige Rolle spielte. Er gründete 1927 das Kirchliche Forschungsheim für Weltanschauungsfragen in Wittenberg. Sein Ziel war, Glaube und Naturwissenschaft in eine fruchtbare Beziehung zu setzen.[70] In der DDR-Zeit hatte es das Forschungsheim mit einem auf den Kopf gestellten Kreationismusansatz zu tun, denn die Machthaber des SED-Staats hätten es nur zu gerne gesehen, wenn die Kirche gegen die Naturwissenschaft aufseiten der Unvernunft gestanden hätte. In den Schulen wurde gelehrt, dass der christliche Glaube die Ablehnung der Evolutionstheorie erfordere. Das Forschungsheim legte es mit seiner Ausstellung und seinen Informationsmaterialien darauf an zu beweisen, dass der recht verstandene Schöpfungsglaube mit wissenschaftlichem Denken zu vereinbaren sei. Nach 1972 verschob sich seine Arbeit in Richtung Natur- und Umweltschutz, heute gehört es zur Akademie der Kirchenprovinz Sachsen. Das Erbe Kleinschmidts wird dort immer noch gepflegt.

Zu erinnern wäre schließlich an den Biologen und Theologen Joachim Illies (1925 bis 1983), der als evangelischer Naturwissenschaftler Vorbehalte gegenüber der Selektionstheorie hatte und der Position von Kardinal Schönborn nahestand, vom heutigen Kreationismus aber ebenso Abstand hatte wie Friedrich von Huene, Paul Müller und vor ihnen Frédéric Bettex.[71] Er beeinflusste eine Generation nach Paul Müller seine katholische und evangelische Leserschaft in einer kritischen, aber nicht kreationistischen Richtung. Es lohnt sich immer noch, einen Blick in seine, Kleinschmidts, von Huenes und Müllers Bücher zu werfen, weil sie eine Vielfalt der Standpunkte und Themen belegen, die – bei aller gelegentlichen Neigung zur Spintisiererei – vom Kreationismus weit entfernt war.

Im Rückblick fällt außerdem auf, dass sowohl Friedrich von Huene als auch Paul Müller und Otto Kleinschmidt, die hier stellvertretend für eine frühere Generation frommer protestantischer Naturwissenschaftler erwähnt wurden, ausgewiesene Kenner ihres Fachs waren, die mitten in Forschung und Lehre standen. Von Huene war der Saurierexperte der damaligen Paläontologie. Paul Müller schrieb ein weitverbreitetes Chemielehrbuch für Gymnasien. Die künstlerisch illustrierten Bestimmungsbücher von Otto Kleinschmidt bilden die Zierde der Bibliothek jedes Vogelkundlers, der das Glück hat, sie zu besitzen. Joachim Illies war ein international bekannter Limnologe. Mit ihrem christlichen Zeugnis wirkten diese Personen als Wissenschaftler unter Wissenschaftlern. Wer sich von der Wissenschaft ab- und der Welt des Kreationismus zuwendet, verspielt diese Möglichkeit und schadet – wie schon Augustinus feststellte – vor allem denen, die für den Glauben gewonnen werden könnten.

Für den Umgang mit der modernen Naturwissenschaft unter den

„Bibelchristen" spielte, neben den genannten Naturwissenschaftlern, der bereits erwähnte Tübinger Theologe Karl Heim (1874 bis 1958) eine wichtige Rolle. Sein Erbe wird bis heute von der Karl-Heim-Gesellschaft gepflegt. Er war im schwäbischen Pietismus verwurzelt, und sein Bibelverständnis ähnelte der realistischen Bibelauslegung des unter den Bibelchristen hoch angesehenen Tübinger Neutestamentlers Adolf Schlatter (1852 bis 1938). Karl Heim verdankte denn auch seine Berufung nach Tübingen 1920 vor allem Adolf Schlatter. Obwohl er selbst wenig zur Methode der Schriftauslegung publizierte, hatte er indirekt, wie sein Mentor Schlatter, einen nachhaltigen Einfluss auf den deutschen Pietismus. Heims Schüler Adolf Köberle fasste das Bibelverständnis seines Lehrers 1980, als die Karl-Heim-Gesellschaft zum ersten Mal mit dem Kreationismus konfrontiert wurde, so zusammen: *„Heim ging aus, auch im Blick auf das Schriftverständnis, von der Christologie, ... und zur Christologie sind zwei Sätze zu sagen ... Der erste Satz heißt: Gott war in Christo, d.h. in Jesus wohnt die Fülle der Gottheit leibhaftig ... Aber nun bewegt Karl Heim zutiefst, dass diese Offenbarung Gottes in Jesus Christus Offenbarung in verhüllter Herrlichkeit ist ... In einem armen Kind in der Krippe zu Bethlehem. In einem Dulder am Kreuz ... Die Herrlichkeit Gottes in Jesus Christus ist kein Spectaculum, sondern ein Überführtwerden des Gewissens durch den, der vom Kreuz her bittet: lasst euch versöhnen mit Gott! Genau diese Erkenntnis muss angewendet werden auf das Verständnis der Heiligen Schrift ... So gewiss Gott in Christo gegenwärtig war, so ist er voll gegenwärtig in der Heiligen Schrift. Aber nun wendet Heim auch auf die Heilige Schrift die zweite Erkenntnis an, die ihm wesentlich war beim Verständnis der Christologie. Auch die Art und Weise, wie nun Gott gesprochen hat durch Propheten und Apostel und durch den Sohn, geschieht in Knechtsgestalt. ... so sind auch in der Heiligen Schrift erkennbare Züge der Herablassung Gottes, der Kondeszendenz, der Erniedrigung Gottes ... auch indem Gott sein Wort hinein gibt in die zeitbedingten Vorstellungsräume der damaligen Zeit, also in das alte drei-*

stöckige Weltbild … Ja, indem Gott sein Wort sündigen, irrenden Menschen anvertraut, nimmt er es auf sich, dass dieses Wort auch verkürzten Überlieferungen und Deutungen preisgegeben wird." [72]

Der Unterschied im Verständnis der Heiligen Schrift zwischen Karl Heim auf der einen, den oben zitierten „Fundamentals" auf der anderen Seite, fällt ins Auge. Auf der einen Seite das Wort Gottes in der „Knechtsgestalt" menschlicher Rede, inkarniert in die Weltbilder und Verständnisse der jeweiligen Zeit; auf der anderen Seite die Bibel als Papier gewordenes „Schauwunder", als Text, der auf jede Frage absolut richtige Antworten gibt. Dass Karl Heim und die Position der deutschen „Bibelchristen" seiner Zeit keineswegs ungewöhnlich war, belegt ein weiteres Beispiel: Es gibt wohl keinen christlichen Apologeten des 20. Jahrhunderts, der im englischsprachigen Raum (und weit darüber hinaus) einen annähernd so großen Einfluss hatte wie der Literaturwissenschaftler C.S. Lewis. Man hat ihn mit Recht als den „Apostel der Intellektuellen" bezeichnet. Seine Theologie ist – je nach eigenem Standpunkt – traditionell oder auch konservativ, sicher nicht liberal.

Über sein Bibelverständnis äußert sich der große Verfechter des christlichen Glaubens an mehreren Stellen in seinem Werk, unter anderem so: *„Die frühesten Schichten des Alten Testaments enthalten viele Wahrheiten in einer Form, die ich für legendenhaft oder sogar für mythologisch halte … Aber die Wahrheit verfestigt sich immer mehr, sie wird immer historischer. Von Dingen wie der Arche Noah und der Sonne, die über Ajalon still steht, schreitet man zur Hofgeschichtsschreibung des Königs David fort. Schließlich erreicht man das Neue Testament, die reale Geschichte tritt die Alleinherrschaft an, und die Wahrheit inkarniert sich in ihr. Das Wort ‚inkarniert' ist hier mehr als eine Metapher. Es ist keine zufällige Ähnlichkeit, dass eine Seinsaussage, die lautet: ‚Gott wurde Mensch', als Aussage über menschliches Wissen zu der Feststellung führt: ‚Mythos wurde Tatsache'. Der eigentliche, tiefste Sinn aller Dinge stieg*

*herab aus dem ‚Himmel' der Mythen und betrat die ‚Erde' der Welt-
geschichte.*"[73]
C.S. Lewis – auch nicht bibeltreu, auch kein rechter Christ? Ich
hoffe, dass sich viele Mitchristen, die ansonsten dem Kreationismus
zuneigen, ein solches Urteil gut überlegen werden. Zu offensichtlich
ist die segensreiche Wirkung, die vom Werk dieses Mannes ausging
und immer noch ausgeht.

Die Übereinstimmung mit dem Schriftverständnis von Karl Heim
ist frappierend, denn die Zeitgenossen kannten sich wohl nicht. Aber
wo stehen die Evangelikalen in Deutschland, wo steht der Pietismus
in dieser Frage heute? Sicher viel näher an den „Fundamentals" als
noch vor 30 Jahren. Wie kam es, dass die deutschen Bibelchristen
ihre eigene theologische Position zwischen 1980 und 2008 immer
mehr zugunsten des US-Fundamentalismus aufgaben? Die Nummer
1 von Evangelium und Kirche, mit dem Aufsatz von Adolf Köberle,
erschien 1980 noch als idea-Dokumentation.

Heute präsentiert die einflussreiche evangelikale Nachrichtenagentur idea den Kreationismus nach US-Vorbild immer wieder als
Alternative zur Wissenschaft.[74] Der Antrieb dazu dürfte das politische Motiv sein, den Konservativismus der „moral majority" in den
USA als christliche Politik darzustellen. Und zu dem gehört nun einmal, wie geschildert, die Ablehnung der Evolutionstheorie. Neben
den sich immer stärker ausbreitenden unabhängigen Gemeinden, die
nahezu alle kreationistisch denken, kann man idea nach 1980 maß-
geblichen Anteil am Aufstieg des Kreationismus in Deutschland zu-
schreiben.

Symptomatisch für diesen Aufstieg war die Entwicklung der Studiengemeinschaft „Wort und Wissen", die im Jahr 1978 gegründet
wurde. Der Maschinenbauingenieur und Betriebswirt Professor
Theodor Ellinger (1920 bis 2004) war Vorsitzender der Studentenmission in Deutschland (SMD) gewesen, trennte sich aber von ihr
und gründete mit dem Ingenieur und Pfarrer Dr. Horst W. Beck
„Wort und Wissen". Beck gehörte damals zum Kuratorium der Karl-

Heim-Gesellschaft, stand also in der Tradition des kritischen, aber sachlichen Dialogs von Naturwissenschaft und Schöpfungsglauben, den Karl Heim im Gespräch mit der modernen Physik vorexerziert hatte. Horst W. Beck spricht selbst davon, dass er 1978 durch eine Begegnung mit dem Niederländer Willem Ouweneel eine Bekehrung zum Kreationismus erlebte. Er verließ die Karl-Heim-Gesellschaft aber nicht sofort, so dass einige Zeit auch dort kreationistische Ideen präsent waren. Die oben zitierte Schrift von Adolf Köberle entstand in dieser Übergangssituation. Auf Dauer war die Spannung jedoch zu groß. Beck schied aus dem Kuratorium der Karl-Heim-Gesellschaft aus, blieb aber Mitglied. Er gehört der Leitung von „Wort und Wissen" auf Grund von theologischen Differenzen seit Jahren nicht mehr an, blieb aber auch dort aktives Mitglied.

Die Fachgruppe Naturwissenschaft der Studentenmission in Deutschland führte 1977 und 1978 drei Tagungen zum Thema Kreationismus durch, aus denen eine umfangreiche Publikation entstand, die bis 1998 immerhin vier Auflagen erreichte.[75] Darin kommen kreationistische Autoren zu Wort; in der Summe laufen die Beiträge aber auf eine kritische Zustimmung zu den Ergebnissen der Naturwissenschaft hinaus. Dabei spielte die personelle (ab 1990 auch räumliche) Beziehung der SMD zur Karl-Heim-Gesellschaft eine Rolle; beide Geschäftsstellen waren ab 1990 in Marburg angesiedelt.[76] Der evangelikale Flügel des Protestantismus stand immer noch so unter dem Einfluss der geschilderten Vor- und Nachkriegsgeschichte, dass der Kreationismus nicht ohne weiteres Fuß fassen konnte. Im neuen Jahrtausend hat sich die Lage aber gewandelt.

Die Studiengemeinschaft „Wort und Wissen"

Wichtigste kreationistische Organisation im deutschsprachigen Raum ist bis heute die Studiengemeinschaft „Wort und Wissen" mit Sitz in Baiersbronn. Der an der Universität zu Köln lehrende Betriebswirtschaftler Theodor Ellinger war von 1980 bis 1997 Vorsitzender, auf ihn folgte der Mikrobiologe Siegfried Scherer (Universität München). Neuer Vorsitzender wurde als Nachfolger Scherers Anfang 2006 der Arzt Henrik Ullrich aus Riesa, zweiter Vorsitzender der Universitätsprofessor für pharmazeutische Chemie Peter Imming aus Halle. Scherer ist gemeinsam mit dem langjährigen Geschäftsführer Reinhard Junker Autor des Schulbuchs „Evolution – ein kritisches Lehrbuch", hat sich aber inzwischen vom Kurzzeit-Kreationismus distanziert (siehe dazu Kapitel Moderne Biologie und Kreationismus). Nicht direkt von „Wort und Wissen" stammt die empfohlene Lehrbuchversion: „Creatio – biblische Schöpfungslehre"[77] für die 8.-10. Klasse. Daneben gibt es eine Fachzeitschrift, Fachbroschüren und Literatur für alle Zielgruppen, bis hin zu Kinderbüchern. Weiterhin wird der Film von Fritz Poppenberg „Hat die Bibel doch recht? Der Evolutionstheorie fehlen die Beweise" unterstützt. In ihm kommen der damalige Präsident Siegfried Scherer ebenso wie das damalige Vorstandsmitglied Werner Gitt und andere zu Wort. Andere Filme der Firma Dreilinden-Film richten sich zum Beispiel gegen die Bluttransfusion oder geben vor, das angebliche „AIDS-Dogma" als Verschwörung der Wissenschaft zu entlarven.

„Wort und Wissen" lehnt Kreationismus als Selbstbezeichnung ab. Bevorzugt wird der Begriff „biblische Schöpfungslehre". Polemische Exzesse, wie sie in den USA die Regel sind, findet man selten, sie fehlen allerdings nicht ganz. In Werner Gitts Publikationen wird statt von Evolutionslehre, oder Evolutionstheorie, häufig von „Evolutionismus" gesprochen. Damit soll unterstrichen werden, dass es sich nach seiner Ansicht nicht um eine naturwissenschaftliche Theorie, sondern um eine religionsfeindliche Ideologie handelt.

Bedeutsamer als das inzwischen unüberschaubare Schrifttum von Werner Gitt waren allerdings die in vielen Ländern Europas gelesenen Bücher des verstorbenen englischen Chemikers A. E. Wilder-Smith, der lange in der Schweiz lebte. Als wichtige Autoren sind außerdem der häufig übersetzte US-Amerikaner Duane T. Gish (früher Vizepräsident des ICR in San Diego) und der Niederländer Willem J. Ouweneel zu nennen. Seit ihrer Gründung verzeichnet „Wort und Wissen" ein erhebliches Wachstum und hat sich im freikirchlichen und teilweise im konservativen landeskirchlichen Raum als Autorität für die Ablehnung der Evolutionstheorie etabliert. Sie verfügt über einen Unterstützerkreis von mehreren tausend Personen, der immerhin fünf hauptamtliche Stellen finanziert (Stand 2007). Auch wenn das im Vergleich zu „Answers in Genesis" wenig sein mag: „Wort und Wissen" ist vermutlich die personell und wissenschaftlich am besten ausgestattete kreationistische Organisation in Europa. Sogar „The Biblical Creation Society" in Großbritannien kann nur eine hauptamtliche Kraft bezahlen (Stand 2007). Der ähnlich orientierte Verein „Pro Genesis" in der Schweiz verfügt nach eigenen Angaben (2007) über einen Unterstützerkreis von rund 600 Personen.

Worum geht es? Für „Wort und Wissen" ist das Zeugnis der Bibel auf die historische Richtigkeit der Urgeschichte angewiesen. Begründet wird dies damit, dass das Christuszeugnis des Neuen Testaments mit der Urgeschichte verknüpft sei. Zum Beispiel schreibt Paulus in Römer 5,12: „Durch einen einzigen Menschen kam die Sünde in die Welt und durch die Sünde der Tod, und auf diese Weise gelangte der Tod zu allen Menschen …"

In Vers 14 heißt es weiter: „Adam aber ist die Gestalt, die auf den Kommenden hinweist."

Wenn es die historische Gestalt des Adam als ersten Menschen nicht gegeben habe, sondern (eine häufige Auslegung) Adam das Menschsein an sich meine, dann stünde nach „Wort und Wissen" auch die historische Gestalt des Christus in Zweifel. Weiterhin wird auf die Aussage des Paulus verwiesen, es sei „durch die Übertretung des Einen der Tod zur Herrschaft gekommen" (Römer 5,17). Hätte die Evolutionstheorie Recht, so das Argument, wäre der Tod jedoch nicht Folge des Sündenfalls, sondern von Anfang an Instrument des Schöpfungswillens Gottes gewesen. Denn die Entstehung der heutigen Arten – und des Menschen – über zahllose Generationen sich verändernder Lebewesen setzt deren Sterben voraus, lange vor dem Erscheinen des Menschen und dem biblischen Sündenfall. Nach biblischer Auffassung sei der Tod jedoch kein Teil der ursprünglichen Schöpfung. Daher erzwinge es die Autorität der Schrift und das Bekenntnis zur Liebe Gottes, die Evolutionstheorie zu verwerfen, und zwar nicht nur die Evolutionsmechanik Darwins, sondern auch die Abstammungslehre mit ihren langen Zeiträumen: Das Werk geht davon aus, dass die Geschichte der Lebewesen und des Menschen seit dem Sündenfall rund 8 000 Jahre lang war, dass also Leben und Werk des Christus etwa 6 000 Jahre nach dem Sündenfall anzusetzen sind.

Das Sintflut-Ereignis ist in die Epoche zwischen Sündenfall und Inkarnation einzuschieben, wobei sich „Wort und Wissen" anders als das ICR in San Diego nicht auf eine Datierung festlegt. Dessen Idee, dass fast alle geologischen Schichten Ablagerungsprodukte der Sintflut während eines einzigen Jahres sein sollen, steht man ebenso wie die „British Creation Society" und andere europäische Kreationisten skeptisch gegenüber. Trotzdem sieht sich auch „Wort und Wissen" in der Pflicht, große Teile der Naturwissenschaft, bis hin zur Geologie und Physik, pauschal abzulehnen.

Das theologische Argument, das aus der Sicht von „Wort und Wissen" zur Feindschaft mit der Wissenschaft zwingt, lautet demnach: Die Rechtfertigungsbotschaft des Neuen Testaments, der Kern christlichen Lebens und Denkens, ist mit der Evolutionstheorie nicht vereinbar. Diesem Argument ist theologische Ernsthaftigkeit zuzugestehen. Allerdings verbirgt sich dahinter doch wieder ein fundamentalistisches Schriftverständnis, das die Bibel zur Norm für historische und naturwissenschaftliche Fragen macht, weit jenseits der Glaubensaussagen und ohne einen Zusammenhang mit ihnen. Denn warum sollte es ein Problem sein, dass Paulus im Römerbrief seine Botschaft vom alten Menschen, für den Adam steht, und vom neuen Menschsein in Christus mithilfe der geschichtlichen und naturkundlichen Vorstellungen seiner Zeit formuliert? Warum sollte es ein Problem sein, dass die Priesterschaft Judas in Genesis 1 ihr Bekenntnis zu Gott, dem Schöpfer, mithilfe der naturkundlichen Vorstellungen ihrer Zeit (genau genommen des Zweistromlands) formulierte? Warum sollte sich das Problem verstärken, indem zwei Aussagen, die jeweils keine Glaubensaussagen sind, einander bekräftigen? Zweimal Null ergibt auch in der Theologie nur Null.

Wenn uns Gottes Wort in der Bibel durch Menschen und durch das Menschenwort hindurch erreicht, dann ist weder die Sprache des Paulus, noch das Schöpfungszeugnis der Urgeschichte, ein Problem für ein modernes Natur- und Geschichtsverständnis, summiert ebenso wenig wie einzeln. Wenn das nicht gilt, sondern wenn die Bibel (oder einige ausgewählte Bibeltexte) überzeitlich und gottesunmittelbar zu verstehen ist, dann entstehen solche Probleme überall, nicht nur in der Urgeschichte, sondern in der Ethik, der Weltgeschichte und so weiter und so fort.

Der Widerspruch zwischen Rechtfertigungslehre und Evolutionstheorie, der für „Wort und Wissen" entscheidend ist, hängt an einer historisierenden Deutung der Paulusworte; ohne diese Deutung löst er sich auf. Allerdings löst sich die tiefere Frage der Theodizee, der Rechtfertigung Gottes, nicht mit auf. Denn in der Tat folgt aus unserem heutigen Naturwissen, dass der Tod von Anfang an Teil des Schöpfungshandelns Gottes war. Eine goldene Urzeit ohne Leid und Tod gab es auf dieser Erde nicht. Die Urgeschichte der Bibel spricht auch nicht von einer solchen Zeit, sondern von einem Garten, den Gott dem ersten Menschen anvertraute. Die Symbolik dieser Geschichte zielt nicht auf die Idee einer goldenen Urzeit, sondern auf die einer ungebrochenen Gottesbeziehung des Menschen, die verloren ging. Die Frage der Theodizee setzt, genau genommen, bereits hier ein und wird durch die moderne Evolutionstheorie höchstens zusätzlich betont. Schließlich setzt auch die Mikroevolution, die nach Ansicht von „Wort und Wissen" nach der Sintflut ablief, den Tod voraus. Man entkommt der dunklen, verborgenen Seite in der Schöpfung Gottes nicht, weder als Kreationist noch als Naturwissenschaftler. Das wird von Wort und Wissen übrigens auch eingeräumt.

Kreationismus in der Schule

Das wichtigste Produkt von „Wort und Wissen" ist das Schulbuch „Entstehung und Geschichte der Lebewesen" von Reinhard Junker und Siegfried Scherer (erste Auflage Gießen 1986), das fünf Auflagen erreichte. Dieses gut gemachte Lehrbuch wurde durch das bereits im ersten Kapitel erwähnte Werk „Evolution – ein kritisches Lehrbuch" ersetzt, das inzwischen ebenfalls sechs Auflagen erzielte. Es kann (anscheinend mit Ausnahme von Gießen, siehe erstes Kapitel) nur in Privatschulen benutzt werden, da eine Anerkennung durch die Kultusministerien der Länder nicht erreichbar war und auch künftig nicht zu erwarten ist. In zahlreichen der inzwischen über siebzig evangelischen Bekenntnisschulen in Deutschland (nicht zu verwechseln mit evangelischen Privatschulen in der Trägerschaft der Landeskirchen) wird das Schulbuch aber verwendet. Wir werden uns im Kapitel Moderne Biologie und Kreationismus mit diesem Lehrbuch näher befassen.

Positiv anzumerken ist, dass das Buch sich im Umgang mit Andersdenkenden um Fairness bemüht. An keiner Stelle wird auch nur angedeutet, dass Christen, die nicht kreationistisch denken, deshalb nicht als Christen anzusehen seien. Die Person Charles Darwin wird historisch richtig und menschlich angemessen beschrieben. Verschwörungstheorien, nach denen Darwin seine Lehre als gezielten Angriff auf den Glauben inszeniert habe, finden sich bei „Wort und Wissen" nicht.

Weiterhin ist positiv anzumerken, dass sich das Buch um die Trennung von wissenschaftlichen und religiösen Argumenten bemüht. Unter dem Stichwort „Grenzüberschreitung" wird jeweils markiert, wenn Argumente nicht mehr innerhalb der biologischen Wissenschaft angesiedelt sind. Wie weltanschauliche und naturwissenschaftliche Aussagen einander zugeordnet werden, ist allerdings nicht sachgerecht, auch dazu mehr im Kapitel Moderne Biologie und Kreationismus.

Aber auf der anderen Seite geht manchen Naturwissenschaftlern jedes Bemühen ab, überhaupt zwischen ihrem Fachwissen und ihrer Weltanschauung zu unterscheiden. Viel zu oft ist kaum ersichtlich, ob Kritik am Kreationismus dessen naturwissenschaftlichen Aussagen gilt oder ob ein Atheist diejenigen kritisiert, die seine Weltsicht in Frage stellen. Ein abschreckendes Beispiel ist der im Kapitel Kreationismus im Aufwind erwähnte englische Evolutionsbiologe Richard Dawkins, der sich von einem populären Experten der Evolutionstheorie zu einem antireligiösen Polemiker im Stil von Ernst Haeckel wandelte. Fundamentalismus im Sinn eines geschlossenen Denksystems kann man ihm mit mehr Recht vorwerfen als dem Lehrbuch von „Wort und Wissen".

Allerdings gibt es nicht nur inhaltliche Grenzüberschreitungen bei der Deutung wissenschaftlicher Befunde. Es gibt auch methodische Grenzüberschreitungen, im Fall des Kreationismus dadurch, dass der Naturwissenschaft theologische Vorgaben gemacht werden. Dem Kreationismus wird immer wieder vorgehalten, dass er auf einer solchen Grenzüberschreitung beruhe. Forschung, so heißt es, werde überhaupt nur im Rahmen dessen für legitim gehalten, was die Bibel (angeblich) über Natur und Welt festlegt. „Wort und Wissen" bestreitet aber, die Forschung von vornherein begrenzen zu wollen. Aus ihrer Sicht ist die eigene Position hinreichend naturwissenschaftlich begründet, um sie ohne Rückgriff auf theologische Argumente zu vertreten. Unzulänglichkeiten und Unerklärtes werden eingeräumt. Aber diesbezüglich stehe es – so das Argument – in der Wissenschaft nicht anders. Daher behandelt das Lehrbuch die wissenschaftliche Evolutionstheorie (genannt Evolutionslehre) und die biblische Schöpfungslehre von „Wort und Wissen" parallel und als gleichberechtigte wissenschaftliche Alternativen. Ob sie dies sind, ist die entscheidende Frage.

> „Das Unternehmen ‚Wort und Wissen' lebt von der Behauptung, dass seine Theorien eine eigene wissenschaftliche Plausibilität hätten und die Theologie erst danach, nämlich als Deutungsrahmen, in den Blick käme.

Das Unternehmen „Wort und Wissen" – nicht nur sein Lehrbuch – lebt von der Behauptung, dass seine Theorien eine eigene wissenschaftliche Plausibilität hätten und die Theologie erst danach, nämlich als Deutungsrahmen, in den Blick käme. Hätte das Werk damit Recht, wäre sein Vorgehen methodisch nicht zu beanstanden. Dem steht allerdings das einhellige wissenschaftliche Urteil entgegen, dass die Position von „Wort und Wissen" keine wissenschaftliche Plausibilität habe. Sie beziehe, so die Gegenmeinung, ihre Plausibilität ausschließlich aus theologischen Vorgaben. Diese Frage wird in zwei späteren Kapiteln – Moderne Biologie und Kreationismus sowie Intelligentes Design: Sehnsucht nach einer Welt mit Zweck und Ziel – zu prüfen sein.

Das Schulbuch für die Klassen 8 bis 10 erhebt dagegen keinen wissenschaftlichen Anspruch. „Creatio – Biblische Schöpfungslehre" von Alexander vom Stein[78] erschien im fundamentalistischen Daniel-Verlag. In ihm wird davon ausgegangen, dass alle biblische Geschichten historisch zu deuten sind und dass dagegen keine Argumente möglich sind. Die Verbreitung des Werks hält sich, soweit bekannt, in engen Grenzen. Als Diskussionsgrundlage ist es unbrauchbar. Warum aber sollte diese Diskussion überhaupt geführt werden?

Warum sollten christliche Kirchen sich engagieren, um gegen den Kreationismus das „wissenschaftliche Weltbild" zu stützen, das kulturell immer mehr an Bindungskraft verliert? Denn trotz Richard Dawkins, den „neuen Atheisten" und den „Brights" schwindet die Autorität der Wissenschaft als Deutungsmacht immer mehr, wie am Schluss von Kapitel Bibeltext und Weltwissen erläutert wurde. Menschen suchen Orientierung, und dazu gehören Antworten auf die Frage nach dem Woher und Wohin des Lebens. Dass der Kreationismus versucht, die Rolle eines Anwalts für den christlichen Glauben zu besetzen, ist verständlich. Dass religionskritische Naturwissenschaftler und Aufklärer ihm diese Rolle gerne überlassen, ist ebenso verständlich. Einen zum Abschuss geeigneteren religiösen Pappkameraden kann es für sie nicht geben.

Umgekehrt ist es viel einfacher, Kreationist zu sein, als Schöpfungstheologie im Dialog mit der Naturwissenschaft zu betreiben. Der Kreationismus kann seine Positionen relativ unangefochten von der Entwicklung der Biologie, Geologie und Astrophysik beibehalten, da er auf Fundamentalkritik setzt und die Forschungslage nicht wirklich bearbeitet. Vierzig und fünfzig Jahre alte Bücher werden immer wieder neu aufgelegt.

> „Ein Dialog zwischen Glauben und Naturwissenschaft, der sich am ‚Stand der Forschung' orientiert, ist immer wieder neu zu führen. Die biologischen Theorien unterliegen einer rasanten Entwicklung, der die theologischen Entwürfe folgen müssen."

Ein Dialog zwischen Glauben und Naturwissenschaft, der sich am „Stand der Forschung" orientiert, ist dagegen immer wieder zu führen. Die biologischen Theorien unterliegen einer rasanten Entwicklung, der die theologischen Entwürfe folgen müssen. Die Bücher von Frédéric Bettex, die Schriften Paul Müllers und die Theologie Karl

Heims beziehen sich auf einen Stand der Forschung, der seit Jahrzehnten nicht mehr gilt. Auch der große Entwurf einer Synthese von Evolutionstheorie und Theologie von Teilhard de Chardin entgeht dem Problem nicht, dass er von einer Evolutionsvorstellung handelt, die (zum Beispiel in der paläontologischen Forschung) völlig überholt ist. Im Kreationismus sind dagegen nur kosmetische Änderungen nötig. Was Whitcomb und Morris 1961 über die Sintflut schrieben, wird heute noch vertreten.

Bibel oder „papierener Papst"?

Entscheidend ist jedoch die Einsicht, dass es im Kreationismus letztlich nicht um Wissenschaft geht, sondern um die Sicherung des christlichen Glaubens durch „Bibeltreue". Dieser ebenso werbewirksame wie fragwürdige Begriff markiert, nachdem aller wissenschaftliche Nebel verflogen ist, den eigentlichen Grund für die Ablehnung der Evolutionstheorie. Bibeltreu, bibelgläubig, das klingt christlich – aber ist es so? Die Mütter und Väter der Christenheit glaubten nicht *an* die Schrift, sie glaubten *der* Schrift. Treue hielten sie dem lebendigen Gott und ihrem Herrn Jesus Christus, nicht einem Buch – und sei es die Bibel.

Das zeigt nicht nur die Erinnerung an Adolf Schlatter und Karl Heim (siehe oben), sondern auch ein Vergleich zwischen dem fundamentalistischen Bibelverständnis und dem auf den ersten Blick ähnlich klingenden, aber anders gemeinten Kampfruf der Reformation „sola scriptura" (allein die Schrift). Er gehört nämlich mit den anderen drei „soli" der Reformation zusammen: „sola fide" (allein der Glaube), „solus christus" (allein Christus) und „sola gratia" (allein die Gnade). Jeder Christ sollte nach dem Willen der Reformatoren in der Bibel direkt nachlesen können, was Gott für ihn tut und was Gott von ihm fordert. Die Bibel als Quelle des Wortes Gottes relativierte dadurch die „Gnadenanstalt Kirche", die beanspruchte, über Gnadenmittel per Amt oder Kultus zu verfügen. Nicht die Schrift und die Tradition, sondern die Schrift allein sollte gelten, wenn es um die Wahrheit der Rede von Gott geht.

Damit wurden die kirchlichen Vermittlungsinstanzen für das Wort Gottes durch eine von der Bibel vermittelte, persönliche Beziehung zum gegenwärtigen Christus ersetzt. Auf Gottes Zusage zu vertrauen und zu hoffen und mit dieser Zusage zu leben, wurde als ein Glaube verstanden, der keiner weiteren Gnadenmittel (neben den Sakramenten Taufe und Abendmahl) bedarf. In der Heiligen Schrift, wenn der Geist Gottes sie öffnet, hören wir die lebendige Stimme des Evangeliums.

Wie Karl Heim sagte, ist Gottes Wort in der Bibel gegenwärtig, aber in der „Knechtgestalt" des menschlichen Worts. Die evangelische Kirche beruft sich deshalb auf die Schrift und lässt sich von ihr korrigieren. Danach steht die Schrift in der Reformation über dem Lehramt der Kirche und den kirchlichen Traditionen. Sie ist „norma normans", also allen anderen Kriterien und Normen der christlichen Lehre vorgeordnet. Dabei geht es aber nicht um jedes Wissen oder gar um alle Informationen, sondern um das Evangelium und den glaubenden Menschen.

Wer den Bibeltext zu einer „norma normans" für alles und jedes macht, macht ihn zum „Spectaculum", zu einem Schauwunder für die Welt, und bringt damit die lebendige Stimme des Evangeliums zum Schweigen. Die Bibel wird zu einer Auskunftei herabgewürdigt, die auf mirakulöse Weise immer Recht hat und mit der man die richtige Antwort auf jede Frage in Besitz hat. Martin Luther lehnte ein solches Bibelverständnis, den Glauben an einen „toten Papst", einen „papiernen Papst", scharf ab.

Warum eine Umwidmung des „sola scriptura" zur Irrtumslosigkeit der Bibel für Christen im letzten Jahrhundert dennoch attraktiv erschien, lässt sich nachvollziehen. Die Modernisierung der Gesellschaft löste überkommene Lebensmuster auf und stellte gerade in den USA die Werte der Nachkommen der ehemaligen „Dissenter" in Frage. Nicht nur das „wissenschaftliche Weltbild" bedrohte aus der Sicht vieler Christen den Glauben. Ehe, Familie, moralische Maßstäbe im Alltag schienen – so sah es für viele konservative Christen aus – durch die Abkehr von der Bibel zu zerfallen. Die „Fundamentals" beschäftigten sich zwar noch überwiegend mit theologischen Themen, aber später rückten Moral und Politik in den Mittelpunkt der Zerfallsängste. Die Bibel wurde für unfehlbar in allen Fragen des Lebens und des Glaubens erklärt, um einen Wall „biblischer Wahrheiten" gegen die Flut der Zweifel und Anfechtungen errichten zu können.

Verständlich, aber mit fatalen Folgen. Denn die Christenheit soll in Angst und Bedrängnis sehr wohl über die Bibel nachdenken, aber dies im Ringen um die richtige Antwort für die jeweilige Zeit, nicht als Suche nach Rezepten im Bibeltext. Der Naturwissenschaftler soll deshalb seine Wissenschaft als Dienst an der Wahrheit betreiben. Er soll – wenn er Christ ist – den Anmaßungen des „wissenschaftlichen Weltbilds" mit seiner Fachkenntnis widerstehen. Er soll und darf nicht erwarten, dass ihm die biblischen (Schöpfungs-)Zeugnisse seine Ergebnisse vorwegliefern. Das Evangelium nimmt ihm die Freiheit des Erkennens nicht, sondern spricht sie ihm zu.

> **„Das Evangelium nimmt dem Menschen die Freiheit des Erkennens nicht, sondern spricht sie ihm zu."**

Aber viele Christen haben Angst vor ebendieser Freiheit, nicht nur gegenüber der Wissenschaft, sondern gegenüber Fragen der Moral, des Rechts und des alltäglichen Miteinanders. Sie wollen fixierte Antworten, damit sie sicher sind, Recht zu haben und recht zu handeln. Man wagt nicht, auf die Gerechtigkeit zu vertrauen, die Gott schenkt, sondern will sich seiner eigenen Gerechtigkeit sicher sein.

Aber da die Bibel solche sicheren Antworten auf Lebens- und Moral-
fragen, Wissenschafts- und Rechtsfragen nun einmal nicht gibt, liefert man sich der Willkür selbst ernannter Wissenschafts-, Rechts-
und Morallehrer aus. Sie beginnen ihre Ausführungen mit dem
Vorspann „Die Bibel sagt …", und dann folgt oft das, was sie selbst
sagen und aus der Bibel mehr oder weniger gewaltsam herauslesen.
Da dabei Willkür herrscht, kommt nicht eine Antwort heraus,
sondern viele, zum Beispiel so viele Formen des Kreationismus, wie
es selbst ernannte Lehrmeister der Schrift gab und gibt. Man streitet
sich darum, ob „die Bibel sagt", dass die Erde 6000 oder 8000 Jahre
alt sei, indem man dafür oder dagegen argumentiert, dass die Genealogien der Urgeschichte Lücken haben oder nicht. Kurzes Erdalter,
noch kürzeres Erdalter, langes Erdalter, aber Neuschöpfung in sechs
Tagen, eine chaotische Vorzeit, keine Vorzeit, Dinosaurierfossilien
als Täuschung Satans, Dinosaurier als Eier in der Arche, Gesteinsschichten von der Sintflut abgelagert, Gesteinsschichten nach der
Sintflut abgelagert – und alles von der Bibel autorisiert. Das unheili-
ge Chaos ist dem Versuch geschuldet, den biblischen Schöpfungs-
zeugnissen Antworten abzupressen, die sie nicht geben können und
wollen.

Es wäre eine Befreiung, würden die Christen, denen es um die
Autorität der Bibel geht, zum reformatorischen Verständnis der
Schrift zurückkehren: Wort Gottes im Menschenwort, lebendige
Stimme des Evangeliums, Zeugnis des Glaubens. Die Gewissheit des
Glaubens lebt von der Wahrheit, die Mensch wurde, nämlich von
Jesus Christus, und nicht von der Wahrheit, die Papier wurde, also
von der Schrift. Niemand hat das klarer bekannt als der große Mathematiker und christliche Denker Blaise Pascal (1623–1662): *Es ist
bemerkenswert, dass keiner der Verfasser der heiligen Schriften sich
je der Natur bediente, um Gott zu beweisen. Alle wollen, dass man
ihn glaube. (Pensées 243)*
*Alles Wahrnehmbare zeigt weder völlige Abwesenheit noch eine
offenbare Gegenwärtigkeit des Göttlichen, wohl aber die Gegenwart*

eines Gottes, der sich verbirgt. Alles trägt dieses Merkzeichen. (Pensées 557)[79]

> „Es wäre eine Befreiung, würden die Christen, denen es um die Autorität der Bibel geht, zum reformatorischen Verständnis der Schrift zurückkehren: Wort Gottes im Menschenwort, lebendige Stimme des Evangeliums, Zeugnis des Glaubens. Die Gewissheit des Glaubens lebt von der Wahrheit, die Mensch wurde, nämlich von Jesus Christus, und nicht von der Wahrheit, die Papier wurde, also von der Schrift."

Sobald die Wahrheit Gottes zu Papier wird, wird sie für den Menschen verfügbar, und dann liegt der Schritt nahe, diese Wahrheit politisch durchsetzen zu wollen. Verbrüderung mit der politischen Macht ist das bedrohliche Resultat. Und da Macht immer Gegenmacht provoziert, wächst die Macht antireligiöser Ideologie gleichermaßen. Wo diese fanatischen Weltrettungs-Ideologien Platz greifen und die Nächstenliebe auf der Strecke bleibt, kann die christliche Antwort nur in Widerstand bestehen. Wo sich der Kreationismus dagegen als Alternativwissenschaft darstellt, um die Bibel zu retten, kann man ihm seine besondere Sicht der Dinge zwar nicht bestätigen, aber als Rückzug in einen geistigen Schonraum zugestehen. „Denn die Reflexionsgestalt unseres Glaubens darf ruhig ein bisschen hinter dem Glauben selbst herhinken, und sie tat das ja auch immer wieder."[80] Helfen wir uns gegenseitig dabei, dass das Denken das Leben immer wieder einholt.

Den Glauben mehr, stärk den Verstand ...
Wilhelm II. von Sachsen-Weimar

Moderne Biologie und Kreationismus

Evolutionsbiologie heute

Populäre Vorstellungen über „die Evolution" sind genauso unvollständig und teilweise irrig wie jede öffentliche Wahrnehmung naturwissenschaftlicher Theorien. Der Gegenstand der Biologie, nämlich die Lebewesen, ist zwar anschaulich. Aber der gestirnte Himmel ist auch anschaulich, doch dadurch wird ebenso wenig sichergestellt, dass die Standardtheorie des Kosmos von denen verstanden wird, die den Begriff „Urknall" benutzen. Auch hinter dem Ausdruck „Kampf ums Dasein" verbirgt sich heute eine abstrakte Theorie, die ohne Spezialkenntnisse weder verstanden noch beurteilt werden kann.

Die derzeit gültige Evolutionstheorie geht davon aus, dass alle heute lebenden Wesen von früheren, andersartigen Lebewesen abstammen. Diese entwickelten sich über lange Zeiträume aus einfacheren Formen. Die Veränderung verlief dabei in vielen (nicht in allen) Abstammungslinien hin zu einer höheren Komplexität von Strukturen und Verhaltensweisen. Ebenso sind Formen bekannt, die sich seit Jahrmillionen kaum verändert haben. Veränderungen waren oft (nicht immer) funktionale Anpassungen der Lebewesen an ihre Umwelt. So weit bildete sich die Abstammungstheorie bereits im 19. Jahrhundert heraus. Die kausale Erklärung für die Triebkräfte der Veränderung wechselte einige Male, bis die Selektionstheorie nach

Charles Darwin und Russell Wallace einen entscheidenden Fortschritt brachte.[81] Die heutige Theorie weicht in vieler Hinsicht von ihren ursprünglichen Ideen ab, beruht aber immer noch auf einigen ihrer zentralen Entdeckungen:

* Alle Lebewesen erzeugen mehr Nachkommen, als am Leben bleiben und selbst wieder Nachkommen hervorbringen.
* Die Lebewesen einer Art sind nicht identisch, sondern variieren in ihren Merkmalen. Viele dieser Variationen sind erblich und lassen sich zum Beispiel durch gezielte Zuchtwahl bei Haustieren anhäufen und ausprägen.
* Lebewesen mit unterschiedlichen Merkmalen sind unterschiedlich gut an die Erfordernisse der Umwelt angepasst. Dadurch haben sie unterschiedliche Überlebenschancen. Es findet folglich eine Selektion zwischen ihnen statt, die besser angepasste Varianten häufiger werden und schlechter angepasste verschwinden lässt. Dadurch unterscheiden sich die Nachkommen immer mehr von ihren Vorfahren, bis eine neue Art entsteht.

Eine wichtige Fortentwicklung der Evolutionsbiologie brachte die Populationsgenetik nach dem Ersten Weltkrieg. Dann folgte die Entwicklung der sogenannten synthetischen Theorie[82], die besonders von Thedosius Dobszansky, daneben von Ernst Mayr, geprägt wurde.

Eine neue Epoche brachte schließlich die Verbindung mit der modernen Genetik. Sie setzte mit der Aufklärung der Struktur der Desoxyribonukleinsäure (DNA) ein. Man erkannte, dass DNA (oder bisweilen auch ein verwandtes Makromolekül, die RNA) die chemische Schrift ist, in der die Erbinformation niedergelegt wird. Die „Buchstaben" dieser Schrift sind Nukleotide, die aus einem Phosphorsäurerest, einem Zuckerring und einer von vier (bzw. fünf) organischen Basen bestehen. Folglich gibt es jeweils immer vier verschiedene Nukleotide[83], die sich in (prinzipiell) beliebiger Reihenfolge zu langen Nukleinsäure-Ketten verbinden. In der Reihenfolge der Basen (ihrer Sequenz) ist die Information für den Aufbau von Proteinen codiert, die wiederum für Struktur und Funktion eines Organismus verantwortlich sind. Andere Sequenzen dienen als „Lesebefehle" oder haben komplizierte, zum Teil noch unverstandene Aufgaben. Die Grundentzifferung dieser chemischen „Schrift" führte zu der Erkenntnis, dass die erblichen Variationen der Lebewesen auf zwei Ebenen vorhanden sind, nämlich einmal als genetische Variabilität und zum anderen als Variabilität ihrer sichtbaren Merkmale. Individuen sind sowohl unterschiedliche „Genotypen" (ihre gesamte genetische Information) als auch unterschiedliche „Phänotypen" (ihre sichtbaren Merkmale).

> „Dass die Evolution von einem Wechselspiel von Variation und Selektion angetrieben wird, wie Darwin es beschrieb, ist also aus heutiger Sicht zwar nicht falsch, aber eine grobe Vereinfachung."

Das wäre nicht weiter interessant, wären die beiden Ebenen unmittelbar miteinander verbunden, würde also jede Veränderung des Phänotyps eine entsprechende Veränderung des Genotyps bedeuten. Aber das ist keineswegs der Fall. Es handelt sich eher um zwei Regelgrößen in einem Regelkreis, die wechselseitig in komplizierter Weise aufeinander einwirken. Veränderungen der genetischen Information verändern manchmal die Merkmale der Individuen, manchmal aber auch nicht oder nicht sofort. Umgekehrt wirken sich Merkmalsunterschiede über Selektion, also über unterschiedliche Fortpflanzungsraten, auf das Erbgut der nächsten Generation aus, aber nicht immer und oft auf komplizierte Weise. Dass die Evolution von einem Wechselspiel von Variation und Selektion angetrieben wird, wie Darwin es beschrieb, ist also aus heutiger Sicht zwar nicht falsch, aber eine grobe Vereinfachung.

Weiterhin brachte die Molekularbiologie starke Argumente für die

Abstammungstheorie ans Licht. Man konnte zum Beispiel die Stammesgeschichte der Erbinformation untersuchen, indem man Gemeinsamkeiten und Unterschiede bei verschiedenen Arten verglich. Moderne Analysetechniken ermöglichen es sogar, den Vergleich auf Fossilien auszudehnen, sofern sie nicht zu alt sind. Das ist möglich, weil sehr viele Mutationen (wenigstens im Moment) für den Selektionsprozess bedeutungslos sind. Deshalb ändert sich die genetische Information ständig, auch wenn sich die Merkmale der Lebewesen dabei nicht oder nicht merklich verändern. Je länger Populationen von Lebewesen genetisch getrennt sind, also keine Erbinformation mehr durch sexuelle Rekombination austauschen, desto mehr Abweichungen gibt es deshalb zwischen ihnen unabhängig davon, ob sich der Phänotyp ändert oder nicht. Da man die Mutationshäufigkeiten in etwa abschätzen kann, lässt sich auch der Zeitpunkt der genetischen Trennung abschätzen. In wie vielen Basenpaaren (oder Aminosäuren) unterscheidet sich das Gen, das den roten Blutfarbstoff Hämoglobin bei Mensch, Gorilla, Hund und Haushuhn codiert?

Das Ergebnis entspricht dem, was nach der Abstammungstheorie zu erwarten wäre. Obwohl Hämoglobin bei diesen Lebewesen dieselbe Aufgabe hat und kein Grund ersichtlich ist, warum es sich überhaupt unterscheiden sollte, sind die komplizierten Proteine bei Mensch und Gorilla viel ähnlicher als bei Mensch und Haushuhn, während der Hund dazwischen steht.

Das stärkste Argument für die molekulare Evolution ist die Tatsache, dass sich identische oder nahezu identische Ähnlichkeitsmuster ergeben, wenn man die Sequenzen ganz verschiedener Proteine prüft. Ohne eine Abstammungsbeziehung zwischen den Lebewesen ist dieser Befund kaum zu erklären. Man kann – in Grenzen – sogar die Reihenfolge der Veränderungen feststellen und so etwas wie einen „molekularen Stammbaum" erstellen. Diese stimmen mit den früheren, die auf äußeren Merkmalen beruhen, gut überein. Es gibt Abweichungen im Detail, aber insgesamt bestätigt die Genetik die Abstammungstheorie in eindrucksvoller Weise.

Eine weitere Bestätigung lieferte der Befund, dass die Erbinformation aller Lebewesen bemerkenswert einheitlich aufgebaut ist. Sie verwendet (mit geringen Varianten) dieselbe „Schrift" mit demselben „Zeichensatz" und mit sehr ähnlichen „Lese- und Schreibmaschinen". Das legt eine gemeinsame Abstammung nahe, auch wenn es sich nicht um einen zwingenden Beweis handelt.

Neben der Genetik trugen auch andere Wissensbereiche zum Fortschritt der Evolutionstheorie bei. Mathematische Theorien wie Spieltheorie und Statistik machten es möglich, den Mechanismus von Selektion und Adaptation präziser zu beschreiben und einige logische Probleme auszuräumen, die es bis dahin gegeben hatte.[84] Die um 1970 entstandene Soziobiologie, die Erklärung des sozialen Verhaltens von Tieren als evolutionäre Anpassung, brachte weitere Klärungen, brachte aber auch eine Flut naturalistischer Polemik hervor. Manche Wissenschaftler zogen erneut die aus der Geistesgeschichte bekannten Kurzschlüsse bei der Erklärung des menschlichen Verhaltens.[85]

Weitere Daten lieferte der rasante Fortschritt der Geologie und Paläontologie. Die geographische Verteilung der bekannten Lebewesen spielte schon für Charles Darwin eine wichtige Rolle. Mit dem damaligen geologischen Wissen war eine rundum überzeugende Erklärung aber noch nicht möglich. Zu erwähnen wäre die paläontologische Erforschung der menschlichen Ahnenreihe, die in den letzten Jahrzehnten eine Fülle von fossilen Dokumenten zutage brachte. Zu erwähnen wären die inzwischen sehr vielfältigen, komplizierten physikalischen und chemischen Datierungsmethoden für Mineralien, mineralisierte Fossilien, organische Rückstände usw. Diese Datierungsmethoden stützen die Deszendenztheorie und ihren Zeitrahmen in jeder Hinsicht. Da sie theoretisch und methodisch von der Biologie unabhängig sind, sind ihre Ergebnisse für den Kreationismus ein unlösbares Problem. Bereits die Dendrochronologie (die Altersbestimmung von Holzresten anhand von Jahresringen) reicht weit über das kreationistische Erdalter hinaus. Die längste Reihe ist zur Zeit der Hohenheimer Jahrringkalender, der eine Geschichte von 12.483 Jahren bei Eichen- und Kiefernholz belegt. Er entsteht im Prinzip lediglich dadurch, dass Holzreste aus archäologischen Funden so aneinandergefügt werden, dass ihre Jahresringe sich überlappen. Da das Muster der Ringe für jede Abfolge von Wachstumsjahren einmalig ist, kann man ohne technischen Aufwand eine lange, lückenlose Reihe von Jahren abdecken, sofern man genügend geeignete und dafür aufbereitete Holzfunde hat.

Besonders eindrucksvoll ist die amerikanische „bristlecone-Chronologie", die derzeit etwa 9000 Jahre zurückreicht. Sie geht auf eine extrem langlebige Gebirgskiefer (Pinus longaeva) des amerikanischen Südwestens zurück. Einzelne Exemplare sind fast 5000 Jahre alt. Man braucht also nur sehr wenige Proben, um eine Jahresring-Geschichte über fast 10.000 Jahre aufzubauen. Mit dieser Geschichte lassen sich dann zum Beispiel Radiokarbon-Datierungen eichen und überprüfen, da Holzfunde auch mit dieser Methode datierbar sind. Die bemerkenswerten Bäume bilden also in ihrem Holz eine Folge von Sommern und Wintern ab, die es nach Ansicht des Kreationismus gar nicht gegeben haben dürfte.

> „Die biologische Evolutionstheorie ist heute eingebettet in biochemische Theorien über die Entstehung des Lebens aus unbelebter Materie, in geologische Theorien über die Erdentwicklung und in kosmologische Vorstellungen über die Entstehung und Entwicklung des Weltalls."

Wie man angesichts solch handfester, mit menschlichen Sinnen ohne viel technischen Aufwand nachprüfbarer Daten Kreationist und gleichzeitig Wissenschaftler sein kann, ist eine Frage, die man sich immer wieder – und immer wieder vergeblich – stellt.

Die biologische Evolutionstheorie ist heute eingebettet in biochemische Theorien über die Entstehung des Lebens aus unbelebter Materie, in geologische Theorien über die Erdentwicklung und in kosmologische Vorstellungen über die Entstehung und Entwicklung des Weltalls. Die Abstammungstheorie selbst stützt sich zum großen Teil auf „Dokumente", genau genommen fossile Reste und viele Merkmale heutiger Lebewesen, die etwas über die Geschichte des Lebens aussagen. Ein klassisches Beispiel für Letztere sind die sogenannten Konvergenzen, also ähnliche Merkmale bei sonst sehr verschiedenen Lebewesen. Konvergent sind zum Beispiel die Linsenaugen bei Tintenfischen und bei den Wirbeltieren. Sie sind nahezu gleich gebaut und haben eine fast identische Funktion. Man kann aber an Einzelheiten des Baus zeigen, dass sich ihre „Kamerafunktion", also ihre Optik, in der Stammesgeschichte unabhängig voneinander entwickelte, weil die Art und Weise, wie die beiden Augensysteme im Rahmen der Keimentwicklung entstehen, vollkommen verschieden sind.[86]

Das Wirbeltierauge bildet seine Netzhaut (die lichtempfindliche Oberfläche im Augapfel) aus einer Ausstülpung des Gehirns, das Tintenfischauge durch eine Einstülpung der Körperhaut. Im Fall des Wirbeltierauges ist dieser Entwicklungsweg alles andere als „intelligent", denn er führt dazu, dass die lichtempfindliche Zellschicht im Augapfel hinten liegt, und die Nervenzellen, die Signale weiterverarbeiten, vor ihr liegen. Das Licht, das durch die Pupille auf die Netzhaut fällt, muss diese Nervenschicht passieren, was die Bildschärfe verringert. Außerdem gibt es eine Stelle der Netzhaut, die völlig blind ist, weil von dort der Sehnerv zum Gehirn abgeht. Im Tintenfischauge liegt die Netzhaut dagegen vor den Nervenzellen, und einen „blinden Fleck" gibt es nicht.

Solche Befunde bestätigen die Abstammungstheorie, denn im Fall einer unabhängigen Erschaffung von Arten (oder Grundtypen, siehe unten) müsste man eigentlich erwarten, dass funktionsgleiche Organe gleichermaßen sinnvoll gebaut sind. Das ist aber in den allermeisten Fällen nicht so. Versuche, die Augenoptik der Wirbeltiere zu einer intelligenten Lösung umzudeuten, sind wenig einleuchtend.

Damit ist übrigens nicht gemeint, dass das Wirbeltierauge schlecht funktioniert. Der Mensch verfügt über einen sehr guten Gesichtssinn. Aber unser Sehsystem muss einen hohen Aufwand treiben, um die Strukturmängel auszugleichen. Jeder Schritt der Evolution wurde mit dem „Material" getan, das schon da war. Die Geschichte des Lebens gleicht eher einem ständigen Herumbasteln als einer geplanten Produktion[87]. In unserer Netzhaut gibt es zum Beispiel besondere lichtleitende Zellen, die dafür sorgen müssen, dass die einfallenden Photonen durch die Schicht der Nervenzellen hindurch zu den Rezeptoren geleitet werden.[88] Die Primaten (zu denen wir gehören) leisten sich sogar den Luxus, die störenden Nervenzellen an einer Stelle in einem aufwändigen Entwicklungsgang beiseitezuschieben, um einen Ort besonders scharfen Sehens zu schaffen (der gelbe Fleck, die Fovea centralis). Komplizierte Augenbewegungen sorgen dafür, dass dieser Ort der Retina die Umwelt ständig „scannt", um im Gehirn ein optisches Bild des Gesichtsfelds aufzubauen. Ein enormer Aufwand an Datenverarbeitung in der Hirnrinde sorgt schließlich dafür, dass aus den Eingangsdaten das Bestmögliche herausgeholt wird.

Das menschliche Sehen ist deshalb ein geradezu klassisches Beispiel für ein (in der Summe erfolgreiches) „Herumbasteln" der Evolution an unserem wichtigsten Sinnesorgan. Die Geschichte des Lebens ist voll von solchen Spuren der Evolution, wenn man sie denn sehen will.

In den letzten Jahrzehnten standen aber nicht mehr die Gestaltmerkmale im Mittelpunkt des Forschungsinteresses, sondern das Erbgut der Lebewesen, das sehr viel über ihre Stammesgeschichte verrät (dazu unten mehr).

Die Abstammungstheorie lässt sich vernünftigerweise und in Kenntnis ihrer „Dokumente" nicht bestreiten, sofern man der menschlichen Vernunft überhaupt zutraut, rationale Erklärungen für Naturvorgänge zu finden. Eine wissenschaftliche Diskussion über diese Frage ist überflüssig. Es gibt sie in der Fachwelt auch nicht, obwohl Kreationisten immer wieder das Gegenteil behaupten (siehe erstes Kapitel).

Das „Wie" der Evolution stellt die Naturwissenschaft vor mehr theoretische und methodische Probleme. Die Selektionstheorie bietet als Antwort auf das „Wie" eine allgemeine – deshalb formale und abstrakte – Rahmentheorie, die im Einzelnen noch nicht vollständig ist. Man könnte sagen, dass sie bisher zwar eine Grundlage für alle Modelle liefert, die eine Selbstorganisation des Erbmaterials in Interaktion mit dem Gesamtorganismus und seiner Umwelt erklären, dass die Einzelheiten dieser Selbstorganisation aber zum Teil noch ungeklärt sind. Die Selektionstheorie ist aus diesen Gründen schwerer anschaulich zu machen als die Abstammungstheorie und liegt wissenschaftstheoretisch auf einer anderen Ebene.

Variation und Selektion heute

Im Prinzip verändert sich das Erbgut einer Art dadurch, dass der „Text" der Erbinformation nicht stabil ist, sondern Veränderungen durch „Abschreibefehler" unterliegt. Sie treten durch physikalische und chemische Einflüsse auf sowie durch Reproduktionsfehler, Verdoppelungen, Austausch von Abschnitten usw. Wenn solche sogenannte Mutationen in Keimzellen (bei höheren Tieren Ei- und Samenzellen) auftreten, können sie durch sexuelle Fortpflanzung an die Nachkommen weitergegeben werden. Dabei können einzelne „Buchstaben" (Nukleotide) ausgetauscht werden oder wegfallen, auch die Anordnung längerer „Texte" zueinander kann sich verschieben. Es gibt „springende Gene"[89], die innerhalb der genetischen Information den Ort wechseln. Die Anzahl vorhandener Kopien (bei höheren Lebewesen in der Regel zwei pro Körperzelle bzw. eine pro Keimzelle) kann sich ändern usw. Fehler bei einzelnen Nukleotiden sind allerdings selten.

Man schätzt, dass bei der Replikation des gesamten menschlichen Erbguts mit seinen gut 3 Milliarden Nukleotiden im Durchschnitt 1 Fehler auftritt, also ein „Buchstabe" ausgetauscht wird. Das ist eine unglaubliche Präzision. Dennoch summieren sich die Fehler auf, sodass wir im Mittel 120 Mutationen pro Generation an unsere Kinder weitergeben. Bei Bakterien, die keine so aufwändige „Kopiermaschinerie" enthalten, liegt die Rate der Replikationsfehler (der Punktmutationen) bei ca. einer pro 10 Millionen Nukleotiden. Trotz dieser Exaktheit ist die stammesgeschichtliche Variabilität des Erbguts wohl eher größer, als man früher glaubte. Es gibt zwar „konservativ" vererbte Information, die stabil ist, weil ihre Produkte grundlegende Funktionen für den Organismus haben.[90] Es gibt aber auch eine große Fülle von neutralen Veränderungen, die sich nicht oder nicht dramatisch auswirken. Soweit heute bekannt ist, codieren nur 2 % der über drei Milliarden Nukleotide des menschlichen Erbguts direkt für etwa 30.000 Proteinsequenzen. Die genaue Zahl ist noch immer unbekannt.

Von den Genen, also den Bauanleitungen für die Proteine, wird wiederum der allergrößte Teil nicht benutzt, sondern nach dem Ablesen der DNA herausgetrennt und abgebaut. Einige dieser sogenannten Introne haben biologische Funktionen. Sie bewirken, dass von einem einzigen Gen mehrere, unterschiedliche Proteinvarianten aufgebaut werden können. Die meisten sind allerdings funktionslos. Es gibt zahlreiche defekte oder wenigstens unbenutzte Gene, die zum Teil von den „Lesemaschinen" ignoriert werden. Insgesamt tragen höhere Lebewesen in ihrem Erbgut eine große Fülle von genetischen Informationen mit sich, die nicht oder nicht direkt benötigt wird.

Die frühere Vorstellung, die „Datenbank" im Zellkern würde auf Sparsamkeit und technische Effizienz optimiert, hat sich für höhere Lebewesen als falsch herausgestellt. Offenbar ist Anpassungsfähigkeit wichtiger. Die enorme Variabilität unbenutzter, aber potenziell nutzbarer genetischer Information macht die Population gegenüber sich wandelnden Umweltanforderungen ebenfalls wandlungsfähig, umso mehr, als bei sich sexuell fortpflanzenden Organismen die genetischen Varianten in immer neuen Kombinationen vorliegen.

Die Mehrzahl der bekannten Mutationen, die sich tatsächlich auf die Merkmale des Individuums auswirken, ist allerdings nachteilig. Die Schädlichkeit ist manchmal so hoch, dass eine Weitergabe an die folgende Generation nicht infrage kommt. Einige Mutationen sind tödlich, oft schon in frühen Entwicklungsstadien. Dennoch können sich viele genetische Defekte mit geringer Häufigkeit in einer Population halten, wenn eine normale Kopie des Gens ausreicht, um das gesunde Merkmal auszuprägen. Da die meisten Gene höherer Lebewesen mit doppelter Kopienzahl vorliegen (je eine von beiden Eltern), wirkt sich in diesem Fall der Defekt erst aus, wenn zwei defekte Informationen zusammenkommen. Eine Reihe menschlicher Erbkrankheiten treten in dieser Form auf.

In höherer Häufigkeit kann auch eine solche „rezessive" Defektmutation nicht über viele Generationen im Erbgut verbleiben, da das Individuum immer dann, wenn zwei dieser Mutationen (von beiden Elternteilen vererbt) zusammenkommen, geschädigt wird und sich nicht fortpflanzen kann. Das heißt, die defekte Information wird durch Selektion entfernt. Über viele Generationen würde der Defekt verschwinden, wenn er nicht durch neu auftretende Mutationen erhalten bliebe.

Mit anderen Worten: Dass Selektionsfaktoren auf das Erbgut jeder Art einwirken, ist keine Frage. In diesem und in jedem anderen Fall, in dem genetische Veränderungen durch Selektion aussortiert werden, weil das entsprechende Gen bzw. das Merkmal „funktioniert", spricht man von einer stabilisierenden Selektion. Unter gewissen Umständen stabilisiert die Selektion das Erbgut der Art auch gegen Veränderungen, die nicht markant schädlich für das Individuum sind, die seine „Lebensqualität" vielleicht gar nicht verringern. Es reicht aus, dass die Träger einer bestimmten Information sich mit einer durchschnittlich geringeren Rate fortpflanzen, um die Häufigkeit dieser Information zu senken.

Wenn sich nützliche Varianten anhäufen, spricht man dagegen von einer adaptiven Selektion. Sie ist in vielen Fällen direkt beobachtbar. Bekannt wurde das Beispiel der nach Australien eingeführten, giftigen Aga-Kröte. Diese Riesenkröte wurde dort schnell zur Plage, da ihr natürliche Feinde fehlen. Die Population breitet sich heute mit bis zu 40 km pro Jahr aus. Dabei entwickelten die Kröten an der Ausbreitungsgrenze in wenigen Jahrzehnten längere Beine, die ihre Mobilität erhöhten. Diese Veränderung geht mit hoher Wahrscheinlichkeit darauf zurück, dass größere und mobilere Individuen Vorteile haben, weil sie neue Lebensräume schneller erreichen. Das Beispiel zeigt auch, dass die Veränderungsgeschwindigkeit einer Art nicht konstant sein muss. Ihr Erscheinungsbild muss sich in der Evolution nicht allmählich, Schritt für Schritt, ändern, wie Darwin noch annahm.

Ernst Mayr, später vor allem Gould und Eldredge[91], entwickelten die Theorie des „durchbrochenen Gleichgewichts", nach der sich das Erbgut der meisten Arten die meiste Zeit ihrer Existenz im Gleichgewicht mit ihrer Umwelt befindet und durch die Selektion stabilisiert, also in seinen funktionalen Anteilen wenig geändert wird. Unter besonderen Umständen (zum Beispiel das Erreichen eines neuen Lebensraums wie im Fall der Aga-Kröte) können sich die genetische Information und mit ihr die Merkmale des Lebewesens aber schnell verändern, obwohl die Mutationsrate mehr oder weniger konstant bleibt. Im neuen Lebensraum wirken andere Selektionsfaktoren und bei kleinen Populationen kann es zu einem genetischen „Drift" kommen, nämlich zu zufälligen Unterschieden gegenüber der Ausgangspopulation. Das kann dazu führen, dass genetische Varianten, die sonst in der Masse untergingen oder ausselektioniert würden, sich im neuen Lebensraum und unter wenigen Individuen durchsetzen.

Welche Rolle solche schnellen Entwicklungen in der Evolution spielen und welche allmähliche Veränderungen spielen, ist bis heute strittig. Dass es beides gibt, ist allerdings wissenschaftliches Allgemeingut. Die sogenannten „lebenden Fossilien" wie der Pfeilschwanzkrebs oder der Ginkobaum zeigen, dass eine Population von Lebewesen über viele Millionen Jahre in „Typostasis" verharren kann.[92] Viele Kreationisten haben versucht, aus dieser innerwissenschaftlichen Debatte Kapital zu schlagen, zum Teil durch irreführende Zitate Goulds und anderer „Punktualisten". Darum ist wichtig festzuhalten, dass beide Modellvorstellungen Varianten der darwinschen Selektionsmechanik sind und an dem Faktum einer Evolution nichts ändern.

Wenn man das Erbgut eines Organismus mit einer Datenbank vergleicht, die ständig kopiert wird und die sich durch Selektion in jeder Generation ändern kann, ist das zwar nicht falsch. Aber zur Erklärung der großen Veränderungen in der Stammesgeschichte reicht dieses Konzept nicht aus. Die Erbinformation ist nicht nur ein Datenbestand, sie funktioniert auch als ein Steuer- und Regulierungssystem, dessen Funktionen bisher nur teilweise bekannt sind. Daher lässt sich die genaue Beziehung zwischen Genotyp und Phänotyp, zwischen genetischer Information und der Ausprägung von Merkmalen, an denen die Selektion letztlich ansetzt, heute noch nicht vollständig beschreiben.[93] John Maynard Smith unterschied schon 1972 große Evolutionssprünge von den überall ablaufenden, allmählichen Veränderungen der Lebewesen.[94]

Die bisher noch offenen Fragen betreffen vor allem diejenige genetische Variabilität, die der Selektion den „Stoff" für die großen Veränderungen liefern kann. Wie werden ungerichtete, häufig molekular geringfügige Veränderungen auf der Ebene der DNA in neue Merkmale des Phänotyps übersetzt? Wie entstehen daraus durch Selektion neue Organe, Verhaltensweisen usw.? Liefert die natürliche Variabilität der Gene dafür das richtige und genug Material? Wie kommt es im Lauf der Zeit zu einem neuen „Design", zum Beispiel dazu, dass aus dem Vorderbein eines kleinen Insektenfressers, der einer Spitzmaus ähnlich war, der Flügel einer Fledermaus wurde?

An diesem Punkt setzen die Zweifel vieler Kritiker an. Sie können sich nicht vorstellen, dass ein einfacher Naturprozess „designfähig" ist, auch nicht über lange Zeiträume. Um diese verständlichen Zweifel naturwissenschaftlich zu betrachten, sollte man sich vor Augen führen, was die noch offenen Fragen genau sind und welche Fragen heute nicht mehr offen sind.

Dazu vier Erläuterungen: Erstens sind Übergänge von einem „Design" zum anderen in der Stammesgeschichte sehr gut belegt, sowohl fossil als auch genetisch. Zum Beispiel ist das körperliche Design einer Gruppe räuberischer, landlebender Säuger des Eozäns mit dem Design der heutigen Wale durch zahlreiche Übergangsformen verbunden. Anhand dieser Fossilien kann man die Wandlung vom Landleben zum amphibischen Leben und zum überwiegenden Wasserleben bis zum „Fischdesign" der Wale nachvollziehen. Ob also neue „Designs" in der Stammesgeschichte über viele Stufen (die alle auf ihre Art ökologisch erfolgreich waren) allmählich entstanden sind, ist keine offene Frage. Das Phänomen ist mehr als ausreichend bewiesen. Zum Teil offen ist die Frage nach dem „Wie", also die kausale Theorie dieses Vorgangs.

Zweitens dauert die Entstehung neuer Baupläne nach menschlichen Maßstäben sehr lange. Es handelt sich selbst im Fall stammesgeschichtlich schneller „Designbildung" bei höheren Organismen um Zeiträume von mehreren Millionen Jahren, also um Millionen von Generationen. Durch „künstliche Zuchtwahl" des Menschen ist dieser Vorgang offensichtlich nicht zu imitieren. Wenn man die verschiedenen Zeitskalen nicht beachtet, kann leicht ein anderer Eindruck entstehen. Die rasante Entwicklung vieler Säugetierformen – nicht nur der Wale – nach Ende der Kreidezeit sieht auf einer geologischen Zeitskala schnell aus. Aber einige Millionen Jahre sind auf dieser Skala ein kurzer Abschnitt. Dagegen ist es höchstens 12 000 Jahre her, also ein Promille dieser Jahrmillionen, dass der Wolf zum Haustier wurde. Durch künstliche Zuchtwahl entstanden seither die dänische Dogge und der Pekinese, die sehr verschieden aussehen. Das prinzipielle „Design" des Wolfs ist aber bei beiden erhalten, und die genetischen Differenzen erweisen sich als eher bescheiden.

Auch die menschlichen Rassen sind übrigens nach heutigem Wissen sehr jung, nämlich weniger als 100 000 Jahre alt. Sie unterscheiden sich genetisch nur in wenigen Positionen, die sich allerdings auf das äußere Erscheinungsbild auswirken, wie Größe, Hautfarbe und Haarwuchs. Innerlich (Anatomie, Physiologie, Verhalten usw.) ist zwischen einem Inuit und einem Zulu kaum ein biologischer Unterschied.

Drittens ist inzwischen gesichertes Wissen, dass ein neues „Design" von Körperbau, Stoffwechsel, Verhalten usw. in der Stammesgeschichte vor allem dadurch entsteht, dass sich die genetische Steuerung (bzw. Regelung) von Entwicklungsprozessen verändert. Der entscheidende Schritt ist nicht der, dass sich die elementaren Bausteine eines Organismus, vor allem die Proteine und die verschiedenen Zelltypen, durch Mutationen verändern. Vielmehr ändert sich zuerst einmal die Art und Weise, wie die vorhandenen Module im Lauf der Entwicklung „zusammengebaut" werden. Genetische Feinjustierungen kommen meist später. Wenn man sich die evolutionären Schritte vom Vorderbein eines kreidezeitlichen Kleinsäugers zum Flügel der Fledermaus so vorstellt, dass Punktmutationen von Genen nacheinander Flügelbausteine bereitstellten, landet man in Widersprüchen. Wenn man sich dagegen vorstellt, dass die Haut-, Knochen- und Muskelelemente, die schon im Bein vorhanden sind, eine genetisch anders gesteuerte Entwicklung nehmen, wird der Vorgang erklärbar.

Anders gesagt: Geringe Veränderungen von Regulierungsgenen können große Auswirkungen auf den Phänotyp und – über lange Zeiträume der Selektion – auf das Design eines Lebewesens haben. Das ist so, weil die wunderbar komplexen, lebenden Organismen wie wir selbst, wie ein Baum oder ein Hund, auf der molekularen und zellulären Ebene aus relativ wenigen Komponenten bestehen, die überall auftauchen. Ein neues Design entsteht also überwiegend dadurch, dass die altbekannten Bausteine neu kombiniert werden. Erst danach verändern sich die Bausteine selbst durch Mutationen, und häufig nicht einmal in großem Umfang.

Das Prinzip neuen Designs in der Evolution lautet: Neukombination vor Diversifikation. Darin liegt ein wesentlicher Unterschied zur menschlichen Technik. Alle von Menschen gemachten Uhren messen den Zeitablauf; aber eine Wasseruhr benutzt dazu einen anderen physikalischen Prozess als eine altmodische Taschenuhr mit Spiralfeder oder eine moderne Quarzuhr. Jeder Uhrtyp ist ein neues Design und besteht aus speziellen Einzelteilen, die nur in diesem Design funktionieren.

> **„Die heimliche Hoffnung vieler, die Naturwissenschaft würde eines Tages wenigstens einen indirekten Gottesbeweis erbringen, ist trügerisch."**

Die biologischen Uhren (die alle Lebewesen in sich tragen) sind dagegen auf molekularer Ebene sehr ähnlich. Vermutlich ist in der Stammesgeschichte der Wirbeltiere, nachdem es diese molekulare Uhr einmal gab, nie mehr eine neue Art der Zeitmessung aufgetreten. Vielmehr wurde die existierende immer wieder variiert und in die unterschiedlichsten Funktionen übernommen, vom menschlichen Tagesrhythmus bis zum Magnetkompass eines Zugvogels. Ungefähr dieselbe genetische Information wird benutzt, um (unfreiwillig) einen Jetlag beim modernen Globetrotter zu erzeugen und um eine Schwalbe über die abnehmende Tageslänge am Ende des Sommers zu informieren.[95] Biologische Bauteile, also Proteine, Zellen, Stoffwechselprozesse wie diejenigen, die den Zeitablauf messen usw. sind nicht speziell auf ein Design zugeschnitten, sie sind vielseitig verwendbar und durch kleine Änderungen an andere „Designs" anpassbar. Deshalb haben die Steuerungs- und Regelmechanismen, die den Zusammenbau dieser Elemente steuern, eine zentrale Funktion bei der Entstehung des Neuen. Die Untersuchung dieser Mechanismen ist außerordentlich kompliziert, aber sie wird aller Voraussicht nach die

Antwort auf die noch offenen Fragen der Evolutionsbiologie bringen.

Viertens und letztens wird die biologische Antwort auf diese offenen Fragen, nämlich wie ein neues „Design" durch die genetische Variabilität der individuellen Entwicklung (und einige andere Faktoren) entstehen kann, eine naturwissenschaftliche Antwort sein. Die Hoffnung, die man vor allem bei Vertretern der Bewegung für ein „Intelligentes Design" findet, dass sich als Lösung eine Art indirekter Gottesbeweis ergeben könnte, wird trügen, wie solche Hoffnungen in der Geschichte der Wissenschaft immer getrogen haben. Die kausale Erklärung der Biologie wird aber, ebenfalls wie immer, weiterhin offen sein dafür, die Stammesgeschichte als Schöpfungshandeln Gottes zu verstehen. Wir werden uns mit diesem Thema im folgenden Kapitel näher befassen.

Selektion funktioniert – was beweist das?

Im Unterschied zu den speziellen Prozessen, durch die Variationen im grundlegenden Design der Lebewesen erzeugt werden (siehe oben), ist der universale Prozess der Selektion heute sehr gut verstanden. Einen Zugang bietet der biologische Artbegriff: Unter den Definitionen für die Art (Spezies) ist diejenige nach Ernst Mayr die gebräuchlichste. Nach ihm umfasst eine Art all jene Lebewesen, die sich fruchtbar miteinander fortpflanzen können. Lebewesen, die von Generation zu Generation genetische Information austauschen, gehören zu einer Art, und der evolutionäre Wandel manifestiert sich als Wandlung und Aufspaltung der Arten. Dass der Artbegriff trotzdem in der Biologie unklar und seine Definition umstritten ist (es gibt über 50 verschiedene Artkonzepte), liegt an der Vielfalt des Evolutionsprozesses, den man zu beschreiben sucht: Wie nach der Theorie zu erwarten ist, gab und gibt es bei sich sexuell fortpflanzenden Organismen viele fließende Übergänge. Am einen Ende des Spektrums stehen Arten, die klar abgrenzbare und durch eindeutige Merkmale gekennzeichnete Fortpflanzungsgemeinschaften sind. Am anderen Ende stehen Arten, die entweder kurz vor ihrer Aufspaltung in Tochterarten stehen oder durch ihre anatomischen Merkmale nicht eindeutig fassbar sind, oder beides.

Die Bildung und Stabilisierung von Arten ist ein ständiger und nie endender Prozess: Auch die Kreationisten von „Wort und Wissen" (siehe Kapitel Die Bibel und die Angst vor der modernen Welt) gehen von dieser Tatsache aus und stellen fest, dass es Mikroevolution und Artbildung durch Selektionskräfte gibt.

Die strittige Frage lautet, wie weit die Veränderung der Lebewesen durch Selektion in der Stammesgeschichte reicht. „Wort und Wissen" sieht eine enge Grenze innerhalb eines Grundtyps (siehe unten) und behauptet, dass der Mechanismus der Makroevolution über diese Grundtypen hinaus nicht bekannt sei. Was die Art der Variabilität angeht, aus der durch Selektion ein neues „Design" entsteht, gibt es in der Tat offene Fragen. Allerdings verschweigt „Wort und Wissen", dass die Tatsache der Makroevolution selbst (die Abstammungstheorie) dadurch nicht in Frage steht. Es geht in der Tat nur um den „Mechanismus", also um eine Kausalerklärung der großen Veränderungen in der Stammesgeschichte. Dass man die noch nicht völlig kennt, ist keine Widerlegung der Abstammungstheorie, noch nicht einmal eine Widerlegung der Selektionstheorie. Sie gilt als Rahmentheorie auf der einen Seite universal für alle Prozesse der Stammesgeschichte, erklärt aber auf der anderen Seite einen Einzelvorgang nicht.

Das ist in der Naturwissenschaft kein ungewöhnlicher Zustand. Ein physikalisches Beispiel für eine universale Theorie wäre der Energieerhaltungssatz. Er gilt für alle physikalischen Phänomene, also überall in der Natur. Auf der anderen Seite erklärt er ein Phänomen nie alleine, sondern nur zusammen mit spezielleren Theorien und unter den jeweiligen Umständen; also aufgrund der Anfangs- und Randbedingungen, die im Einzelfall herrschen. Der Energieerhaltungssatz gilt für die Flugbahn einer Kanonenkugel so, wie er in der Mechanik immer gilt, aber die Flugbahn selbst erklärt er nicht. Dazu muss man das Gravitationsgesetz heranziehen, den Luftwiderstand berücksichtigen usw. Eine spezielle Bahn zu erklären, erfordert dazuhin die Kenntnis der Masse, der Anfangsgeschwindigkeit und -richtung und so fort.

Das alles gilt in ähnlicher Weise, eigentlich noch viel mehr, für die derzeitige Selektionstheorie. Sie ist universal gültig, sofern es um das Wechselspiel von genetischer Information und Umwelt in der Stammesgeschichte geht, aber sie erklärt die Stammesgeschichte nicht alleine. Dafür sind weitere (in diesem Fall sehr komplex zusammenwirkende) Gesetzmäßigkeiten heranzuziehen, von denen einige noch nicht vollständig bekannt sind, nämlich aus der Ökologie, Genetik, Statistik und so weiter.

Die derzeit noch offenen Fragen der Genetik, vor allem der Genetik von Entwicklungsprozessen, werden intensiv erforscht, und es zeichnen sich bereits Antworten ab. Aber auch im Erfolgsfall werden sich einzelne Schritte der Artentwicklung nie exakt erklären lassen. Sie hängen von so komplexen Randbedingungen ab, dass sie sich der Erfassung (noch dazu in der Vergangenheit) weitgehend entziehen. Das tatsächliche ökologische und genetische Material, das der Mechanismus von Variation und Selektion im Einzelfall verarbeitet hat, wird meist auch dann unbekannt bleiben, wenn dieser Mechanismus noch besser verstanden sein wird als heute. Komplexität und Variabilität sind Wesensmerkmale des Lebendigen, das heißt anders als in der Physik gibt es keine einfachen Phänomene wie die Flugbahn einer Kanonenkugel. Alles, was geschieht, geschieht auf komplizierte und vielfältige Weise.

Die Evolutionstheorie kann die Kräfte erklären, die in der Stammesgeschichte am Werk waren und sind, aber nicht die Stammesgeschichte selbst. Um ihren Charakter deutlicher zu machen, seien drei für Laien vielleicht überraschende, für Fachleute selbstverständliche Feststellungen nachgeschoben.

Erstens: Weil wir es mit einer langen Geschichte sich verändernder Lebewesen zu tun haben, wird eine kausale Theorie benötigt, um sie zu erklären. Wenn sich die Arten nicht (oder nur im Rahmen ihrer inneren Variabilität) ändern würden, gäbe es Selektion ebenso. Sie würde aber nicht mehr leisten, als eine gewisse Variabilität zu erzeugen. Das würde keinen Menschen außerhalb der Fachwelt interessieren. Die Brisanz der kausalen Evolutionstheorie liegt eben in ihrem Anspruch, die Kräfte der Veränderung in der großen, äonenlangen Geschichte der Lebewesen zu erklären. Die Vorstellung, Charles Darwin hätte die Evolution bewiesen und Zweifel an seinem Werk würden Zweifel an der Evolution rechtfertigen, beruht auf einem groben Missverständnis. Die Tatsache der Evolution machte Darwins Erklärung überhaupt erst bedeutsam.

Zweitens: Die Selektionsmechanik aus genetischer Veränderung, Überschuss von Nachkommen und verschiedenen Reproduktionsmechanismen würde auch dann funktionieren, wenn sie in der Natur nicht verwirklicht wäre. In der Biotechnik gehört es heute zu den Standardmethoden, Makromoleküle mit einer gewünschten biochemischen Eigenschaft im Flussreaktor durch einen Selektionsprozess aus einer zufälligen Anfangssequenz zu produzieren. Die häufige Behauptung, dass es keine direkt beobachtbaren Beispiele für das Funktionieren der Selektion gebe, ist also falsch. Es gibt viele solcher Beispiele im Labor und in der Natur. Die Medizin führt unfreiwillig seit Jahrzehnten ein Großexperiment durch, indem sie an Millionen Patienten weltweit Antibiotika verabreicht und damit resistente Bakterienstämme heranzüchtet. Sobald ein Antibiotikum unzuverlässig wird, weil zu viele resistente Erreger existieren, wird es durch ein anderes ersetzt. Dann verschwinden zum Teil auch die resistenten Stämme wieder (sofern ihre Resistenz auf einem aktiven Mechanismus beruht), denn die Produktion eines Gegenmittels hat für die Bakterienzelle keinen Vorteil mehr. Jedes Mal verändert sich die genetische Information der Bakterienpopulation im Sinn einer Adaption, zum Beispiel indem ein Enzym codiert wird, das ein Antibiotikum deaktiviert. Damit laufen unter Beobachtung der medizinischen Wissenschaft ständig Evolutionsprozesse ab.

Ein weiteres Beispiel ist die Tatsache, dass Chemikalien industrieller Herkunft, die jahre- oder jahrzehntelang in der Natur nicht abbaubar waren, plötzlich doch von Bakterien „verdaut" werden, weil sie (zumeist sind es Vertreter aus der Gruppe der Pseudomonaden) nun einen neuen, biochemischen Abbauweg besitzen.

Drittens: Der Begriff „Zufall" ist in Bezug auf Mutation und Selektion mit Vorsicht zu genießen. Die Aussage, Mutationen seien zufällig, ist missverständlich, ja sogar falsch. Die Selektionstheorie sagt nichts über die Entstehung genetischer Variationen aus, sondern greift nur auf die Variabilität als solche zurück. Viele genetische Veränderungen sind keineswegs zufällig in einem subjektiven Sinn, nämlich in dem Sinn, dass wir die Ursache nicht wüssten. Auch wenn die Ursache unbekannt ist, gibt es meist keinen Grund anzunehmen, dass die Veränderung von einer Verteilung von Wahrscheinlichkeiten abhängt, also von einem Zufall im statistischen Sinn. Eine Veränderung der genetischen Information ist zufällig nur in einem eng umgrenzten Sinn, da sie nicht zielgerichtet auftritt. Wenn sie eine Funktion oder einen Nutzen hat, erhält sie ihn erst im Nachhinein durch den Selektionsprozess zugewiesen. Daher ist es auch missverständlich oder falsch, das Ergebnis der Selektion (sei sie stabilisierend oder adaptiv) zufällig zu nennen. Es wird von den ökologischen Bedingungen bestimmt, unter denen die Art existiert. Im Fall einer adaptiven Veränderung wird die genetische Information optimiert, die Änderung bringt eine funktionelle Weiterentwicklung.[96] Es würde die gedankliche Verwirrung um die Evolutionstheorie mindern, wenn man auf den (in naturwissenschaftlichen Theorien immer schwierigen) Begriff Zufall verzichten würde. Dass man den Vorgang von Mutation und Selektion als nicht zielgerichtet beschreibt, reicht aus.

Die naturwissenschaftlich entscheidende Frage ist nach alldem also nicht, ob die Selektionsmechanik funktioniert. Natürlich tut sie das. Die Frage ist auch nicht, ob es eine Evolution der Lebewesen gibt. Diese Frage ist beantwortet. Die Frage ist, ob das Wechselspiel von genetischen Veränderungen und Selektion, wenn man alle dazu nötigen Theorien berücksichtigt, eine hinreichende naturwissenschaftliche Erklärung für die Stammesgeschichte der irdischen Lebenswelt liefert? Die Biologie beantwortet diese Frage mit Ja. Die wichtigsten Veränderungen der modernen Evolutionsbiologie gegenüber der Theorie von Darwin und Wallace lassen sich so zusammenfassen:

- Der Vererbungsmechanismus für die Merkmale der Lebewesen wurde aufgeklärt. Er war zu Zeiten von Darwin und Wallace nicht bekannt.
- Veränderungen des Erbguts und Veränderungen der übrigen Merkmale sind nicht immer gekoppelt. Es gibt sehr viele in Bezug auf die Selektion neutrale Mutationen.
- Veränderungen in der Stammesgeschichte laufen nicht nur allmählich und nicht immer ab. Sie können über lange geologische Zeiträume ganz ausbleiben, allmählich oder auch schnell erfolgen.
- Neben aktuellen, ständig beobachtbaren Umweltveränderungen spielen auch einmalige erdgeschichtliche Katastrophen eine Rolle in der Evolution. Charles Darwin hatte diese Vorstellung noch zusammen mit der Katastrophentheorie von Georges Cuvier abgelehnt.
- Ein neues Design bei Lebewesen entsteht, soweit das heute bekannt ist, nicht durch die Anhäufung von kleinen Variationen bei den Bausteinen der Lebewesen, sondern vor allem durch Veränderungen bei der Regulierung ihrer Entwicklung, also durch veränderte Kombination von Bausteinen und anschließende genetische Anpassungen.
- Im Unterschied zu dem, was Darwin glaubte, können komplexe Lebewesen nicht optimal an die Umwelt angepasst sein. Ihre Merkmale sind immer suboptimal, da die Regelkreise der Evolution zeitlich hinter den Umweltveränderungen zurückbleiben.

Wie wird der Kreationismus plausibel?

Eine naturwissenschaftliche Diskussion um die Grundlagen der Abstammungstheorie, um das Alter des Kosmos und um die Geschichte der Welt muss, wie gesagt, nicht mehr geführt werden. Es gibt keine vernünftige Theorie, die diese Grundlagen bestreitet. Es gibt aber eine weitverbreitete Propaganda im evangelischen, katholischen und orthodoxen Milieu (seit neuerem auch unter muslimischen Türken), die fachunkundige Menschen über diese Tatsache hinwegtäuscht. Als Beispiel soll das für höhere Klassenstufen bestimmte Schulbuch „Evolution – ein kritisches Lehrbuch"[97] dienen. Es kommt im Spektrum des Kreationismus wissenschaftlicher Seriosität am nächsten. Der eine Autor, Siegfried Scherer, hat sich inzwischen sogar vom Kreationismus distanziert: *„Anders als der Kreationismus denke ich, dass ein junges Alter („Schöpfungsalter") des Universums und der Erde nur entgegen der meisten derzeit akzeptierten astronomischen und geophysikalischen Daten geglaubt werden kann. Auch die Annahme, dass die meisten geologischen Schichtfolgen in einem Jahr gebildet wurden, erscheint mir mit geologischen und paläontologischen Daten unvereinbar. Die im Kreationismus nicht seltene, in manchen Kreisen sogar häufige Ausblendung ‚unpassender' Daten bei dem Versuch, ein bestimmtes Verständnis von der Geschichte des Universums, der Erde und des Lebens zu begründen, trägt mitunter ideologische Züge und ist konträr zu einer wissenschaftlichen Arbeitsweise."[98]*

Reinhard Junker, der andere Autor des Buches, hält dagegen an einem Erdalter von 8000 Jahren fest.

Positiv ist zu dem Schulbuch von „Wort und Wissen" zu vermerken, dass die Methode der Naturwissenschaft überhaupt behandelt wird. Viele kreationistische und viele schulmäßige Lehrbücher sagen dazu gar nichts. Allerdings ist die Darstellung naturwissenschaftlichen Forschens bei Junker und Scherer zum Teil irreführend. So wird behauptet, exakte Naturwissenschaft sei an die direkte Beobachtung gegenwärtig ablaufender Vorgänge gebunden, daher beschränke sich ihr Untersuchungsbereich vorrangig auf die Gegenwart (S.12f). Dass das nicht so ist, liegt auf der Hand. Erstens ist eine Vielzahl gegenwärtiger Abläufe nicht direkt beobachtbar, sondern nur über ihren Effekt auf Messinstrumente. Die Theorie elektromagnetischer Wellen erklärt Beobachtungsdaten (Messergebnisse), so wie die Abstammungstheorie Beobachtungsdaten (Fossilien, Ähnlichkeiten in Körperbauplänen oder in Genen) erklärt.

Theoretische Aussagen der Naturwissenschaft zeichnen sich nicht dadurch aus, dass sie unmittelbar durch Beobachtung überprüfbar sind. Das trifft eher selten zu. Sie zeichnen sich vielmehr dadurch aus, dass sich von ihnen Schlussfolgerungen ableiten lassen, die empirisch prüfbar sind. Ist das nicht der Fall, handelt es sich nicht um naturwissenschaftliche Aussagen.

Empirische Prüfbarkeit bedeutet, dass es sogenannte Protokollsätze oder Beobachtungssätze gibt (Ergebnis von Experimenten, Beobachtungen, Messergebnisse usw.), die Schlussfolgerungen entweder bestätigen oder widerlegen. Wir wollen der Kürze wegen von Daten sprechen. Je nachdem wird das System der Theorien gestützt oder gerät in Erklärungsnot, was weitere Forschung und eine theoretische Fortentwicklung erfordert. Es gibt keinen erkenntnistheoretischen Unterschied zwischen einem historischen Dokument, einem Fossil, einer geologischen Schichtenfolge und dem Messergebnis eines Experiments.

„Wissenschaft … ist die Wissenschaft vom Unbeobachtbaren, das durch Theorienbildung erschlossen wird", stellt Martin Neukamm fest.[99] Ob eine naturwissenschaftliche Theorie zeitlich alte oder neue Daten erklärt, ob diese Daten durch Beobachtung oder experimentell gewonnen werden, macht keinen prinzipiellen Unterschied, solange es relevante Daten gibt. Die Standardtheorie der Sonnenentwicklung oder die Plattentektonik[100] sind gut belegte Theorien, obwohl niemand dabei war, als sich eine Normalsonne in einen roten Riesen verwandelte oder als sich Südamerika von Afrika trennte.

Abläufe der Vergangenheit sind nur dann nicht naturwissenschaftlich fassbar, wenn es keine Daten mehr gibt – was natürlich oft der Fall ist. Welche Selektionsfaktoren beteiligt waren, als der Fingerhut seinen Giftcocktail zur Abwehr von Pflanzenfressern entwickelte, werden wir vermutlich nie wissen, weil die damalige Ökologie und der Genbestand des Fingerhut-Ahnen nicht mehr rekonstruiert werden können.

„Wort und Wissen" unterscheidet dagegen „historische Indizien" von „harten Daten"; der Schlüsselsatz lautet: „Die Geschichte des Lebens kann nur bedingt mit den Methoden der empirischen Wissenschaft rekonstruiert werden" (S.16). Recht verstanden trifft dieser Satz zu, wie das Beispiel „Fingerhut" zeigt. Die Biologie kann keine Artgeschichte erklären, für die sie keine Daten hat. Selbst eine gegenwärtige Ökologie ist wegen der ungeheueren Zahl komplexer Wechselwirkungen zwischen belebter und unbelebter Umwelt nicht vollständig, sondern nur durch das „Herauspräparieren" von Teilsystemen beschreibbar. Auch sie kann also „nur bedingt mit den Methoden der empirischen Wissenschaft rekonstruiert werden". Aber so ist dieser Satz bei „Wort und Wissen" nicht gemeint. Er suggeriert, dass die Naturwissenschaft für die Geschichte der Lebewesen nur begrenzt zuständig sei.

Ein weiteres Beispiel zeigt, dass der gute Ansatz, über Methoden des Forschens nachzudenken, in dem Buch nicht konsequent durchgehalten wird. „Grenzüberschreitungen sind unumgänglich", heißt es bereits im Vorwort, wenn vom Ganzen des Lebens (und der Welt) gesprochen werde. Richtig ist diese Aussage, falls vom „Ganzen" metaphysisch (in diesem Fall ontologisch) oder theologisch gesprochen wird, also mit dem Anspruch, alles Seiende mit einzubeziehen. Der Begriff „Ontologie" steht hier im klassisch philosophischen Sinn für die Lehre vom Sein und vom Seienden. Im Vorwort werden korrekterweise Naturalismus und Schöpfungsglaube als Beispiele für solche Aussagen genannt. Beides sind tatsächlich ontologische Positionen.

Im weiteren Text wird diese Feststellung aber plötzlich auf „die Evolutionslehre" übertragen, so als sei sie mit dem Naturalismus identisch oder zwingend verbunden (S.19). Eine naturwissenschaftliche Theorie spricht jedoch nie vom ganzen Sein, das Weltall oder Erde ausmacht, sondern von ihrer empirisch fassbaren und mit den Methoden der Naturwissenschaft erkennbaren Seite. Sie kann nur Fragen beantworten, die sich mit ihren Methoden untersuchen lassen, keine anderen.[101] Und da es sinnvolle Fragen gibt, sogar viele und wichtige, die naturwissenschaftlich nicht beantwortbar sind, lässt sich in der Tat die Wirklichkeit, in der wir leben, nicht einmal annähernd naturwissenschaftlich erfassen. Die Biologie kann die Frage beantworten, welche natürlichen Kräfte die Evolution der Lebewesen antreiben. Sie kann nicht die Frage beantworten, ob in der Geschichte des Lebens der Wille Gottes geschieht oder ob es keinen solchen Willen gibt. Wie sollte man diese Frage naturwissenschaftlich prüfen?

> **„Die Biologie kann die Frage beantworten, welche natürlichen Kräfte die Evolution der Lebewesen antreiben. Sie kann nicht die Frage beantworten, ob in der Geschichte des Lebens der Wille Gottes geschieht oder ob es keinen solchen Willen gibt. Wie sollte man diese Frage auch naturwissenschaftlich prüfen?"**

Materialisten behaupten an diesem Punkt manchmal, dass eine solche Prüfung nicht nötig sei. Mit anderen Worten, sie schließen von ihren naturphilosophischen Voraussetzungen her, diese Frage sei nicht wirklich sinnvoll. „Wort und Wissen" verkehrt dieses Argument in sein Gegenteil, indem sie die (tatsächlich unumgängliche) weltanschauliche Deutung der Naturwissenschaft als Bezweifelbarkeit ihrer wissenschaftlichen Ergebnisse sieht. Dass eine naturwissenschaftliche Theorie keine Lücken hat, bedeutet aber nicht, dass es jenseits ihrer Aussagen zu ihrem Gegenstand nichts weiter zu sagen gibt. Dass eine Theorie methodische Grenzen hat, beweist umgekehrt nicht, dass ihre Aussagen lückenhaft sind.

Das zentrale Problem des Lehrbuchs, das es trotz aller wissenschaftlicher Fachkunde und allem Bemühen um methodische Klarheit letztlich zu Propaganda macht, liegt aber anderswo: Die kreationistischen Vorstellungen – zum Beispiel zum Erdalter – werden nicht als eigene Theorie präsentiert, sondern indirekt wahrscheinlich gemacht, indem die Evolutionstheorie methodisch und inhaltlich infrage gestellt wird. Nirgendwo in dem Lehrbuch findet man das ganze Szenario, das ganze Ideengebäude von „Wort und Wissen". Dazu muss man die zahlreichen übrigen Publikationen und das Internet heranziehen. Insofern wird in dem Lehrbuch nicht deutlich, worum es der Studiengemeinschaft geht – wiederum mit der Ausnahme des Autors Scherer. Offene Fragen der Naturwissenschaft werden jedenfalls ausführlich diskutiert, teilweise korrekt, teilweise auch nicht.

Was daraus folgt, wird jedoch nicht oder nicht hinreichend diskutiert. Meist nämlich folgt nichts zugunsten der Ideen der Studiengemeinschaft aus den mehr oder weniger offenen Methoden- und Forschungsfragen. Zum Beispiel folgt aus der bisherigen Unvollständigkeit der kausalen Erklärung großer Veränderungen der Makroevolution (um diesen Begriff ausnahmsweise einmal zu verwenden) natürlich nicht, dass es diese nicht gegeben habe. Eigentlich wären Kreationisten verpflichtet, ihre Hypothesen nach den Regeln der Kunst mit den wissenschaftlichen zu vergleichen. Naturwissenschaftliche Fragen gelten als offen, wenn es verschiedene Hypothesen gibt, die um die Erklärung von Daten konkurrieren. Die Argumente müssen darauf zielen, die Erklärungsleistungen zu vergleichen.

Dabei spielt „kritische Evidenz" eine wichtige Rolle, also Daten, die geeignet sind, zwischen den Hypothesen zu entscheiden. Dass zwei allgemeine Hypothesen viele Daten mehr oder weniger erklären, ist zu erwarten. Zu Zeiten Galileis wurden die Bewegungen der

Himmelskörper sowohl vom ptolemäischen als auch vom kopernikanischen System recht gut erklärt. Es gab aber „kritische Evidenz", zum Beispiel die Bewegungen der Jupitermonde, die Galilei mit Hilfe des neu erfundenen Fernrohrs sehen konnte.

Wie gut ist also die kreationistische Erklärung für das Alter des Weltalls, verglichen mit der kosmologischen Standardtheorie? Wie gut ist die kreationistische Erklärung für die Fossilfunde aus der Stammesgeschichte des Menschen, verglichen mit der Lehrbuchmeinung? Wie gut ist die kreationistische Erklärung für das Erbmaterial der Lebewesen, für Ähnlichkeiten und Unterschiede? Wie plausibel ist der gesamte Ideenverbund, verglichen mit dem Theoriengebäude der Naturwissenschaft?

„Wort und Wissen" vermeidet solche Vergleiche. Der Kreationismus leistet nämlich nicht einmal annähernd das, was das ptolemäische System zur Zeit Galileis in der Astronomie leistete. Deshalb konzentriert er sich auf angebliche oder wirkliche Lücken der Wissenschaft. Dass die Kritiker diese Lücken auszufüllen imstande wären, wird zwar manchmal angedeutet, bleibt aber meist im Hintergrund. Die Fossilgeschichte des Menschen wird auf 24 Seiten in aller Breite abgehandelt (263-287), immer mit der Betonung darauf, wie zweifelhaft die Interpretation der Fossilien sei. Eine kreationistische Erklärung wird in einem winzigen Kästchen auf Seite 287 gerade eben erwähnt, ohne dass deren Probleme (zum Beispiel die extrem kurze Zeitschiene) angesprochen würden. Auf Seite 263ff wird berichtet, wie schwierig es ist, aus den zahlreichen vormenschlichen Fossilfunden (Hominiden) einen plausiblen Stammbaum zu konstruieren. Diese Schwierigkeit gibt es aus wissenschaftlichen Gründen, deren Erklärung zu weit führen würde. Sie ist aber kein Beleg dafür, dass es keine (wenn auch derzeit im Detail unklare) Abstammungsbeziehung zwischen früheren Hominiden und dem heutigen Menschen gibt.

Für den Kreationismus stellt die bloße Existenz der vielen vormenschlichen Fossilbelege dagegen ein unlösbares Problem dar. Diese menschenähnlichen Wesen müssten ja entweder vor 8000 Jahren geschaffen worden und in der Sintflut umgekommen sein – oder sie müssten sich durch Mikroevolution aus einem Grundtyp „nicht-menschlicher Hominide" entwickelt haben und schnell wieder ausgestorben sein. „Wort und Wissen" scheint letzterer Idee zuzuneigen. Sie wird aber im Lehrbuch nicht diskutiert, sondern allenfalls angedeutet. Es stünden dafür nämlich maximal 200 Generationen zur Verfügung. In Spezialpublikationen werden Lösungen versucht, die aber über Spekulationen nicht hinauskommen.

Das Lehrbuch verschweigt durchweg, dass die kreationistischen Ideen über die Erd- und Naturgeschichte genauso voneinander abhängen wie die naturwissenschaftlichen: Das Konzept der Grundtypen (siehe unten) wird benötigt, um die Sintflutgeschichte einzubeziehen, Letztere wird benötigt, um die geologischen Schichten zu erklären, und so weiter und so fort. Wie groß der Unterschied zwischen dem undeutlich kritischen Lehrbuchinhalt und der eindeutig kreationistischen Gesamtposition tatsächlich ist, soll an einem Beispiel dargestellt werden.

Im Internet gibt es einen Artikel „Paßten alle Tiere in die Arche Noah?", in dem es heißt: *„Die Tiere, die in der Arche mitgenommen werden sollten, waren natürlich nur die Landtiere und unter diesen vermutlich nur die Lungenatmer („in denen Odem ist"). Das sind die Säugetiere, Vögel, Reptilien und Amphibien. Bei den anderen Tieren (Insekten, Würmer, Schnecken usw.) ist ein Überleben zeitweise im Wasser sehr viel leichter möglich als bei den lungenatmenden Wirbeltieren ... Heute sind etwa 20 000 Arten von landlebenden Wirbeltieren bekannt. Doch Noah musste nicht von jeder Art ein Paar mitnehmen, sondern von jedem Grundtyp ... Folglich kann man die Zahl von 20 000 Arten durch die Zahl der Arten pro Grundtypen (20–40) teilen. Legen wir als Teiler 25 zugrunde, was eher gering geschätzt ist, so kommen wir auf 20 000:25 = 800 Grundtypen. Von jedem ein Paar gerechnet ergibt 1600 Tiere, dazu kommen noch die Tiere, von denen 7 Paare mitgenommen werden mussten.*

Wir erreichen damit eine Zahl von ca. 4000 Tieren. Nun müssen noch ausgestorbene Grundtypen berücksichtigt werden. Aus der Fachliteratur kann entnommen werden, dass unter den Landwirbeltieren etwa 1-1,5 mal so viele ausgestorbene Familien (entspricht Grundtypen) wie lebende bekannt sind. Damit kommen wir auf ca. 10 000 Tiere."[102]

Wir wollen übergehen, dass es sich laut neueren Lexika um rund 5500 Amphibien, über 8000 Reptilien, 10 000 Vögel und rund 5500 Säugetiere handelt. Von diesen 30 000 Arten ein Drittel als Wassertiere zu bezeichnen, ist gewagt. Wir wollen auch übergehen, dass es sich dabei um wissenschaftlich beschriebene Arten handelt und dass die Gesamtzahl sicher höher liegt. Wir wollen sogar dahingestellt sein lassen, dass die Rechnung an dem fragwürdigen Konzept von Grundtypen hängt, mit dem wir uns unten näher befassen werden. Aber man sollte sich deutlich machen, was hier behauptet wird: Noah nahm nicht ein Paar Wölfe, Schakale, Rotfüchse, Polarfüchse, Mähnenwölfe usw. mit, sondern ein einziges Paar eines hundeähnlichen Vorfahren, aus dem sich nach der Sintflut in rund 2000 bis 3000 Jahren alle heutigen hundeartigen Raubtiere entwickelten. Er nahm keine Pferde, Esel, Zebras, Onager usw. mit, sondern einen pferdeartigen Urtyp, aus dem nach der Sintflut wie durch Zauberei Streitrösser, Wildesel, Quaggas und Steppenzebras wurden.

Es sei der Studiengemeinschaft zugestanden, dass sie diesen Ablauf, den kein Biologe und nur wenige Laien plausibel finden dürften, tatsächlich für möglich hält. Wie man es für möglich halten kann, dass die riesige Vielfalt der landlebenden Insekten, Spinnentiere und Mollusken eine weltweite Überflutung hätten überleben können, ist allerdings schwer verständlich. Fast alle atmen ebenfalls Luftsauerstoff, haben also „Odem". Die Artenzahl liegt weit höher als bei den Wirbeltieren, im Bereich von mehreren Millionen. Was passiert mit einer Weinbergschnecke, mit einem Marienkäfer, mit einer Stubenfliege und mit einer Kreuzspinne, die im Wasser untergeht? Sie stirbt, und zwar im Fall der Arthropoden (Insekten, Spinnentiere) innerhalb von Minuten, im Fall der Mollusken höchstens von Stunden. Schwimmen können fast alle im Unterschied zu Wirbeltieren nicht. Wasserlebende Stadien gibt es nur bei wenigen Insektengruppen und Mollusken.

Es gibt überhaupt keine Möglichkeit, wie diese Tiere eine weltweite Überflutung und einen 40 Tage anhaltenden Dauerregen hätten überleben können, auch nicht umherdriftend auf Treibgut. Oder war die Flut so freundlich, alle bekannten 127 Familien von Schmetterlingen (um dieses Beispiel herauszugreifen) im Puppenstadium zu erwischen und sanft auf den Wogen zu schaukeln? Was soll die Behauptung, die ungeheure Fülle von wirbellosen Landtieren hätte „sehr viel leichter" im Wasser überleben können als die Wirbeltiere? Das Gegenteil ist richtig. Die meisten Wirbeltiere hätten bessere Chancen gehabt, einige Tage schwimmend oder an Treibgut geklammert im Wasser zu überleben und anschließend auf trockenfallenden Inseln auszuhalten.

Und was ist mit dem Bibeltext? Denn in der Sintflutgeschichte heißt es, Gott wolle „regnen lassen auf Erden vierzig Tage und vierzig Nächte und vertilgen von dem Erdboden alles Lebendige, das ich gemacht habe." (1. Mose 7,4) Das dürfte deutlich genug sein.

Zurück zur Biologie: Wieder wollen wir unbeantwortbare Fragen beiseitelassen, zum Beispiel wie Meerestiere im Süßwasser überlebten, oder Süßwassertiere im Meer, oder beide in Brackwasser. Nur wenige Fische sind imstande, verschiedene Salzgehalte zu tolerieren.

Wir wollen auch die Frage beiseitelassen, warum so viele große Gruppen von Wassertieren ausgestorben sind, von den Ichtyo-, Plesio- und Mosasauriern bis zu den beschalten Tintenfischen. Aber es gibt Fragen, die gestellt werden müssen. Die Behauptung, aus der Fachliteratur ergäbe sich eine Zahl von höchstens 1,5 ausgestorbenen, fossil bekannten Familien pro noch existierender Familie ist zum Beispiel völlig falsch. Diese Zahl gilt nicht einmal für heute noch zahlreich vertretene Großgruppen wie die Säugetiere oder die Schuppentiere (Schlangen, Echsen). Man geht von 153 lebenden Säugetierfamilien aus und von rund 350 fossil bekannten und ausgestorbenen Familien. Das ist ein Verhältnis von 2,2. Mehrere große Gruppen von Landwirbeltieren sind aber völlig oder fast völlig verschwunden, zum Beispiel die ungeheuer vielfältigen Dinosaurier, die großen Flugechsen aus Trias, Jura und Kreide, die übrigen Archosaurier, die davor sehr verbreiteten Synapsiden und so weiter. Bei den Amphibien sind von drei Unterklassen zwei ausgestorben, vor allem die sehr große Gruppe der Labyrinthodontier.

Fast ausgestorben sind die monotremen Säugetiere, von denen fossil viel mehr bekannt sind, als heute existieren usw.

Wenn man insgesamt hunderte von extinkten, landlebenden Familien aus diesen Gruppen annimmt, liegt man wahrscheinlich immer noch zu niedrig. Dazu kommt, dass es unzulässig ist, von den bekannten Formen zu sprechen. Nur ein geringer Teil der ausgestorbenen Arten ist fossil überliefert, schon deswegen, weil viele Lebensräume eine Fossilisierung von Überresten nicht zulassen. Paläontologen schätzen, dass die fossile Überlieferung auf der Artebene bei höchstens 1 Promille liegt.

Selbst wenn „Wort und Wissen" von einer besseren Überlieferung ausgeht, kann sie unmöglich ihre Vollständigkeit annehmen. Die Zahl der ausgestorbenen Familien von Landwirbeltieren muss aus jeder denkbaren Perspektive viel höher liegen, als uns bekannt ist. Die Fachleute der Studiengemeinschaft wissen das, aber sie sagen es nicht. Selbst wenn man ihre eigene Rechnung zugrunde legt, müsste die Zahl der „Grundtypen" in der Arche mit den richtigen Daten mindestens verfünffacht, eher aber verzehnfacht werden. Und wenn die Fossilüberlieferung tatsächlich halbwegs gut war, wo sind dann die von „Wort und Wissen" behaupteten Grundtypen? Ein Paar, höchstens sieben Paare, waren in der Arche – Millionen von Grundtypen müssten durch die Flut umgekommen und fossilisiert worden sein, während die Nachkommen der überlebenden Paare erst allmählich wieder zahlreicher wurden.

Wir wollen das peinliche Fragespiel hier beenden: Der Versuch, die Sintflut zu einem naturgeschichtlichen Faktum zu machen, verdeckt nur den eigentlichen Sinn der Geschichte, eine Geschichte von Gottes Gerechtigkeit und Gottes Barmherzigkeit mit allem Lebendigen.

Fossilien ohne Erklärung

Die Funde der Paläontologie, die den Sintfluttext von „Wort und Wissen" so peinlich machen, sind auch sonst ein unüberwindliches Hindernis für den Kreationismus, sodass er sich mit ihnen nicht fachlich auseinandersetzen kann.[103] (Dass Siegfried Scherer sich an diesem Punkt selbst kritisch äußert, wurde erwähnt.) Es stehen gerade einmal 4000 bis 6000 Jahre zur Verfügung, in denen sämtliche Lebewesen, die wir durch fossile Reste kennen, praktisch gleichzeitig gelebt haben müssen, in riesiger Zahl gestorben sein müssen, in geordneten Schichtenfolgen abgelagert worden sein müssen usw. Laien haben meist keine Vorstellung davon, welche Fülle verschiedener Tiere und Pflanzen allein aus einer Erdepoche – oder neutral gesprochen aus einer Schichtenfolge – bekannt ist. Um das Problem zu skizzieren, sei an einige der fossil belegten Lebenswelten erinnert, die es allein im Europa nördlich der Alpen gibt. Zur Vereinfachung berücksichtigt die folgende Liste die paläontologische Feinaufteilung der Funde nicht, ihre Fülle wird allenfalls angedeutet:

- Kältesteppen mit Spuren weitreichender Vergletscherung und einer Tier- und Pflanzenwelt, die es heute zum Teil nur noch in der Arktis, im Hochgebirge und zum Teil gar nicht mehr gibt, mit Höhlenbär, Säbelzahntiger, Mammut, Wollnashorn, Rentier, dessen Reste noch im südlichen Frankreich gefunden werden, Knochen und Artefakte jagender Menschen, die teilweise nicht den heutigen Menschen entsprechen, teilweise aber auch „moderne" Menschen waren (glaziale Funde, zum Beispiel in Höhlen der Schwäbischen Alb).

- Gemäßigt warme Wälder mit Pflanzen und Tieren, die es (mit geringen Abweichungen) zum Teil heute noch in derselben Gegend gibt oder in historischer Zeit gab, Wildschweine, Wildpferde, Auerochsen, Bär, Wolf usw., ebenfalls mit Artefakten und Knochen jagender Menschen, die nicht den heutigen Menschen entsprechen (den glazialen Funden eng benachbarte Funde aus Interglazialen, zum Beispiel Steinheim/Murr).

- Warme, mediterrane Wälder mit Tieren und Pflanzen, die es (mit gewissen Abweichungen) heute rund um das Mittelmeer gibt oder in historischer Zeit noch gab, Flusspferd im heutigen Frankreich, Waldelefant, Damhirsch, Löwe usw. im heutigen Deutschland (wieder eng benachbarte Funde aus warmen Interglazialen, zum Beispiel Bad Cannstatt).

- Tropische Regenwälder mit einer Pflanzen- und Tierwelt, die ganz anders ist als die der heutigen Tropen und Subtropen, mit hundegroßen Urpferden, Ameisenbären, Krokodilen usw., ohne Spuren menschlicher Anwesenheit (eozäne Funde zum Beispiel aus der berühmten Grube Messel bei Darmstadt).

- Warme Regionen mit einer Pflanzenwelt ohne höhere Blütenpflanzen und einer Tierwelt, in der es die heutigen Säugetier- und Vogelarten nicht gibt, dafür riesige Dinosaurier wie Iguanadon, zweibeinig laufende Raubsaurier und Krokodile, ohne Spuren menschlicher Anwesenheit (Fundstellen aus der frühen Kreidezeit, zum Beispiel Bernissart, Belgien).

- Tropische und subtropische flache Randmeere mit einer Tierwelt, die bis auf wenige Ausnahmen völlig anders ist als die heutige Meeresfauna, mit riesigen Fischechsen (Ichtyosaurus), Seelilien, beschalten Tintenfischen verschiedenster Form und so fort, ohne menschliche Spuren (Juraformationen der Mittelgebirge).

- Tropische Sümpfe ohne Blütenpflanzen und mit einer Tierwelt, in der alle Säugetiere, Vögel und Reptilien fehlen, dafür Baumfarne, Riesenschachtelhalme, Riesenbärlappe und viele andere, heute völlig unbekannte Pflanzen, große Amphibien, riesige Insekten mit noch nicht faltbaren Flügeln usw., ohne Spuren menschlicher Anwesenheit (Karbonwälder, die sich am Nordrand der Mittelgebirge von Westeuropa bis Osteuropa erstrecken).

● Und andere...

Jeder Versuch, diese fossil belegten Lebensgemeinschaften in 4000 Jahren unterzubringen, ist von vornherein sinnlos. Es gibt Versuche, den Befund mit mehreren, schnell ablaufenden Besiedlungswellen nach der Sintflut zu erklären, allerdings ohne irgendeine Vorstellung davon, wie der rasante klimatische Wandel, das Entstehen und Vergehen der Meere und die massiven Wanderbewegungen von Tieren und Pflanzen funktioniert haben könnten. Darüber hinaus werden sämtliche Ideen dieser Art durch die Jahrringkalender vom Tisch gefegt.[104]

In Mitteleuropa wuchsen während der letzten 12 000 Jahre wie heute Eichen und Kiefern, keine Tundrabirken, keine Magnolien und schon gar keine Riesenschachtelhalme. Der Wechsel der Jahreszeiten fand mit geringen Variationen so wie heute statt – die Jahresringe im Holz beweisen es. Das wissen wir so sicher, wie man irgendetwas über die Natur wissen kann.

Wem dieses Argument trotzdem nicht reicht, sollte ein weiteres Gedankenexperiment versuchen: Man stelle sich an den Nordrand der Schwäbischen Alb (den Albtrauf) und betrachte die mehrere hundert Meter starken Juraformationen, die sich vor einem auftürmen. Diese Formationen enthalten von der untersten bis zur obersten Schicht (mit fossilarmen Zwischenschichten) zahllose Reste einer Meeresfauna, die heute mit wenigen Ausnahmen nicht mehr existiert. Dazu sind die Fossildokumente zum großen Teil schichtentypisch. Bestimmte Cephalopoden und Brachiopoden (fossile Schalen früherer Tintenfische und Armfüßler) gehören zu bestimmten Schichten und kommen sonst nicht vor. Sie müssten aus kreationistischer Sicht alle in kurzer Zeit abgelagert worden sein, denn vor dem Sündenfall gab es laut „Wort und Wissen" keinen Tod, also auch keine

Reste toter Tiere. Wie sollen diese gewaltigen Gesteinsmassen, die sich über tausende von Quadratkilometern erstrecken, in wenigen Jahren entstanden sein? Wer hat die toten Tiere säuberlich in Schichten sortiert? Wo sind die Fossilien heutiger Meerestiere, die es (laut „Wort und Wissen" als Grundtypen) ebenfalls schon gegeben haben müsste? Wo sind die Thunfische, Schwertfische, Robben, Wale und so weiter?[105] Nicht nur die Jura-Ablagerungen sind viel zu mächtig, um in wenigen Jahren entstanden zu sein. Das gilt für die Steinkohle des Karbon und andere Schichten ebenso.[106] Der Versuch des Lehrbuchs, ab Seite 292ff so etwas wie eine Erklärung anzubieten, ist schon sprachlich kaum verständlich, wobei die Schwierigkeiten eingeräumt werden. Das unlösbare Problem physikalischer Altersbestimmungen kommt hinzu. Deshalb wird es ausdrücklich ausgeklammert (294).

Wer es tatsächlich unternimmt, eine kreationistische Geologie zu konstruieren, endet bei wirren Spekulationen über eine weltweite Sintflut im Stil von „The Genesis Flood" von Morris und Whitcomb[107]. Man kann aber nicht, wie Martin Luther im Blick auf die Theologie sagt, eine „dunkle Rede durch eine noch dunklere Rede beweisen".[108] Abwegige Ansichten über geologische Schichten werden nicht besser, wenn man noch abwegigere Spekulationen über die Physik des Lichts und über radioaktiven Zerfall nachschiebt. Beispiele wurden bereits zu Anfang von Kapitel I angeführt. Eine Erdgeschichte von vielen Millionen Jahren und eine allmähliche Entwicklung der Lebewesen erklären die fossilen Spuren in der Geologie ohne irgendwelche Absurditäten. Die kreationistische Alternative ist dagegen unmöglich.

Dieses Urteil gilt mit Einschränkungen auch im Blick auf die Genetik und den genetischen Code. Welche Basenfolgen welche Aminosäure (und welche sonstigen Informationen) codieren, ist bei fast allen Organismen gleich, allerdings gibt es Ausnahmen. Dieser Sachverhalt beweist nicht logisch zwingend, dass alle Lebewesen einen gemeinsamen Ursprung haben, aber er legt es nahe. Wären Grundtypen (siehe unten) separat erschaffen worden, hätten sie völlig verschieden Codes benutzen können, denn die Zuordnung von Basen und Aminosäuren oder das Signal „Ende der Proteinkette" und andere Lesebefehle sind mehr oder weniger willkürlich. Darüber hinaus gibt es andere Makromoleküle, die als Träger einer genetischen „Schrift" infrage kämen, die aber nirgends diese Funktion wahrnehmen.

Die Autoren des Lehrbuchs versuchen dieses Argument zu entkräften, indem sie titeln: „Der genetische Code ist nicht universal" (123). Dieser Titel ist falsch, denn der genetische Code *ist* universal. Die Gemeinsamkeiten sind überwältigend groß und die Ausnahmen vergleichsweise geringfügig.[109]

So geht es mit der (in diesem Buch vergleichsweise verhaltenen, aber merklichen) kreationistischen Propaganda immer weiter: Forschungsprobleme der Naturwissenschaft werden überbetont, die Probleme der kreationistischen Alternative kaum erwähnt oder verharmlost. Dadurch erweckt das Buch den Eindruck, beide Seiten, Wissenschaft wie Kreationismus, hätten mit Forschungsproblemen zu kämpfen, aber beide Seiten hätten gleichermaßen Lösungen zu bieten.

Dieser Eindruck ist völlig falsch. Die „Anomalien" der Wissenschaft (um diesen wissenschaftstheoretischen Ausdruck zu benutzen) bewegen sich im normalen Rahmen der Forschung. Die Anomalien der Schöpfungslehre von „Wort und Wissen" sind Sackgassen, aus denen es keinen Ausweg gibt. Wie eine Beschwörungsformel wird ständig wiederholt, dass die Wissenschaftler selbst Zweifel an ihrer Sache hätten, dass es Probleme und Lücken aller Art gebe. Und um jeden Preis umgeht man den offensichtlichen Schluss, dass all diese Lücken und Zweifel – ob sie tatsächlich existieren oder nicht, ist sogar zweitrangig – nichts dazu beitragen, die Position des Kreationismus zu stützen. Denn die Botschaft der Studiengemeinschaft lautet ja nicht, dass die geltende Naturwissenschaft fragwürdig und hinterfragbar sei. Damit könnte man leben. Die Botschaft (nimmt man nach heutigem Stand Siegfried Scherer aus) lautet, dass die Erde 8000 Jahre alt sei, dass die Lebewesen sich nicht grundlegend verändert hätten und verändern könnten, dass die Erdgeschichte von der Sintflut her zu verstehen sei und so weiter. Und das kann nun einmal nicht sein.

Die Fachleute von „Wort und Wissen" sollten bedenken, was sie mit ihrer Strategie bei naturwissenschaftlichen Laien in Kirche und Gemeinde anrichten. Ihr Argumentationsstil findet sich in zahllosen Leserbriefen, Gemeindevorträgen und Predigten wieder, in denen eine Anzahl scheinbarer Probleme der Evolutionstheorie aufgezählt wird. Danach sind die Autoren fest überzeugt, sie hätten ihre Position bewiesen. Dass sie verpflichtet wären, die vorhandenen Daten ebenso oder besser zu erklären, kommt ihnen gar nicht in den Sinn. Bemängeln reicht, um Recht zu haben – so könnte man diese Haltung zusammenfassen.

> „Naturwissenschaft ist keine spekulative Übung, die man von willkürlichen Prämissen aus im luftleeren Raum der Ideen nach Lust und Laune betreiben könnte. Ihr Ausgangspunkt sind Sätze über beobachtbare Abläufe der Natur, die nach den Regeln der Forschung formuliert werden. Ihr Ergebnis sind Aussagen über die Gesetzmäßigkeiten dieser Abläufe in Form von Ursache-Wirkungsbeziehungen. Wer solche Aussagen nicht vorweisen kann, betreibt keine Naturwissenschaft."

Deshalb gilt es, bei allem Verständnis für „Wort und Wissen", eben auch klarzustellen: Naturwissenschaft ist keine spekulative Übung, die man von willkürlichen Prämissen aus im luftleeren Raum der Ideen nach Lust und Laune betreiben könnte. Ihr Ausgangspunkt sind Sätze über beobachtbare Abläufe der Natur, die nach den Regeln der Forschung formuliert werden. Ihr Ergebnis sind Aussagen über die Gesetzmäßigkeiten dieser Abläufe in Form von Ursache-

Wirkungsbeziehungen. Wer solche Aussagen nicht vorweisen kann, betreibt keine Naturwissenschaft.

Die Art und der Grundtyp

Dass „Wort und Wissen" keinen eigenen Standpunkt vertritt, gilt mit einer Einschränkung. Es gibt ein alternatives Konzept, nämlich das der Grundtypen (34ff). Eine Art wird in der Biologie meist – wie bereits erklärt – als eine Population von Lebewesen definiert, die miteinander im genetischen Austausch stehen (Biospezies). Auf diesem Artbegriff beruht die phylogenetische Taxonomie (Kladistik), die versucht, die Verzweigungen nachzuvollziehen, die in der Stammesgeschichte zu den Arten hinführten. Der Stammbaum besteht demnach nicht aus Großgruppen (höhere Typen), zwischen denen es Übergangsentwicklungen gibt, sondern aus zahlreichen Verzweigungen, die immer neue Artbildungen repräsentieren, wenn sich eine Teilpopulation von einer anderen trennt. Das hat Auswirkungen auf das Verständnis des Evolutionsprozesses.

Wenn man einen Großtypus „Reptilien" und einen Großtypus „Vögel" bildet und wenn man die Dinosaurier dem ersten Großtypus zuordnet, entsteht das konzeptionelle Problem, wie aus diesen Reptilien die Vögel entstehen konnten. Es gibt genügend fossile Mosaikformen, die Merkmale gewisser Dinosaurier mit denen von primitiven Vögeln verbinden. Aber dass eine von ihnen das berühmte „missing link", also die eine, beweiskräftige Übergangsform ist, kann immer bestritten werden, indem man das betreffende Fossil entweder in die Schublade „Reptilien" oder die der „Vögel" steckt. Aus der Sicht der Evolutionsbiologie sind diese Schubladen jedoch von vornherein künstlich. Viele fossil belegte, noch nicht flugfähige Dinosaurierformen haben Ähnlichkeit mit den Vögeln und sind insofern keine „typischen Reptilien". Ebenso sind einige fossil belegte vogelähnliche Wesen in mancher Hinsicht keine typischen Vögel, darunter auch Archaeopterix.

In der Stammesgeschichte gab es eine Vielzahl mehr oder weniger ähnlicher Schwestergruppen innerhalb der Dinosaurier, aus denen in einem fossil belegten Adaptationsprozess die primitiven Vögel hervorgingen. Die Kluft zwischen Reptilien und Vögeln ist eine künstliche, durch systematische Begriffe erzeugte, die es bei den fossilen Dokumenten nicht gibt.

„Wort und Wissen" vertritt nun den Standpunkt, es gebe eine andere natürliche Einheit, nämlich den Grundtyp, der einige bis viele Arten umfasst. Dieser Grundtyp sei dadurch definiert, dass sich alle zugehörigen Arten direkt oder indirekt kreuzen lassen, während dies über die Grenzen des Grundtyps hinweg nicht möglich sei. Zum Beispiel seien sämtliche Gänsevögel einschließlich der zahlreichen Entenarten (mit einer Ausnahme) wahrscheinlich Vertreter eines Grundtyps, ebenso alle Vertreter der Hundeartigen.

Eine solche Definition ist prinzipiell erlaubt, da sie sich empirisch prüfen lässt. Bedeutsam werden die „Kreuzbarkeitseinheiten" jedoch erst dadurch, dass „Wort und Wissen" postuliert, es gebe zwar Mikroevolution innerhalb des Grundtyps, aber keine Makroevolution über seine Grenzen hinweg. Die Mikroevolution habe innerhalb von wenigen Tausend Jahren aus einem Grundtyp und seiner inneren Variabilität die Vielzahl der ihm zugeordneten Arten hervorgebracht. Ihre theologische Bedeutung bezieht die Theorie aus der Annahme, dass die Grundtypen (anstelle aller heutigen Arten) vor 8000 Jahren von Gott aus dem Nichts geschaffen wurden.

Die theologische Deutung wird von der naturwissenschaftlichen Theorie abgesetzt, sodass man „Wort und Wissen" keine methodische Unklarheit vorwerfen kann. Allerdings ist das Argument wieder so aufgebaut, dass in großer Breite dargelegt wird, wie problematisch der phylogenetische Begriff der Art sei (28ff).

In Wirklichkeit gerät nicht die Biospezies, sondern das Konzept der Grundtypen bei näherer Betrachtung in kaum überwindbare

Schwierigkeiten. Die bereits erwähnten molekularen „Abstammungsbäume" überschreiten selbstverständlich die Grenzen der Grundtypen. Dafür gibt es gar keine Erklärung. Weiterhin müssten verschiedene Entenvögel durch Mikroevolution innerhalb von höchstens 8000 Jahren aus einem Grundtyp entstanden sein. Faktisch steht nicht einmal diese Zeit zur Verfügung, denn Beschreibungen der Tierwelt in Bild und Schrift gehen etwa 4000 Jahre zurück. Als die Ägypter Wasservögel an die Wand ihrer Gräber malten, waren die Enten auf dem Nil, soweit erkennbar, was sie heute sind. Für die Mikroevolution stehen also nur rund 4000 Jahre und maximal 2000 Generationen zur Verfügung.

„Mikroevolution" bedeutet in diesem Fall zum Beispiel, dass der Gänsesäger seinen für den Fischfang geeigneten, schmalen und gezackten Schnabel entwickeln konnte. Gleichzeitig entwickelten sich in einer anderen Teilpopulation der lange Hals des Höckerschwans und sein breiter Schnabel. Der Gänsesäger jagt tauchend unter Wasser nach Fischen, der Schwan kann nicht tauchen und ist überwiegend Pflanzenfresser. Geringfügig ist diese Veränderung keineswegs. Dass sie in einer Stammesgeschichte von weniger als 8000 Jahren eintreten konnte, stimmt mit dem, was die Biologie über Veränderungsgeschwindigkeiten der Arten weiß, ganz und gar nicht überein. Es gibt zwar einige Sonderfälle sehr schneller Artbildung, zum Beispiel die vielen Arten von Buntbarschen (Chichliden) der ostafrikanischen Seen. Aber auch dafür sind Jahrtausende nötig, und diese Arten sind bei weitem nicht so unterschiedlich wie Gänsesäger und Höckerschwan. „Wort und Wissen" muss aber annehmen, dass sich eine blitzartige Evolution nicht nur in wenigen Fällen, sondern bei nahezu allen bekannten Lebewesen abspielte. Dieses Szenario ist völlig unplausibel. Liest man das Lehrbuch von „Wort und Wissen", hat man als biologischer Laie den gegenteiligen Eindruck.[110]

Obwohl es sogar einen Abschnitt gibt, der „Stärken und Schwächen des Grundtypmodells" heißt (45–46), wird das Zeit- und Raumproblem darin ignoriert. Auch an dem einen Punkt, an dem

„Wort und Wissen" eine eigene Idee vertritt, wird also die vergleichende Argumentation vermieden.

Calvinball

Wissen Sie, was Calvinball ist? Vermutlich nicht, außer Sie gehören zu den zahlreichen Fans der Comic-Serie „Calvin und Hobbes". Die Hauptfigur der Serie, ein kleiner Junge namens Calvin, spielt mit seinem Kuscheltier, einem Tiger, Baseball. Das allerdings auf ganz eigene Weise. Calvin darf jederzeit während des Spiels durch Zuruf die Regeln ändern, mit der Folge, dass er nicht verlieren kann. Allerdings darf sein Tiger ebenso verfahren, sodass beide Spieler weder verlieren noch gewinnen können. Das Spiel geht nur durch Erschöpfung oder – das ist in dem Comic die Regel – im Streit zu Ende.

Nach diesem Muster pflegen viele Diskussionen zwischen Kreationismus und Naturwissenschaft zu verlaufen.[111] Immer dann, wenn die kreationistische Seite auf der Verliererstraße ist, ändert sie die Regeln des Spiels. Deshalb sind die Argumente, die an der einen Stelle gegen die Wissenschaft gerichtet werden, unvereinbar mit denen, die an anderer Stelle benutzt werden. So wird zum Beispiel argumentiert, dass das Fangblatt des Aaronstabs, in dem Insekten zum Zweck der Bestäubung einige Stunden gefangen werden, nicht durch Evolution entstanden sein könne, da es keine denkbaren Vorstufen gebe (80). Das Fangblatt sei – so wird angedeutet – nicht auf einfachere Formen reduzierbar. Wir werden uns damit im nächsten Kapitel befassen. Aber unzweifelhaft ist sein Blatt ein Organ, um Kerbtiere einzufangen. Andere Pflanzen töten und verdauen die gefangenen Tiere, zum Beispiel das Blatt der Kannenpflanze (Nephentes) oder die Fangblase des Wasserschlauchs (Utricularia).

Wenn „Wort und Wissen" argumentiert, dass solche Fangorgane nicht evolutionär entstanden sein können, heißt das aus ihrer Sicht, dass sie von Gott geschaffen wurden. Das wiederum widerspricht der Überzeugung, nach der die ursprüngliche Schöpfung keinen Tod kannte. Ob deshalb die Kannenpflanze, die in früheren Auflagen noch behandelt wurde, aus dem Lehrbuch gestrichen wurde? Der Aaronstab, der die Insekten nur vorübergehend einfängt und auch noch füttert, ist ein theologisch harmloseres Beispiel.

Aber die Kannenpflanze ist nur ein Organismus unter vielen, die vom Fang und vom Töten anderer Lebewesen leben. Darunter sind große Verwandtschaftsgruppen, zum Beispiel tausende von Arten der Spinnentiere: Netzspinnen, Skorpione, Pseudoskorpione, Walzenspinnen, Geißelspinnen und so weiter. Nahezu sämtliche Arten in diesen Verwandtschaftsgruppen leben räuberisch und sind mit ihrem Körperbau daran angepasst. Diese Gruppen reichen fossil weit zurück, das heißt, sie müssten aus der Sicht von „Wort und Wissen" als Grundtypen erschaffen worden sein, zu denen die „Ausstattung" für die räuberische Lebensweise gehörte. Dann wäre aber das theologische Argument hinfällig, dass der Tod erst mit dem Sündenfall des Menschen in die Welt kam. Der Tod würde dann doch zu Gottes Schöpfungshandeln gehören.

> „Dem Kreationismus fehlt das Vertrauen in die Vernunft, die eine Schöpfungsgabe Gottes an den Menschen ist, aber ebenso der Mut, dieser Vernunft offen abzusagen."

Daher muss „Wort und Wissen" behaupten, die räuberisch lebenden Tiergruppen seien nach dem Sündenfall aus ganz anderen Grundtypen hervorgegangen. Das wäre aber nicht durch natürliche Entwicklungen möglich gewesen. Also ändert man die Spielregeln: Nichtnatürliche Veränderungen im Grundplan der Lebewesen sind plötzlich doch möglich, sei es durch die Sünde des Menschen, sei es durch Satan. Oder, wenn es für die physikalischen Zeitmessungen keine Erklärung gibt, dann braucht man eben keine Erklärung, um trotzdem an einem Erdalter von 8000 Jahren festzuhalten.

Dem Kreationismus fehlt das Vertrauen in die Vernunft, die eine Schöpfungsgabe Gottes an den Menschen ist, aber ebenso der Mut, dieser Vernunft offen abzusagen. Weder vertraut man bei „Wort und Wissen" wie Augustinus darauf, dass all das, was die Vernunft in der Natur erkennen kann, vom Glauben und sinnvoll gedeutet werden kann, noch wagt man ein trotziges „credo, quia absurdum". Der erste Weg wäre wünschenswert, der zweite wegen seiner inneren Stimmigkeit immerhin achtenswert. Stattdessen – Calvinball.

Lasst uns daher die von Gott verstattete und von ihm gewollte
Geistesbetätigung benutzen, um seine Größe zu erkennen,
um uns mit desto größerer Bewunderung für sie zu erfüllen,
je weniger wir uns imstande fühlen, in die unergründlichen
Tiefen seiner Allweisheit einzudringen.
Galileo Galilei: Dialog über die beiden hauptsächlichsten Weltsysteme

INTELLIGENTES DESIGN: SEHNSUCHT NACH EINER WELT MIT ZWECK UND ZIEL

Das Argument für Intelligentes Design

Die Bewegung für ein „Intelligentes Design"[112] kommt ebenso aus den USA wie der Kreationismus, und sie hat einen ähnlichen politischen Hintergrund (siehe erstes Kapitel). Ihr Argument wird meist in zwei Schritten entwickelt: Die Basis bildet eine einfache Wahrscheinlichkeitsrechnung, aus der in einem zweiten Schritt die Notwendigkeit von „Intelligentem Design" folgen soll.

Der erste Schritt besteht in der Annahme, dass die Wahrscheinlichkeit für die Entstehung der komplizierten, sinnvoll konstruierten Organe und Verhaltensweisen der Lebewesen durch Mutations- und Selektionsvorgänge so gering ist, dass sie als unmöglich gelten muss. Michael Behes anschauliches Beispiel dafür ist die Mausefalle, die bei ihm aus fünf Teilen besteht. Das ist nicht viel, aber man könne kein Teil herausnehmen, ohne die Falle funktionsuntüchtig zu machen.

Das heißt, alle Teile müssten gleichzeitig vorhanden sein, um ihnen einen Vorteil (einen Nutzen) zu geben. Die Mausefalle sei – trotz ihrer einfachen Konstruktion – unreduzierbar komplex (irreducible complexity). Nimmt man ein Teil weg, hat man keine Falle mehr. Und da die Selektion nur Strukturen fördert, die einen Selektionsvorteil bieten, könnte es unfertige Strukturen auf dem Weg zum funktionierenden Organ oder Verhalten in der Evolution nicht geben.[113] Deshalb müsse man nach einer anderen Erklärung suchen, die ein Element der Planung und Steuerung enthalte. Welches dies sein soll, sagt das Argument jedoch nicht, auch nicht im Nachhinein. Das Wirken einer intelligenten Planung wird nicht demonstriert. Es wird auch nicht erläutert, wie und wann diese Intelligenz auf die Entstehung von Lebewesen einwirkt. Als Biologe kann man nichts untersuchen und keine Daten beschaffen, um das Argument zu prüfen. Der Schluss aus der Unwahrscheinlichkeit natürlicher Erklärungen für die Merkmale der Lebewesen auf „Intelligentes Design" erscheint deshalb willkürlich. Selbst wenn die Wahrscheinlichkeitsrechnung richtig wäre (dazu unten mehr) – wieso soll daraus intelligente Planung folgen? Formal logisch hat diese Rechnung nämlich lediglich die Struktur einer „reductio ad absurdum". Sie soll beweisen, dass der Versuch, die Komplexität der Lebewesen und ihrer Organe durch den Mechanismus von Mutation und Selektion zu erklären, zu logisch absurden Ergebnissen führt. Selbst wenn damit eine Lücke der Evolutionstheorie bewiesen würde, bliebe offen, wie sie zu füllen wäre. Aber zurück zur Wahrscheinlichkeitsrechnung.

Lebende Beispiele sind die Würze jedes biologischen Arguments. „Wort und Wissen" wählte in dem Lehrbuch von 2001 das Fangblatt einer Kannenpflanze als Beispiel für unreduzierbare Komplexität aus, also ebenfalls eine Falle, wenn auch nicht für Mäuse, sondern für Kerbtiere. Dieses Beispiel wurde ab der Auflage von 2005 ersetzt durch das Hochblatt des Aaronstabs, in dem Insekten zum Zweck der Bestäubung einige Stunden gefangen werden. In diesem Fall muss man allerdings kein Botaniker sein, um auf mögliche Vorstufen zu kommen. Man muss nur wissen, dass die mit über 3000 Arten sehr große Pflanzenfamilie der Aaronstabgewächse (Araceen) sich dadurch auszeichnet, dass sie ihren Blütenstand, einen Kolben, in ein meist wachsig glattes Hochblatt (Spatha) hüllt. Zu ihr gehört zum Beispiel die Zimmerpflanze „Flamingoblume" (in Wirklichkeit mehrere tropische Arten). Das Hochblatt hat keine Fangfunktion, sondern lockt bestäubende Kerbtiere mit einem optischen Signal an. Man braucht es jedoch nur rund um den Blütenstand zusammenzurollen, um eine Tüte zustande zu bringen, die bestäubende Insekten eine Weile festhält, da es schwer ist, an der glatten Wand des Hochblatts nach oben zu laufen.

Es gibt Arten, deren Hochblatt eine solche Tütenform hat, ohne dass die Blattfalle des Aaronstabs vorhanden wäre. Und es gibt weitere Arten, bei denen diese Tüte dazu dient, bestäubende Insekten festzuhalten, obwohl die raffinierte Falle unseres einheimischen Aaronstabs fehlt. In der Literatur heißen sie „Grubenfallen" (pitfall traps).

Wenn eine Grubenfalle einmal existiert, wird jede weitere Veränderung selektiv gefördert, die sie wirksamer macht. Die nach innen gerichtete Haarreuse des Aaronstabs, die Insekten bis zur erfolgreichen Bestäubung festhält, ist kompliziert. Aber offensichtlich hätte schon eine weniger ausgeklügelte Behaarung Wirkung, und auch solche Haare gibt es bei manchen Araceen.

Es ist also nicht schwer, sich evolutionäre Zwischenstufen von der Flamingoblume über die „Fallgruben" in Richtung Aaronstab vorzustellen, bei denen jede einzelne Stufe ein wenig besser funktioniert als die vorige. Mit der „unreduzierbaren Komplexität" ist es in diesem Fall nicht weit her.

Behe ist Biochemiker und benutzt deshalb keine botanischen, sondern molekulare Beispiele wie die Flagelle. Es handelt sich um einen spiralförmigen Fortsatz, mit dessen Hilfe sich Bakterien in Flüssigkeit aktiv bewegen können.[114] Sie dreht sich in einem „Lager" wie ein Propeller und erzeugt damit einen Vorschub. Die Drehbewegung dieser Basis wird von einer „molekularen Maschine" ausgeführt, die aus 20 bis 40 unterschiedlichen Proteinen besteht. Keines dieser Proteine kann wegfallen, die „Maschine" funktioniert erst, wenn alle an ihrem Ort sind.

Behe argumentiert, dass dieses Organ nur dann durch Mutation und Selektion hätte entstehen können, wenn eine Mindestzahl von Mutationen (wesentlich mehr als eine) im Genbestand einer Bakterienpopulation zusammengetroffen wären und damit die Einzelteile (die einzelnen Proteine) der Flagelle bereitgestellt hätten. Jede dieser Mutationen hätte für sich keinen Selektionsvorteil gehabt und hätte sich damit nicht unabhängig von den anderen im Genpool anhäufen können. Da bereits eine einzelne günstige Mutation relativ unwahrscheinlich ist, sei ein Zusammentreffen mehrerer dieser Ausnahmen extrem unwahrscheinlich. Mathematisch multiplizieren sich nämlich die Wahrscheinlichkeiten: Dass drei unabhängige Ereignisse zusammentreffen, von denen jedes mit 1 % Wahrscheinlichkeit auftritt, hat nur noch eine Wahrscheinlichkeit von 1 zu einer Million. Im Fall der Flagelle seien die Chancen, so Behe, noch viel geringer. Es handelt sich nicht um drei, sondern um viele Bestandteile, und die Wahrscheinlichkeit, dass einer davon aus einer Vorstufe entsteht, liegt vermutlich weit unter 1 %. Damit sinkt die Wahrscheinlichkeit ihres Zusammentreffens auf so astronomisch kleine Werte, dass es selbst bei Bakterien nicht mehr möglich erscheint, trotz deren riesiger Anzahl und schnellen Generationenfolge.

Das Beispiel der Bakterienflagelle wurde allerdings von Kenneth Miller und anderen wissenschaftlich untersucht. Sie konnten zeigen, dass Vorstufen der Flagelle nicht nur denkbar, sondern sogar praktisch bekannt sind. Allerdings haben diese Vorstufen eine andere Funktion, sie dienen nicht der Bewegung der Zelle, sondern zuerst der Regulation des Stoffdurchtritts durch die Zellmembran, dann der Übertragung von Substanzen auf Wirtszellen.[115]

Solche Funktionswechsel spielen in der Evolution eine wichtige Rolle. Die Schritte hin zu einer Flagelle sind sicherlich komplex, aber sie sind ebenso sicher nicht unabhängig, sondern jeder Schritt hängt von dem Ergebnis des vorauslaufenden Schrittes ab. In einem solchen Fall gilt Behes Wahrscheinlichkeitsrechnung nicht. Darüber hinaus ist sein Argument alles andere als neu.[116]

Ein Orkan als Ingenieur

Unter dem Namen „Hoyles Paradoxon" ist Behes Argument seit Jahrzehnten ein Bestandteil evolutionstheoretischer Literatur. Von dem Astronomen Fred Hoyle stammt nämlich das Beispiel der durch Zufall montierten Boeing 747. Wenn auf einem Schrottplatz alle Teile für einen Jet liegen, so sagte er, und wenn ein Orkan über den Schrottplatz weht, der alle Teile durcheinanderwirbelt: Wie unwahrscheinlich ist es, dass danach ein fertiger Jet auf dem Schrottplatz steht? So unwahrscheinlich sei es, dass die Organe der Lebewesen durch Zufall entstünden.

In der Tat: Das Erbgut eines Bakteriums enthält etwas mehr als 1 Million Nukleotide, also „Buchstaben", der Erbinformation. Da es 4 Buchstaben gibt, existieren (mit der glatten Million gerechnet) 4 hoch 1.000.000 unterschiedliche Kombinationen, die man aus diesen vier Buchstaben erzeugen könnte.

Wenn wir davon ausgehen, dass eine spezielle Kombination von „Buchstaben" nur durch einzelne, voneinander unabhängige Punktmutationen zustande kommt, kann man die Wahrscheinlichkeit dafür angeben. Sie liegt bei 1 hoch minus 600.000, eine unvorstellbar kleine Zahl. Das Erbgut eines Bakteriums kann also noch viel weniger als ein Jet durch unabhängige Zufallsschritte zustande kommen.

Allerdings behauptet die Evolutionsbiologie dies auch nicht. Sie behauptet vielmehr, dass jeder Schritt zu dem Erbgut mindestens neutral sein müsse, damit er getan werden kann. Davon, dass er getan wird, hängt der nächste Schritt ab. Mit anderen Worten: Die einzelnen Änderungen sind nicht unabhängig voneinander. Im Evolutionsprozess werden, bildlich gesprochen, keine Münzen geworfen. Wenn man ein anschauliches Bild sucht, würde eher ein Rüttelsieb voll Kies taugen, das man schüttelt, um kleine Kieskörner nach unten zu befördern und große an die Oberfläche zu bringen. Wie wahrscheinlich ist es, dass durch bloßes Rütteln zufällig einmal der Zustand eintritt, dass alle großen Kiesel oben und alle kleinen unten liegen?

Wenn die Bewegungen der Steine unabhängig voneinander wären, würden Jahrmillionen nicht ausreichen, um auch nur einmal Erfolg zu haben. In Wirklichkeit dauert es nicht lange, bis man die größten Kiesel oben einsammeln kann. Der Grund ist natürlich, dass sich die Steine nicht unabhängig voneinander bewegen, sondern dass sich im Behälter – abhängig von der Durchschnittsgröße der Kiesel – Lücken befinden, durch die kleine Steine häufiger nach unten rutschen als große. Je mehr sich die Steine dadurch sortieren, desto schneller schreitet der Prozess voran, denn dadurch werden die Lücken oben größer, und die kleinen Steine bewegen sich umso schneller nach unten. Jeder Sortierschritt erleichtert den nächsten Schritt, und am Schluss steht – oh Wunder – ein völlig unwahrscheinlicher Endzustand, der ganz ohne intelligente Planung eintritt. Schließlich hat der intelligente Rüttler nichts getan, als Steine in horizontale Bewegung zu versetzen, sodass die Schwerkraft sie – wenn die Lücke dafür ausreicht – nach unten befördern kann. Das kann auch eine Maschine oder ein Bachlauf erledigen. Nebenbei sei angemerkt, dass dadurch Information im Sinn der Shannon'schen Informationstherorie erzeugt wird, denn der geordnete Zustand am Ende des Rüttelns ist sehr viel unwahrscheinlicher und damit „informationsreicher" als der Ausgangszustand.[117] Wir werden im nächsten Abschnitt darauf zurückkommen.

Das Beispiel des Rüttelsiebs zeigt, dass sogar ein einfaches mechanisches System einen hoch geordneten Zustand einnehmen kann, unter der Bedingung, dass jede Veränderung die nächste, gleichsinnige Veränderung ein wenig wahrscheinlicher macht.

Warum gräbt ein heftiger Regenguss einen sauberen Abflusskanal in einen Abhang aus loser Erde, obwohl niemand da ist, der ihn plant? Ganz einfach: Weil jede zufällige Eintiefung durch das flächig abfließende Wasser mehr Wasser zu diesem Punkt lenkt, so dass die Eintiefung sich verstärkt. Dauert der Regenguss lange genug, fließt schließlich alles Wasser durch den einen Kanal ab – so als hätte ein spielendes Kind ihn absichtlich gegraben.

Auf ähnliche Weise bildet sich das Erbgut eines Bakteriums in der Evolution heraus. Nehmen wir vereinfachend an, es handele sich um eine Serie von Punktmutationen, von denen jede die Voraussetzung für die nächste schafft. Dann beträgt die Wahrscheinlichkeit, dass eine bestimmte Kombination aus einer Million Nukleotiden entsteht, nur noch $0{,}333 \times 10^{-6}$, also eine Wahrscheinlichkeit von rund einem Treffer bei drei Millionen Versuchen. Das ist bei Bakterien durchaus im Bereich des Möglichen. Eine Population, die in wenigen Tagen viele Generationen durchlaufen kann, zu denen viele Millionen Einzelzellen gehören, wird auf ein Ereignis im Wahrscheinlichkeitsbereich von eins zu drei Millionen nicht lange warten müssen. Höhere Organismen brauchen viel mehr Zeit, um ihr Erbgut millionenfach zu kopieren, aber die haben sie in der Stammesgeschichte auch gehabt. Allerdings variiert das Erbgut eines Lebewesens in Wirklichkeit auf sehr viel kompliziertere Weise, und der Effekt auf die Ökologie ist noch komplizierter. Unter realistischen Annahmen kann man deshalb keine Wahrscheinlichkeitsrechnungen mehr anstellen. Man kann nur noch Modelle entwerfen, die Selektionswirkungen mehr oder weniger vereinfacht simulieren.

Diese Modelle zeigen, dass evolutionäre Prozesse im Zeitrahmen der Stammesgeschichte möglich sind. In Experimenten wurde immer wieder nachgewiesen, dass die Modelle auch praktisch realistisch sind. Zum Beispiel kann man in relativ kurzer Zeit aus zufällig synthetisierten Proteinen durch einen Selektionsprozess ein Protein entwickeln, das imstande ist, ATP (der „Energieträger" der Zelle) an sich zu binden.[118] Probleme mit der Wahrscheinlichkeitsrechnung gibt es dabei nicht. Drossel und Schütz[119] haben dargelegt, dass nicht statistisch berechnet werden kann, wie wahrscheinlich es ist, dass ein Merkmal sich auf diesem Weg bildet. Die in der Biologie betrachteten Prozesse laufen über dynamische Wechselwirkungen ab, deren Wahrscheinlichkeit nicht einmal pro Einzelschritt bekannt ist. Behes „unreduzierbare Komplexität" reduziert sich auf den schlichten Sachverhalt, dass die evolutionäre Entstehung vieler Merkmale unbekannt, in anderen Fällen unsicher und bis ins letzte Detail grundsätzlich nicht aufklärbar ist. Dass Naturwissenschaftler etwas nicht wissen, noch nicht wissen oder nicht sicher wissen, liefert aber nur ein „argumentum ad ignorantiam", also ein Argument aus Nichtwissen. Der Schritt vom Nichtwissen zur Unmöglichkeit ist unlogisch. Auch wenn die gegenwärtige Biologie die Entstehung von Flagellen so schlecht erklären würde, wie es Behe behauptet, wäre er morgen oder übermorgen vor einer besseren Theorie nicht gefeit. Denn, wie bereits gesagt, aus dem Nichtwissen folgt erst einmal nichts außer der Tatsache des Nichtwissens. Ein universales intelligentes Prinzip folgt auf keinen Fall daraus.

> „Wenn es eine schöpferische Intelligenz hinter dem Naturgeschehen gibt, integrieren sich ihre Effekte jeweils in den regelhaften Ablauf der Natur und lassen sich naturwissenschaftlich nicht aus ihr herauspräparieren. Umgekehrt kann man aus der Naturwissenschaft nicht den Beweis ableiten, dass es keine universale schöpferische Intelligenz hinter dem Naturgeschehen gibt. Damit wären wir beim Thema der Gottesbeweise angelangt."

Wenn es eine schöpferische Intelligenz hinter dem Naturgeschehen gibt, integrieren sich ihre Effekte jeweils in den regelhaften Ablauf der Natur und lassen sich naturwissenschaftlich nicht aus ihr herauspräparieren. Umgekehrt kann man aus der Naturwissenschaft nicht den Beweis ableiten, dass es keine universale schöpferische Intelligenz hinter dem Naturgeschehen gibt. Damit wären wir beim Thema der Gottesbeweise angelangt.

Gottesbeweis aus der Natur?

Intelligenz ist nicht gleich übernatürliche Intelligenz. Es gibt künstliche Intelligenz, die wir selbst produzieren, und es gibt natürliche Intelligenz, nämlich die menschliche. Daher kann die Naturwissenschaft Intelligenz untersuchen, allerdings nur, wenn diese Intelligenz mit natürlichen „Wirkursachen" erklärt werden kann, wenn es sich also um immanente Intelligenz handelt. Aber diese prinzipielle Möglichkeit hilft dem Argument für ein Intelligentes Design nicht auf die Beine, denn nirgends in unserer Welt ist immanente Intelligenz als Ursache für die erblichen Merkmale von Lebewesen in Sicht (schließen wir den uninteressanten Fall der Züchtung einmal aus).

Auch wenn die Befürworter des Arguments es nicht zugeben: Sie postulieren indirekt das Einwirken einer transzendenten Intelligenz auf den Kosmos, oder ein universales Prinzip intelligenter Steuerung im Kosmos, oder mindestens eine universale Eigenschaft allen Lebens, sich gezielt auf einen Zweck hin zu entfalten. Letztere Variante wäre übrigens eine Neuauflage des bereits erwähnten Vitalismus, der in der Biologie bis ins 20. Jahrhundert hinein vertreten wurde. Damit verlassen sie aber entgegen ihrer eigenen Beteuerungen den Boden der Naturwissenschaft.

Autoren wie William Dembski und Nancy Randolph Pearcey[120] wenden dagegen ein, dass es methodische Willkür sei, transzendente Ursachen (Schöpfung, göttliches Eingreifen usw.) aus naturwissenschaftlichen Theorien auszuschließen. Sie seien, so wird gesagt, ebenso „natürlich" wie alle anderen Ursachen und könnten deshalb in die Theorie eingesetzt werden. Allerdings können sie nicht naturwissen-

schaftlich geprüft werden, daher würde die Berücksichtigung trans-
zendenter Ursachen[121] die Forschungsmethode der Naturwissenschaft selbstwidersprüchlich machen. Allenfalls käme ein universales
Prinzip intelligenter Steuerung in Frage, das auf sämtliche Naturprozesse einwirkt und das sich auf Grund der Analyse der Merkmale
von Lebewesen als notwendig erweist.

Letztlich läuft „Intelligentes Design" also auf die Annahme hinaus, es gebe ein solches Prinzip.[122]

Das beweist die Betrachtung des einzigen natürlicherweise intelligenten Lebewesens, das wir kennen: der Primat mit der wissenschaftlichen Bezeichnung Homo sapiens, der wissende Mensch. Woher
kommt seine Intelligenz? In der Science-Fiction-Literatur haben ihn
geniale Aliens aus weniger intelligenten Primatenvorfahren gezüch-
tet. Als Alternative wird ein unter dem Eisschild der Antarktis ver-
steckter Supercomputer angeboten, der alle irdischen Lebewesen
einschließlich des Menschen im Labor erschuf.

In der realen Welt sind solche „intelligenten" Ursachen für die
Fähigkeiten unseres Gehirns aber, wie gesagt, nicht in Sicht. Paläontologie und Gehirnforschung haben natürliche Erklärungen, oder
arbeiten an ihnen. Nehmen wir trotzdem einmal an, der intelligente
Designer Homo sapiens sei selbst intelligent geplant worden. Wer
hat dann seine Designer entworfen, sei es ein Supercomputer oder
eine Rasse von Übermenschen? Entweder hatten diese Designer ih-
rerseits keinen Designer mehr, sondern gingen aus nicht zweck- und
zielgerichteten Prozessen hervor. Dann widerlegt das Argument sich
selbst. Denn wenn intelligente Aliens durch Evolution (oder durch
einen anderen Naturprozess) entstehen konnten, warum nicht auch
der wissende Mensch, so wie es die Naturwissenschaft annimmt?
Oder man zieht den Schluss, dass planende Intelligenz immer eine
andere planende Intelligenz als Bedingung ihrer Entstehung benötigt.
Dann entsteht aber ein unendlicher Regress.

Der einzige Ausweg besteht tatsächlich darin, eine erste, unhinter-
gehbare, absolute Quelle intelligenter Planung zu postulieren, von

der sich die Zielgerichtetheit der Natur und des Lebens ableitet: einen Schöpfergott, eine feinstoffliche Vorlage, ein universales Prinzip.

Michael Behe und seinen Mitstreitern ist deshalb ein Selbstmissverständnis zu bescheinigen. Was sie als ein naturwissenschaftliches Argument ausgeben, ist in Wirklichkeit die Forderung nach einem universalen Prinzip intelligenter Planung oder Zielgerichtetheit im Universum und steht damit den traditionellen teleologischen Gottesbeweisen nahe.[123]

Ein Blick in die Geschichte dieser Gottesbeweise: Sie stammen aus einer Tradition von Welt- und Naturerklärungen, die in Ansätzen bis zu Anaxagoras (ca. 500–428 v. Chr.) zurückreicht, die bei Aristoteles (384–322 v. Chr.) philosophisch entfaltet wird, bei den Stoikern eine pantheistische Interpretation erfährt, von dem großen Theologen Aurelius Augustinus (354–430 n. Chr.) in die christliche Theologie übernommen wird, und sich schließlich bei dem spätrömischen, christlichen Philosophen Boethius (480–524 n. Chr.) findet.

Aristoteles ging davon aus, dass Naturvorgängen ein Zweck zukommt und dass sie auf ein Ziel hin angelegt sind. Im Unterschied zu künstlichen Dingen, die von anderen bewegt werden, „ist also Natur im ersten und eigentlichen Sinne die Wesenheit der Dinge, welche das Prinzip der Bewegung in sich selbst haben". Ulrich Beuttler fasst diese Idee so zusammen: *„Wenn aber alles Natürliche das Ziel, nämlich den angestrebten Endpunkt der Bewegung in sich trägt, dann haben die natürlichen Dinge auch den Ursprung der Bewegung in sich selbst ... sie tragen ihr Telos in sich, sodass ihre Bewegung auf dieses immanente Telos ausgerichtet ist."[124]*

Nach Beuttler lehrt Aristoteles damit eine teleologische Verfasstheit der Natur. (Nach Wolfgang Kullmann wäre es richtiger, von einer Teleonomie der Natur zu sprechen, da es sich eben um ein „immanentes Telos" handelt.[125] Die Frage kann hier leider nicht weiter diskutiert werden.) Unter einer Teleologie versteht man jedenfalls ein Erklärungsprinzip, das Naturphänomenen eine Zweckgerichtetheit zuschreibt. Sie haben im Sinn des Aristoteles nicht nur eine Wirkursache (causa efficiens), sondern auch eine Zweckursache (causa finalis). Letztere geht auf ein steuerndes, universales Prinzip zurück.

Im Unterschied dazu wird von Teleonomie gesprochen, wenn ein Phänomen zwar als zielgerichtet beschrieben werden kann, aber kein universales Prinzip am Werk ist, sondern naturgesetzliche Abläufe, die auf Grund ihrer speziellen Eigendynamik ein Ziel ansteuern. Teleonomie ergibt sich aus den Wirkursachen eines Phänomens und ist auf diese reduzierbar.

In diesem Sinn ist auch die Evolution, wie sie die Biologie beschreibt, ein teleonomisches Phänomen. Die moderne Naturwissenschaft verzichtet grundsätzlich auf die Berücksichtigung von Zweckursachen, um die Natur auf ihre einmalig erfolgreiche Weise erforschen zu können. Schon Francis Bacon schrieb in seiner drastischen Art, als er die Grundlagen der naturwissenschaftlichen Methode entwickelte: *„Die Erforschung von Zweckursachen (final causes) ist steril und produziert nichts, so wie wenn eine Jungfrau sich Gott weiht."*[126]

Das gelte allerdings nur für die Naturwissenschaft selbst, wie Francis Bacon betonte. Zweckursachen untersucht aus seiner Sicht die Metaphysik. Und diese kann, so meinte der Philosoph, durchaus zu Gottesbeweisen kommen. Damit entfernte sich der Vordenker der modernen Naturwissenschaft noch nicht weit von den scholastischen Gottesbeweisen, die sich, formal eindrucksvoll durchgearbeitet, bei Thomas von Aquin (1225 bis 1274) als fünf Wege finden, die Existenz Gottes vernünftig zu beweisen. In seiner theologischen „Summa" wird der fünfte Weg so zusammengefasst: *„Wir stellen fest, dass unter den Dingen manche, die keine Erkenntnis haben, wie zum Beispiel die Naturkörper, dennoch auf ein festes Ziel hin tätig sind. Das zeigt sich darin, dass sie immer oder doch in der Regel in der gleichen Weise tätig sind und stets das Beste erreichen. Das beweist aber, dass sie nicht zufällig, sondern irgendwie absichtlich (ex intentione) ihr Ziel erreichen. Die vernunftlosen Wesen sind aber nur insofern ab-*

sichtlich, das heißt auf ein Ziel hin tätig, als sie von einem erkennen-
den geistigen Wesen auf ein Ziel hingeordnet sind, wie der Pfeil vom
Schützen. Es muss also ein geistig-erkennendes Wesen geben, von
dem alle Naturdinge auf ihr Ziel hingeordnet werden: und dieses
nennen wir Gott."[127] Hier wird das teleologische Prinzip klar benannt. Es ist nicht im-
manent, sondern transzendent, nämlich der Schöpferwille Gottes.
Der Wiener Kardinal Schönborn greift bei der Verteidigung des
Intelligenten Designs auf Thomas von Aquin zurück.[128] Er stellt sich
damit gegen die Kritik an den Gottesbeweisen in der neuzeitlichen
Philosophie und Theologie. Es ist hier nicht der Raum, von dieser
Kritik zu berichten. Erwähnt sei nur Karl Jaspers (1883–1969), der
die Gottesbeweise als Dokumente einer großen geistigen Leistung
durchaus würdigte. Er urteilte allerdings auch kritisch: „*Wenn aber*
die Gottesbeweise aufgefasst werden als wissenschaftlich zwingende
Beweise im Sinn der Mathematik oder der empirischen Wissenschaf-
ten, so sind sie falsch… Alle diese so genannten Gottesbeweise be-
weisen nicht nur nicht das Dasein Gottes, sondern verführen auch,
Gott in eine Weltrealität zu verwandeln."[129]

Anders Schönborn, der unter Berufung auf das Erste Vatikanische
Konzil 1870 feststellt, „dass wir mit dem Licht der menschlichen
Vernunft erkennen können, dass es einen Schöpfer gibt, der die Welt
lenkt".[130] Der theologische Feind dieses Anspruchs ist der Fideismus,
nach dem Gott und Gottes Tun nur auf Grund des Glaubens erkannt
werden können. Diese Position wollte das Erste Vatikanische Konzil
abwehren. Der Augsburger Bischof Walter Mixa betonte in einem
Zeitungsinterview, es gebe einen Vorrang der Vernunft und des Vernünftigen vor dem Zufälligen und Zwangsläufigen. Daher sei die
Evolutionstheorie kritisch zu betrachten.[131]

Es geht für die katholische Theologie also nicht in erster Linie um
die Bibeldeutung, es geht um das Verhältnis von Glaube und Vernunft. Allerdings hat der Anspruch, den Glauben vernünftig zu beweisen, den hohen Preis, dass Unglaube gleichzeitig als unvernünftig

gelten muss. Die Versuche der katholischen Kirche, den Unglauben der abendländischen Moderne „mit dem Licht menschlicher Vernunft" zu widerlegen, haben der Christenheit im Dialog mit der Wissenschaft immer wieder geschadet.

> „Die Versuche der katholischen Kirche, den Unglauben der abendländischen Moderne ‚mit dem Licht menschlicher Vernunft' zu widerlegen, haben der Christenheit im Dialog mit der Wissenschaft immer wieder geschadet."

Demgegenüber hält die evangelische Theologie, wie schon bei Martin Luther, mehrheitlich daran fest, dass Unglaube und Unvernunft zwei verschiedene Seiten menschlicher Existenz betreffen. Der Glaube, der sich selbst und die Welt als Geschöpfe Gottes wahrnimmt, ist nicht vernünftig beweisbar, allerdings ist er auch nicht unvernünftig. Er kann seine Sicht vernünftig begründen, im Sinn des alten „credo, ut intellegam" (Ich glaube, um zu erkennen). Er kann aber andere Sichtweisen von Mensch und Welt nicht als unvernünftig denunzieren. (Dass es Beispiele für offensichtliche Unvernunft gibt, ist allerdings auch richtig.) Der Glaube bleibt keineswegs hinter der menschlichen Vernunft zurück, und er widerspricht ihr nicht. Aber er übersteigt die menschliche Vernunft und muss sie übersteigen.[132]

Schönborn ist es auf Grund seines universalen Anspruchs auf vernünftige Welterkenntnis nur schwer möglich, menschliche Erkenntnis als grundsätzlich bruchstückhafte Erkenntnis zu denken. Er berücksichtigt keine verschiedenen Kategorien des Erkennens, er unterscheidet keine verschiedenen Erkenntnismethoden mit ihren jeweils begrenzten Möglichkeiten. Er gerät darum in die Nähe der leidigen Suche nach prinzipiellen Erklärungslücken in der Naturwissenschaft, in denen göttliche Vorsehung, wunderbare Eingriffe Gottes und so weiter vom Menschen empirisch festgestellt werden könnten.

Seine Schöpfungstheologie ist zwar durchaus differenzierter, ist aber gegen eine solche Verengung nicht abgesichert. Sie „verführt dazu", wie Karl Jaspers sagte, Gott zu einem Gott der Wissenslücken zu machen: *„Es ist die Vernunft, die Zielgerichtetheit, Plan, Zweck, ‚Design', ‚purpose' in der Natur erkennt und das in immer größerem Maß. Je mehr wir wissen können, je umfassender und detaillierter die Kenntnisse über die Vorgänge des Lebens werden, desto größer müsste meines Erachtens das Staunen werden. Desto unvernünftiger wird es, all das auf einen ... ziellosen, ungeplanten Vorgang zufälliger Veränderungen und natürlicher Selektion ... zurückzuführen."[133]*

Von welcher Vernunft ist hier die Rede? Die Vernunft sucht mit naturwissenschaftlichen Methoden auf andere Fragen Antworten als mit theologischen Methoden. Sie erkennt nicht nur ein Ziel und einen Plan in der Natur, sie erkennt Planlosigkeit, Chaos, Verschwendung und Sackgassen der Entwicklung. Die empirisch erkennbare Natur hat, für sich genommen, keine eindeutige ontologische oder gar religiöse Botschaft. Auch das „anthropische Prinzip", das in diesem Zusammenhang wenigstens kurz betrachtet werden muss, ändert daran nichts.

Das anthropische Prinzip und Intelligentes Design

Die Diskussion um das anthropische Prinzip in seinen verschiedenen Versionen[134] hat mit der Argumentation für ein „intelligent design" zwar Ähnlichkeiten, liegt aber theologisch und politisch auf einer anderen Ebene. Es besagt, dass die Eigenschaften des beobachtbaren Universums so sind, dass sie notwendigerweise zur Existenz eines bewussten Beobachters führen, der dieses Universum zu erkennen vermag. Die Bedingungen für die Existenz eines solchen Beobachters sind zwar erfüllt, denn der forschende Mensch existiert, aber die

Voraussetzungen dafür erscheinen uns – so sagt das Prinzip – unwahrscheinlich oder lassen sogar auf einen ziel- bzw. zweckgerichteten Ursprung schließen.

Das schwache anthropische Prinzip verlangt allerdings keine teleologische Deutung des Kosmos: *„Die beobachteten Werte aller physikalischen und kosmologischen Größen sind nicht gleich wahrscheinlich, aber sie nehmen Werte an, die beschränkt sind durch die Erfordernisse für die Existenz von Orten, an denen sich kohlenstoffbasiertes Leben entwickeln kann, und durch die Erfordernis, dass das Universum alt genug sein muss, dass dieser Vorgang bereits eingetreten ist."*

Das starke anthropische Prinzip läuft dagegen auf eine teleologische Ursache für die Eigenschaften des Universums hinaus: *„Das Universum muss so beschaffen sein, dass in ihm die Entwicklung von Leben in einem gewissen Stadium seiner Geschichte ermöglicht wird."*

Was bedeutet „muss" in diesem Fall? Auf den ersten Blick sieht es so aus, als würde damit gar keine sachliche Aussage gemacht, denn es wird ja lediglich gesagt, dass das Universum, das wir beobachten, so ist, dass wir es beobachten. Aber seine Verfechter bestreiten, dass es sich um eine bloße Tautologie[135] handelt. 1986 wurde das einflussreiche Buch „The Anthropic Cosmological Principle" von John D. Barrow und Frank Tipler[136] veröffentlicht, aus dem auch die obigen Zitate stammen. Der Kosmologe Barrow schildert es als ein Zusammentreffen von sehr unwahrscheinlichen Zufällen, dass unsere Existenz als Menschen im Universum überhaupt möglich wurde. Wir scheinen in einem Universum zu leben, das von einer Reihe unabhängiger Variablen abhängt, bei denen eine winzige Veränderung ausreichte, es unbewohnbar für jede Form von Leben zu machen. Trotzdem existieren wir.

„Nicht nur, dass der Mensch in das Universum hineinpasst. Das Universum passt auch zum Menschen. Man stelle sich ein Universum vor, in dem sich irgendeine der grundlegenden dimensionslosen phy-

sikalischen Konstanten in die eine oder andere Richtung um wenige Prozent verändern würde? In einem solchen Universum hätte der Mensch nie ins Dasein kommen können. Das ist der Dreh- und Angelpunkt des anthropischen Prinzips. Gemäß diesem Prinzip liegt dem gesamten Mechanismus und dem Aufbau der Welt ein die Existenz von Leben ermöglichender Faktor zugrunde. "[137]

Das starke anthropische Prinzip wird demnach von Barrow und Tipler teleologisch gedeutet, nämlich als Beleg dafür, dass das Universum durch ziel- bzw. zweckgerichtete Prinzipien oder Mechanismen bestimmt wird, oder auch durch ein göttliches Wesen geplant und gelenkt. Die Ähnlichkeit zum „Intelligenten Design" besteht darin, dass der Beweis in beiden Fällen durch eine „reductio ad absurdum" versucht wird.

Im Fall von Michael Behe lautet das Argument, dass die Annahme, die Merkmale der Lebewesen seien ohne intelligente Planung entstanden, zu einem absurden naturwissenschaftlichen Schluss führt, nämlich zu einer viel zu geringen Entstehungswahrscheinlichkeit.

Im Fall des starken anthropischen Prinzips lautet das Argument, dass die Annahme, die uns bekannten Naturkonstanten hätten ohne eine kosmische Zweck- und Zielbestimmung die Größen, die sie haben, zu einem absurden ontologischen Schluss führt, nämlich zu krasser Unwahrscheinlichkeit. An diesem Punkt hört die Ähnlichkeit allerdings schon wieder auf. Denn im Fall von „intelligent design" lässt sich wie oben innerwissenschaftlich argumentieren, dass die Wahrscheinlichkeit für das evolutionäre Entstehen komplexer Merkmale von Lebewesen bei weitem hoch genug ist. Es geht um Statistik und Wahrscheinlichkeitsrechnung. Im Fall des starken anthropischen Prinzips geht es um die Anfangsbedingungen jedes Naturablaufs und seiner Beobachtung durch intelligente Wesen überhaupt. Über deren statistische oder gesetzmäßige Wahrscheinlichkeit, oder wie wahrscheinlich andere „Sets" sind, lässt sich vermutlich keine naturwissenschaftliche Aussage machen. Schließlich bilden sie die Bedingungen der Möglichkeit, überhaupt Naturwissenschaft zu betreiben, einschließlich unserer eigenen Existenz als forschende Wesen. Das heißt, das starke anthropische Prinzip ist (trotz vieler Ansätze in der theoretischen Physik) letztlich wohl nicht naturwissenschaftlich prüfbar. Zufalls- und Wahrscheinlichkeitsbegriff helfen nicht weiter, denn sie lassen sich nur innerwissenschaftlich bzw. mathematisch definieren. Was soll ein „Zufall" naturphilosophisch sein? Er ist nur eine andere Formulierung für Naturphänomene, deren kausale Bedingungen wir nicht kennen. Wir haben es mit einer Reduktion nicht auf das Unwahrscheinliche im naturwissenschaftlichen Sinn zu tun, sondern auf das subjektiv Unplausible: Es erscheint uns nicht plausibel, dass die Naturkonstanten ohne planende und ausrichtende Absicht so sind, wie sie sind.

> „Für einen Atheisten erscheint es die plausibelste Erklärung für ein Universum zu sein, in der wir als Beobachter existieren, dass wir einfach das Glück (oder Unglück) hatten, dass die dafür nötigen Bedingungen erfüllt sind. Mehr erscheint im Rahmen seines Denkens nicht plausibel. Für einen Christen erscheint es plausibel, dass die Naturkonstanten deshalb so fein austariert sind, wie sie sind, weil dadurch der Wille Gottes erfüllt wird."

Aber das Urteil der Plausibilität hat etwas Rückbezügliches an sich. Was mir im Einzelfall plausibel erscheint, hängt davon ab, was mir ansonsten plausibel erscheint, das heißt von der Gesamtheit des „Gedachten". Für einen Atheisten erscheint es die plausibelste Erklärung für ein Universum zu sein, in der wir als Beobachter existieren, dass wir einfach das Glück (oder Unglück) hatten, dass die dafür nötigen Bedingungen erfüllt sind. Mehr erscheint im Rahmen seines Denkens nicht plausibel.

Für einen Christen erscheint es plausibel, dass die Naturkonstanten deshalb so fein austariert sind, wie sie sind, weil dadurch der Wille Gottes erfüllt wird.

Wenn wir die „Lebensfreundlichkeit" der Naturkonstanten teleologisch oder christlich als Schöpfung interpretieren, tun wir dies aus naturphilosophischen oder religiösen Gründen. Wir haben keinen intersubjektiven Maßstab dafür, wie plausibel eine teleologische oder ateleologische Deutung dessen ist, was in Bezug auf die Naturkonstanten der Fall ist. Wir können nicht vergleichen, wir kennen nur den einen Kosmos. Wir wissen zwar, dass wir auch diesen einen Kosmos nur kennen, weil die Naturkonstanten so sind, wie sie sind. Unter anderen Bedingungen gäbe es kein erkennendes Subjekt.

> **„Was für ein Gott wäre das, den wir mit Hilfe unseres Denkens schlüssig beweisen könnten?"**

Das schwache anthropische Prinzip ist daher zwar richtig, aber mehr oder weniger selbstverständlich. Das starke anthropische Prinzip ist zwar ebenfalls nicht tautologisch, sofern man es teleologisch oder religiös deutet, aber nicht logisch zwingend. Es liefert mögliche Deutungen des Kosmos neben anderen, die ebenso möglich sind. Denn das Argument der Implausibilität kann nie mehr als subjektiv plausibel sein. Einen Gottesbeweis aus der Natur liefert uns das anthropische Prinzip deshalb nicht. Das wäre, wie schon gesagt, theologisch auch gar nicht wünschenswert. Denn was für ein Gott wäre das, den wir mit Hilfe unseres Denkens schlüssig beweisen könnten?

Zufall oder Schöpfung?

Der Kampfruf des Kreationismus „Zufall oder Schöpfung" verlangt eine Entscheidung, die eigentlich keine ist. Denn dabei wird mit einem absoluten oder „reinen" Zufallsbegriff operiert, der weder in der Naturwissenschaft noch in der Theologie, noch im Alltag Sinn macht.

„Der schwer verletzte Autofahrer wurde gerettet, weil zufällig ein ausgebildeter Sanitäter zum Unfallort kam. Hätte der Verletzte auf den Notarztwagen warten müssen, wäre er gestorben."
So steht es in der Zeitung. Am nächsten Sonntag wird in der Kirche ein Dankgebet dafür gesprochen, dass Gott den Mann vor dem Tod bewahrt hat. Ist das Heuchelei? Keineswegs, denn der umgangssprachliche Begriff „zufällig" bezeichnet in dem Beispiel einen subjektiven Zufall, nämlich dass es für das Zusammentreffen des Unfalls mit der Fahrt des Sanitäters keine Kausalerklärung gibt. Als Christ muss man deswegen nicht annehmen, dass die Fahrt des Sanitäters zu genau diesem Zeitpunkt auf genau dieser Strecke an sich unerklärlich war. Man braucht keine Lücke in der Kausalerklärung, um die Rettung als Willen Gottes zu deuten. Ein Atheist darf ebenso annehmen, dass Gott nicht bei der Rettung mitwirkte, obwohl er wie der Christ für diese Fahrt keine Kausalerklärung geben kann. Er braucht die Lückenlosigkeit der Kausalkette nicht zu demonstrieren, um seinen Atheismus zu beweisen.

Weder eine Lücke noch Lückenlosigkeit im Kausalgeschehen lassen sich feststellen, da es sich um ein prinzipiell unvorhersehbares Ereignis handelt. Die Fahrt des Sanitäters mag zwar erklärbare Ursachen haben, die Ursachen, warum der Autofahrer genau dort und dann einen Unfall hatte, mögen ebenso erklärbar sein. Warum aber beide Ursachenketten zusammenkamen, können wir nicht weiter ergründen, weil sie sich im Rahmen menschlichen Wissens nicht auf einer höheren System- oder Beschreibungsebene zusammenfügen lassen. Dazu müssten die beiden individuellen Lebensgeschichten bis in ihre täglichen Details als kausale Folgen geschichtlicher und sozialer Kräfte erklärt werden. Ein solches Unternehmen überschreitet die Möglichkeiten menschlicher Empirie nicht nur praktisch, sondern grundsätzlich.[138] Das Handeln Gottes wird aber durch die Begrenzungen menschlicher Erkenntnis nicht behindert.

In der Selektionstheorie bedeutet „zufällig" – soweit das Wort überhaupt etwas bedeutet – nichts anderes als im obigen Beispiel. Eine im Prinzip molekularbiologisch erklärbare Kausalkette führt zur Veränderung genetischer Information, sodass diese Information in unterschiedlichen Versionen existiert. Eine andere Kausalkette, zum Beispiel ökologischer oder biogeographischer Art, führt dazu, dass eine Version ihren Trägern einen Vorteil bietet. Warum diese beiden Kausalketten (besser würde man von Bedingungen und Randbedingungen sprechen) zusammenkommen, wird in der Theorie nicht erklärt und ist in vielen Fällen auch nicht weiter erklärbar. Es handelt sich um einen Ausdruck der Gesamtheit aller irdischen und (vielleicht) kosmischen Naturprozesse, die wir nicht untersuchen können.

Da die Welt aus der Sicht des christlichen Glaubens insgesamt in Gottes Hand liegt und der Geist Gottes ständig in ihr wirkt, spricht nichts dagegen, an Stelle der Formel „Ausdruck des Ganzen" die biblische Formel „Wille Gottes" zu setzen – beim Unfall nicht und in der Stammesgeschichte nicht. Man muss sich nur darüber im Klaren sein, dass man die naturwissenschaftliche Theorie damit weltanschaulich deutet und dass auch andere Deutungen logisch zulässig sind.

Außerdem ist die Richtung des Gedankengangs zu beachten: Wenn wir Gott als den Schöpfer bekennen, erkennen wir die Phylogenese als Ausdruck von Gottes Schöpferwillen. Der Weg ist nicht umkehrbar. Die Betrachtung der Phylogenese als Naturvorgang führt weder zum Schöpfungsglauben noch zu einer anderen Aussage über das Ganze der Welt – auch nicht zum Materialismus. Sie führt lediglich zu einem besseren Verständnis der Phylogenese als Naturvorgang.

Dass die Selektionsvorstellung häufig als Widerspruch zum Schöpfungsglauben verstanden wird, und zwar von Nichtchristen und Christen, beruht darauf, dass sie scheinbar einen plan- und absichtslosen Naturprozess an die Stelle Gottes setzt. In Wirklichkeit liegen die beiden Aussagen nicht auf einer Ebene und können sich nicht widersprechen. Erinnern wir uns an das Beispiel aus dem Vorwort, an die Zeugung eines Kindes. Wir wissen, dass keine irgendwie geartete, empirische Vernunft und kein wissenschaftliches Messverfahren beim Zeugungsvorgang erkennen kann, dass dort der Wille Gottes geschieht. Wenn wir aber nicht einmal dann, wenn es um uns selbst geht und wir direkt beteiligt sind, „mit dem Licht der menschlichen Vernunft erkennen können, dass es einen Schöpfer gibt, der die Welt lenkt" – warum sollte das möglich sein, indem man Makromoleküle zerlegt, Fossilien sammelt und Käfer beobachtet?

Verblüffend ist, dass Schönborn dieses Beispiel selbst anführt: *„Jeder verdankt sein ‚Ich', sein Personsein, dem Schöpfer … Hier sehen wir, wie die ‚sekundären Ursachen' (Darwin) mit dem Wirken des Schöpfers zusammenhängen. Das sind tiefe und geheimnisvolle Zusammenhänge. Und doch: Ist es nicht sinnvoll anzunehmen, dass das auf allen Stufen der Schöpfung geschieht?"* [139]

Es ist sinnvoll, ebendies in richtiger Weise anzunehmen, und es ist schade, dass der Kardinal seiner eigenen Aufforderung nicht konsequent nachkommt. Denn ein Glaube, der sich gegen die Wissenschaft wendet, ist ein Glaube, der sich selbst missversteht. Allerdings ist eine Wissenschaft, die den Schöpfungsglauben als solchen und in jedweder Form widerlegen zu können meint, ebenfalls ein Fall einer sich selbst missverstehenden Welterkenntnis. Beide sind sich ähnlicher als sie es selbst wissen, weil sie beide nicht im Stande oder willens sind, eine offene Frage offenzuhalten und eine unausweichliche, existenzielle Entscheidung als unausweichlich anzuerkennen. Sie wollen das Ganze der Wirklichkeit einschließlich Gott, Mensch und Welt als Ganzes in ihrem Kopf abbilden – doch dafür sind drei Pfund neuronales Gewebe nun einmal keine hinreichende Grundlage.

Aus der Sicht des Glaubens sind die Positionen sich ähnlich, weil sie beide die unerforschliche Größe des Schöpfergottes auf das reduzieren, was sie in Sätzen menschlicher Sprache denken können – die einen, um den klein gedachten Gott als unnötigen Zusatz aus ihrem Weltbild zu eliminieren, die anderen, um den klein gedachten Gott in ihr Weltbild einbauen zu können.

Das Schöpfungshandeln Gottes bleibt jedoch der alltäglichen und der wissenschaftlichen Vernunft verborgen, weil es zu groß und zu umfassend ist und weil unsere Vernunft selbst eine Schöpfungsgabe ist und nicht aus dieser Schöpfung heraustreten kann, um sie von außen zu betrachten.

Zufall oder Schöpfung? Wenn ich nicht nach fernen Lebenswelten und riesigen Zeiträumen frage, sondern wenn ich nach meiner eigenen Existenz frage, erweist sich, dass beides gleichzeitig richtig sein kann, ja für den glaubenden Menschen richtig sein muss. Meine Existenz ist naturwissenschaftlich nicht vorhersagbar und nicht erklärbar. Meine Existenz geht aus Gottes Schöpferwillen hervor. Auch der Kosmos, die Erde und die Lebewesen sind in ihrer Einzigartigkeit von Gott gewollt. Das zu glauben, ist nicht schwieriger – aber ebenso kühn und ebenso befreiend – als zu glauben, dass ich selbst von Gott gewollt bin und mich Kind Gottes nennen kann.

Das Unverständlichste am Universum ist,
dass man es verstehen kann.

Albert Einstein

WISSENSCHAFT UND IDEOLOGIE

Alltägliche Ideologie

Im vorigen Kapitel wurde argumentiert, dass die Idee eines Intelligenten Designs der Lebewesen nicht zu einer naturwissenschaftlichen Hypothese führt. Denn Naturwissenschaft kann nur immanente „Wirkursachen" berücksichtigen, nicht aber transzendente „Zweckursachen", die einer Absicht oder einem Plan entspringen und die auf ein Ziel hin angelegt sind. Was die Methode der Forschung angeht, ist dies so. Auch die Ergebnisse der Naturwissenschaft im strikten Sinn, nämlich Formeln und Theorien, sind frei von „Zweckursachen". Aber für wissenschaftliche Ergebnisse im weiteren Sinn gilt das ganz offensichtlich nicht, noch viel weniger für das „wissenschaftliche Weltbild". In einem mehr als 50 Jahre alten Kosmos-Band der Gesellschaft der Naturfreunde zum Thema „Farbensehen der Tiere" heißt es: *„Für die meisten Menschen ist es schwierig, sich zu der Erkenntnis durchzuringen, dass vielleicht das Schönste, was uns die Natur an Farben schenkt, die tausendfältige Pracht der Blumen, nicht für uns geschaffen ist, sondern für ganz andere Geschöpfe, für die Insekten. Gäbe es keine Insekten auf der Welt, sondern nur Wirbeltiere und Menschen, so wäre mindestens in unseren Breiten die sommerliche Wiese so grün wie der Wald, auch*

würde weder der Flieder blühen noch die Kastanie ihre leuchtenden
Kerzen im Grün der Blätter verteilen. Zwischen Blumen und Insek-
ten aber besteht seit uralten Zeiten eine engste Lebensgemeinschaft.
Die Blumen schenken den Insekten den köstlichen Nektar und dafür
vollziehen sie an der Blume die lebenswichtige Bestäubung."[140]
Der 1964 verstorbene Zoologe Wolfgang von Buddenbrock wäre
überrascht gewesen, hätte man ihm vorgehalten, dass der Inhalt dieser blumenreichen Ausführungen, bis auf den letzten Satz, kein biologischer ist. Wofür die Blumen geschaffen sind, ob zur Nahrung für
Insekten oder zur Freude der Menschen (oder, was aus der Sicht des
Schöpfungsglaubens wahrscheinlich ist, für beides und noch viel
mehr), kann die Biologie nicht sagen, denn das wäre eine klassische
Zweckaussage. Sie kann etwas darüber sagen, wie die Blumen entstanden sind, nämlich in der Tat durch eine lang andauernde Symbi-
ose (Lebensgemeinschaft) mit bestäubenden Insekten, in den Tropen
auch mit Vögeln und Fledermäusen. Die Biologie kann daher feststellen, dass solche Blüten die ökologische Funktion haben, Bestäu-
ber anzulocken. Aber das ist eine Beschreibung von Wirkursachen in
der Synökologie der Blütenpflanzen (so nennt man fachlich die Beziehungen zwischen verschiedenen Spezies).

Wenn dagegen Jesus im Gleichnis davon spricht, dass Gott die
Lilien auf dem Feld prächtig gekleidet hat, spricht er nicht von solchen Wirkursachen, sondern deutet deren Effekt in einem größeren
Zusammenhang jenseits naturwissenschaftlichen Wissens. Aus welchem Protokollsatz oder aus welcher Theorie will der Biologe etwas
über Gottes Absichten entnehmen?

Nun könnte man beschwichtigend einwenden, dass es sich lediglich um eine populäre, vermenschlichende Art des Redens handelt,
nicht um eine wirkliche Grenzüberschreitung in Richtung einer Sinndeutung der Natur. Aber das stimmt so nicht. Vermenschlichend ist
die Formulierung, dass die Blumen den Insekten ihren köstlichen
Nektar schenken. Das kann man in einem Kosmos-Band als populären Stil durchgehen lassen. Die Belehrung, dass es falsch sei zu glau-

ben, die Blumen seien zur Freude des Menschen geschaffen, und dass man diese Überzeugung auf Grund naturwissenschaftlichen Wissens aufzugeben habe, selbst gegen innere Widerstände, ist viel mehr als ein Stilmittel. Sie vermengt naturwissenschaftliches Wissen und Sinndeutung in einer Weise, die leider nur allzu üblich ist: Zahllose Massenmedien streuen immer wieder die Information, dass Mensch und Schimpanse je nach Messmethode rund 98% ihres genetischen Codes gemeinsam haben. Molekularbiologisch ist das korrekt. Dass Mensch und Schimpanse (in evolutionären Zeiträumen) vor nicht allzu langer Zeit einen gemeinsamen Vorfahren hatten, darf man daraus schließen. Der gemeinsame Vorfahre von Schimpansen und zum Beispiel den Berberaffen lebte wesentlich früher. Aber was sagt uns das über die Ähnlichkeiten und Unterschiede zwischen Mensch und Schimpanse? Die Frage ist weder evolutionsbiologisch noch entwicklungsbiologisch leicht zu beantworten, denn der bloße Zeitablauf ist kein Maß für Ähnlichkeit von Körperbau und Verhalten – noch weniger die Zahl identischer DNA-Sequenzen.

> „Der Mensch teilt 80% seines Genoms mit Mäusen, 40% mit grünem Salat. Trotzdem kommt niemand auf die Idee zu behaupten, das Wesen des Menschen sei dreiviertel Nagetier oder knapp die Hälfte Grünzeug."

National Geographic wies ehrlicherweise in einer Schimpansen-Reportage mit dem Titel „Fast menschlich" darauf hin, dass wir rund 80% unseres Genoms mit Mäusen teilen und immer noch 40% mit grünem Salat.[141] Dennoch kommt niemand aus genetischen Gründen auf die Idee, dass wir als Menschen zu 80% Prozent nur Nagetiere und immer noch zu 40% unseres Wesens Salat seien.

Alle höheren Lebewesen, die aus Zellen aufgebaut sind, haben einen Teil ihrer Erbinformation deswegen gemeinsam, weil ihnen Grundstruktur und Grundfunktionen der Zellen gemeinsam sind. Alle Wirbeltiere haben weitere Gemeinsamkeiten, alle Säugetiere noch mehr, alle Primaten noch einige mehr und so weiter. Wenn man verstehen will, was den Menschen von seinen nächsten Verwandten, den Schimpansen und Bonobos, in Körperbau und Verhalten unterscheidet, helfen diejenigen genetischen Informationen nicht weiter, die Mensch und Schimpanse sowieso mit allen anderen Primaten und sogar mit allen Säugetieren teilen, auch wenn sie 95 % und mehr des Genoms ausmachen. Denn die Unterschiede konzentrieren sich, was den Körperbau angeht, auf einige wenige, aber sehr wichtige Veränderungen von Skelett und Muskulatur. Biologisch entscheidend ist die massive Vergrößerung des Gehirns in der Evolution des Menschen, die eine ganze Reihe anderer Veränderungen nach sich zog, zum Beispiel der Kindheits- und Jugendentwicklung.

Wie lange eine solche Veränderung in der Evolution von Primaten dauern muss und wie viel genetische Information dafür verändert werden muss, ist nicht einfach zu sagen. Viel muss es nicht unbedingt sein, denn nicht alle schnellen und tief greifenden Umbauten schlagen sich in stark veränderten DNA-Sequenzen nieder. Wenn sich zum Beispiel die genetische Regulation von Entwicklungsschritten ändert, können große Unterschiede mit relativ wenig molekularen Veränderungen einhergehen.

Aber solche naturwissenschaftlichen Fragen interessieren die Massenmedien nicht. Sie meinen zu wissen, was der genetische Befund bedeutet, nämlich dass wir nichts als intellektuell aufgerüstete Tiere sind und andere Menschenbilder „unwissenschaftlich" sind. Das ist die Botschaft, die uns durch die Medienpropaganda erreicht. Sie ist – genau wie das blumige Beispiel oben – pure Weltanschauung oder, abfälliger ausgedrückt, pure Ideologie. Frank Vogelsang hat deshalb Recht, wenn er feststellt, dass problematische Grenzüberschreitungen der Naturwissenschaft die Regel sind.[142]
„Nicht wenige Naturwissenschaftler lassen sich zu Aussagen hin-

*reißen, die in keiner Weise mehr von ihrem Fachgebiet abgedeckt
sind. So wird etwa behauptet, dass Leben einzig und allein biologisch beschrieben werden könne und deshalb die Evolutionstheorie
eine vollgültige Beschreibung des Lebens lieferte. ... Solche Über-
schreitungen finden da statt, wo eine wissenschaftliche Erkenntnis in
der Form ‚Etwas ist nichts als‘ verallgemeinert wird. Es ist lediglich
eine Behauptung, keine wissenschaftliche Aussage, dass die Entwicklung allen Lebens in unserer Welt durch nichts anderes zu beschreiben sei als das Zusammenwirken von Selektion und Mutation.“*

Nicht alle Naturwissenschaftler, die sich derart hinreißen lassen,
sind Atheisten. Sie verwandeln aber alle eine naturwissenschaftliche
Erkenntnis in eine Sinngeschichte und in ein Weltbild. Das „wissenschaftliche Weltbild“ lebt von solchen Grenzüberschreitungen, und
aus der Evolutionstheorie kann man besonders gute Geschichten machen.

Schon die Besetzung ist beeindruckend: Riesige, gepanzerte Glie-
derfüßler im Meer, als es auf der trockenen Erde noch gar kein Leben
gab, armlange, fliegende Libellen in Karbonwäldern, Dinosaurier,
Riesennashörner und Mammuts, und natürlich die Vor- und Urmen-
schen. Die Geschichten folgen einem gewaltigen Spannungsbogen
zwischen Aufstieg, Triumph und Untergang. Erinnert das Schicksal
der Dinosaurier, wie es die Paläontologie erzählt, nicht an eine grie-
chische Tragödie, einschließlich des jähen, tragischen Sturzes der
Mächtigen am Schluss des Stücks? Unsere eigenen Vorfahren geben
großartige Helden von Abenteuergeschichten ab, mit ihnen fühlen
wir noch mehr mit als mit Tyrannosaurus rex. Wer die englische
Filmserie der BBC „Walking with Cavemen“ gesehen hat, wird sich
an das Pathos der aufeinander aufbauenden Heldengeschichten erinnern: Wie die Australopithecinen dem trockenen und kargen Klima
in Afrika trotzten, indem sie sich durch aufrechten Gang und Werk-
zeuggebrauch anpassten, wie Homo ergaster in Afrika fast ausstarb,
bevor Homo sapiens überhaupt entstehen konnte, und wie doch einige wenige Sippen überlebten, um zum modernen Menschen zu

werden, wie der Neandertaler, vom modernen Menschen bedrängt, in Europa einen langen und einsamen Todeskampf kämpfte, bis die Letzten seiner Art in Spanien ihr heroisches Ende fanden. Es sind großartige Geschichten, die uns zusprechen, dass wir biologische Helden sind, die gegen größte Widerstände überlebten und zu Siegern wurden. Kein „lone rider" in einem Western kann mit den Evolutionsgeschichten konkurrieren, was Spannung und Größe angeht. Und natürlich ist etwas Wahres daran. Wir sind Nachkommen von Siegern, von Geschöpfen, die sich immer wieder an veränderte Umweltbedingungen anpassen konnten, denn sonst hätte es keine Nachkommen gegeben.

Aber was bedeutet das? Wie auch immer wir die Frage beantworten, eine biologische Antwort kann es nicht sein.

Wissen und Glauben

Aus der Allgegenwart von naturalistischen „Wissenschaftsgeschichten" lernen wir immerhin eines: Der Glaube an die Autorität der Naturwissenschaft und ihre Segensmacht mag zerfallen sein, wie im Kapitel Bibeltext und Weltwissen geschildert. Der Glaube an das menschliche Wissen an sich ist es nicht. Vielmehr wuchern die Geltungsansprüche aller möglicher selbsternannter Wissender nur umso ungehemmter, seit sie nicht mehr von der „Kunst des Zweifelns" der Naturwissenschaftler in Schach gehalten werden. Das gilt für simple materialistische Welterklärungen im Stil von „Spiegel" und „Focus", das gilt für zahllose Esoteriker, die Weltgeheimnisse lüften, und Kommentare in Tageszeitungen, die kritische Nachfragen nicht mehr zu befürchten haben, woher sie denn all das wissen, was sie zu wissen meinen.

Dem schrillen, widersprüchlichen Angebot der Sinnagenturen steht eine unglaubliche Leichtgläubigkeit der Informationskonsumenten gegenüber, oder vielleicht eher eine Sehnsucht, tragfähige Antworten auf Lebensfragen zu finden, ohne ein Instrument in der Hand zu haben, um Sinn von Unsinn zu unterscheiden. Naturwissenschaftler sind keine Ausnahmen, auch sie gelangen oft mit großer Schnelligkeit von der Desorientierung zur Scheinorientierung, auch sie pflegen die „Kunst des Zweifelns" häufig nicht mehr. Daher muss man Ulrich Kutschera teilweise zustimmen: *„Von einer ,neuen Ära (der Vernunft)' kann somit nicht die Rede sein. Diese wird wohl niemals eintreten, da die Mehrheit der Menschen irrationale Mythen zur Befriedigung des ,metaphysischen Bedürfnisses' benötigt (A. Schopenhauer). Hierzu zählen u.a. die biblischen Dogmen, aber auch andere, nicht religiöse Glaubensinhalte."*[143]

> **„Dem schrillen, widersprüchlichen Angebot der Sinnagenturen steht eine unglaubliche Leichtgläubigkeit der Informationskonsumenten gegenüber, oder vielleicht eher eine Sehnsucht, tragfähige Antworten auf Lebensfragen zu finden."**

Richtig ist, dass praktisch alle Menschen ein Bedürfnis nach einer umfassenden Existenzdeutung haben. Naturwissenschaftler produzieren deshalb ihre eigenen „Mythen", wie wir gesehen haben. Diese Existenzdeutungen durchweg als irrational zu bezeichnen, ist allerdings irreführend. Denn auch der Agnostizismus und der Atheismus gehören zu den Existenzdeutungen, die insofern „irrational" sind, als sie mit den Mitteln wissenschaftlicher Rationalität ebenso wenig zu beweisen oder zu widerlegen sind wie die „biblischen Dogmen".

Kutschera ist Naturalist und hat seine eigene Existenzdeutung. Für ihn ist klar, dass Naturwissenschaft identisch mit Vernunft ist und alle übrigen Formen des Erkennens und Redens unvernünftig sind.[144] Man kann dieser Überzeugung sein, man kann sie aber nicht durch naturwissenschaftliche Forschung beweisen. Außerdem handelt man sich damit ein erkenntnistheoretisches Problem ein. Denn die naturalistischen Mythen erzählen davon, dass nicht nur unser Gehirn als Organ, sondern auch die Grundzüge seiner Weltsicht auf Grund ihrer Nützlichkeit in der Evolution entstanden seien, sodass unser Denken prinzipiell keine absolute Wahrheit beanspruchen könne. Es ist „nichts als" Produkt eines in der Evolution entstandenen Organs.

> „Praktisch alle Menschen haben ein Bedürfnis nach einer umfassenden Existenzdeutung. Naturwissenschaftler produzieren deshalb ihre eigenen ‚Mythen'."

Das gilt – so diese Mythen – vor allem für religiöse Ideen. Aber doch hoffentlich auch für wissenschaftliche und pseudowissenschaftliche Ideen? Denn die bringt unser Gehirn ebenso hervor wie alles andere, was wir denken. Davon sprechen die Evolutionsgeschichten aber nicht. Die Evolution unseres Gehirns und Verhaltens scheint vor allem diejenigen Überzeugungen hervorgebracht zu haben, die mit dem Naturalismus nicht übereinstimmen und die mit einer liberalen Lebensorientierung kollidieren. Die Vorstellung ehelicher Treue lässt sich, so liest man, nur als evolutionärer Winkelzug weiblicher Gene im Rahmen der sexuellen Selektion erklären. Die Vorstellung, freizügiger Sex sei richtig und dürfe praktiziert werden, ist anscheinend ein höheres Kulturprodukt. Auch Gott ist ein Produkt sozialer Überlebensstrategien, der Atheismus aber nicht. Er ist eine Errungenschaft menschlicher Vernunft, die an diesem Punkt unerklärlicherweise doch imstande ist, anstatt überlebenstauglicher Ideen so etwas wie eine gültige Wahrheit zu produzieren.[145]

Da wird uns zuerst mitgeteilt, der Mensch sei nichts anderes als ein Naturwesen, und seine intellektuellen Fähigkeiten seien deshalb ein Produkt einer evolutionären „Komplexifizierung" der neuronalen Datenverarbeitung im Stammbaum der Säugetiere. Dann aber beruft man sich auf ebendiese immanente Vernunft als eine Quelle unbestreitbarer Erkenntnis. Die guten Geschichtenerzähler sind meist keine guten Agnostiker. Sonst würden sie den unausweichlichen Schluss ziehen, dass Menschen (in ihrem Bild vom Menschen) prinzipiell nichts erkennen außer dem, was für ihr biologisches Funktionieren im weitesten Sinn nötig ist. Dann bliebe die Frage nach Gott und Welt jenseits des wissenschaftlichen Erkennens offen.

Aber zu behaupten, der derzeitige Datenbestand im Nervensystem und kollektiven Informationsspeicher eines intellektuell hypertrophierten Primaten sei ein Beweis dafür, dass es in der Realität nichts gibt, als was in diesem Datenbestand abgelegt ist – das ist nur noch absurd.

Der redliche Glaube, der über sich selbst nachdenkt, braucht den redlichen Unglauben als Gesprächspartner und Korrektiv. Die „Wissenschaftsgeschichten" und die Vermengung von Wissenschaft und Sinngebung bringen beiden Seiten letztlich nichts – oder nichts als Verwirrung. Christen haben allen Grund, an die materialistischen, agnostischen und religiös gleichgültigen Naturwissenschaftler zu appellieren, die Selbsttäuschungen des Zeitgeists hinter sich zu lassen und zu dem zu stehen, was sie glauben, sei es auch die Nichtexistenz Gottes. Es gibt nämlich eine wichtige Übereinstimmung zwischen dem agnostischen und dem christlichen Menschenbild: Das Ganze der Welt, das Ganze der Existenz ist aus beiden Perspektiven ein nicht aufzulösendes Geheimnis. Darin sind sich agnostische und christliche Naturwissenschaftler gegen Esoteriker und Ideologen und sonstige Alles-Erklärer mehr oder weniger einig.

Das menschliche Gehirn ist ein wunderbares Instrument und in erstaunlichem Maß imstande, im Informationspool der menschlichen Kultur ein Bild der sinnlich erfahrbaren Welt und ihrer inneren Zusammenhänge zu reproduzieren, das enormes Wissen und enorme Macht verleiht. Aber das Bild ist nicht die Welt, es ist auch kein Bild der ganzen Welt und der ganzen Existenz und kann es nicht sein – das folgt aus eben dem Wissen, das die Menschheit angehäuft hat.

Religiöse und unreligiöse Wissenschaftler unterscheiden sich in ihrer Antwort auf die Frage, ob es realistische Erkenntnis über die wissenschaftliche Vernunft hinaus gibt. Entweder gibt es über den Sinn hinaus, den wir selbst mit unseren menschlichen Mitteln produzieren, keinen Sinn zu finden und keine Wahrheit auszusprechen. Dann liegt die Größe des Menschseins darin, die Absurdität seiner Situation (um mit Albert Camus zu sprechen) zu akzeptieren und Sinn so weit zu schaffen, wie es dem Menschen gegeben ist. Oder wir hören von jenseits des Wissbaren eine Stimme, die zu uns von einem Sinn unserer Existenz spricht, den wir selbst nicht erkennen können. Man kann eine solche Stimme – und Religion ist nichts anderes – für ein evolutionäres Produkt oder (psychologisiert man lieber anstatt zu biologisieren) ein psychisches Produkt menschlicher Schwäche halten und sie entsprechend als Teil der erkennbaren Wirklichkeit des Menschen verrechnen.

Man mag sich anders entscheiden und darauf vertrauen, dass sich der Urgrund der Welt der Menschheit selbst enthüllt. Diese Hoffnung überschreitet das, was vernünftig bewiesen werden kann. Aber sie bleibt nicht hinter dem zurück, was vernünftig bewiesen werden kann.

Dieser Unterschied ist wichtig. Man kann den Weg über das Gewusste hinausgehen, oder man kann diesen Weg für eine Täuschung halten. Man kann diese Entscheidung aber nicht selbst wissenschaftlich begründen wollen. Sie fällt nicht auf Grund logischer Argumente und Schlüsse. Was beweist es schon, dass unser Gehirn Produkt einer biologischen Entwicklungsreihe ist und dass seine „Software" in langen Lernprozessen mithilfe von biologisch erklärbaren Vorstrukturen aufgebaut wird? Die Idee eines göttlichen Weltengrunds gehört auch zu dieser Software. Zwar ist sie vermutlich nicht direkt in der Evolution sozialen Verhaltens entstanden, das lässt sich theoretisch kaum nachvollziehen. Aber Vorstrukturen dafür mag es geben, sei es in der Fähigkeit, mit hierarchisch gegliederter Autorität umzugehen, sei es ein Bedarf nach geschlossenen Kausalerklärungen für die Außenwelt. Wenn der Mensch Geschöpf Gottes ist, sind diese Vorstrukturen nach dem Willen des Schöpfers entstanden und tun seinen Willen. Wenn es keinen Willen und kein Ziel im Grund der Welt gibt, dann haben diese Strukturen kein Ziel über das hinaus, sechzig bis achtzig Jahre lang zu funktionieren. Wir können Humanbiologie treiben, bis wir die Funktion jedes einzelnen Neurons erklärt haben, und wir wären der Antwort auf diese Grundfrage damit nicht näher gekommen. Könnten wir uns auf diese Grenzen wissenschaftlicher Welterkenntnis einigen, wäre viel gewonnen.

Allerdings ist es viel verlangt von Atheisten, wenn sie die Pseudoreligion des „wissenschaftlichen Weltbilds" hinter sich lassen und sich auf die einzige Alternative einlassen sollen, die es zur Religion redlicherweise gibt: auf den konsequenten Unglauben, der neben allen anderen existentiellen Hoffnungen über dieses Leben hinaus auch den Glauben an die Wissenschaft und an die Vernunft verwirft. Aber nur diejenigen Atheisten, die sich dieser Herausforderung stellen, können ermessen, was sie umgekehrt von Kreationisten verlangen, die ihre religiöse Vernünftelei aufgeben sollen, um in den weiten Raum existentieller Entscheidung hinaus zu treten. Wenn sie sich selbst dem Geheimnis der Realität verschließen und in einem zusammengezimmerten Sinngebäude wohnen, das sie für die Welt ausgeben, haben sie kein Recht, von Kreationisten mehr Mut zu verlangen.

Die naturalistische Repräsentation der Welt im Gehirn eines Naturwissenschaftlers ist kein besserer Ort, um darin zu wohnen, als die kreationistische Welt des „Glaubens an die Bibel". Nur wer heraustritt aus diesem Gehäuse und sein Weltbild als Produkt erkennt, das er (und die übrige Menschheit) hervorgebracht haben, erreicht die Größe, die der Unglaube haben kann und haben sollte.

Die Glaubenden, diejenigen, die auf die Stimme von jenseits der

Welt hören, haben einen gewissen Vorteil. Diese Stimme sagt uns nämlich, dass wir aus der selbst gemachten Wirklichkeit ausziehen müssen, um auch das Letzte zu erkennen, was für uns erkennbar ist. Gott wohnt nicht in einem Tempel, von Menschen gemacht, lesen wir schon im Alten Testament. Und zwar nicht, weil Gott dem Menschen nicht nahe sein will, sondern weil jeder Tempel zu klein ist. Er wohnt nicht im Satzsystem unserer Welterklärungen, denn auch dieses System ist zu klein für ihn. Die Erde ist der Schemel seiner Füße und der Himmel sein Mantel, und die Kategorien unserer Kognition können nicht mehr sein als eine unzureichende Sprache, derer sich Gott in seiner Liebe bedient, um sich dem Menschen zu nähern.

Exkurs: Der Geist wird gegenständlich

Der Fortschritt der Naturwissenschaft verunsichert den christlichen Glauben, wie bereits im Kapitel Bibeltext und Weltwissen beschrieben, seit der Aufklärungszeit immer von Neuem. Eigentlich liegt heute die wichtigste Herausforderung für das christliche Menschenbild nicht in der Evolutionstheorie und in „Evolutionsgeschichten", sondern in der Gehirnforschung. Sie deckt immer mehr auf, welche zentralnervösen Prozesse religiösen Erfahrungen entsprechen. Seien es die tibetischen Mönche, die im EEG „niedrige Siddhis" demonstrieren, seien es die Forschungen dazu, welche Areale des Neokortex an religiösen Erlebnissen beteiligt sind, so dass Offenbarungen (scheinbar) neurologisch verortet werden.

Der Physiker und Wissenschaftsjournalist Martin Urban[146] konfrontierte Bischof Huber, den Ratsvorsitzenden der EKD, in einem kürzlich publizierten Streitgespräch mit diesem Anspruch: *„Wenn wir neue Beobachtungen machen, die dem, was wir bisher ausgesagt haben, widersprechen, dann müssen wir unser Bild der Welt entspre-*

chend verändern. So läuft die Geschichte der Naturwissenschaften. Die Geschichte der Theologie geht so nicht."[147]

Sein kirchlicher Gesprächspartner bestritt allerdings, dass die Naturwissenschaft überhaupt für ein „Bild der Welt", also für die Deutung der ganzen Wirklichkeit, zuständig sei. Für ein Gespräch mit der Theologie sei es „...*notwendig, von der Vorstellung abzurücken, die Hirnforscher würden erklären, die Theologen aber würden nur deuten, und die Hirnforscher seien deshalb diejenigen, die sagen könnten, wie es wirklich ist...*"

Bischof Huber hatte Recht, als er die falsche Antithese vermied, die ihm sein Gesprächspartner aufzuzwingen versuchte, und die begrenzte methodische Reichweite naturwissenschaftlicher Erkenntnis betonte. Das theologische Mittel gegen naturalistische Ideologien ist Ideologiekritik, nicht eine christliche Gegen-Ideologie. Wenn man die scheinbar empirische Begründung der Menschen- und Naturbilder in Frage stellt, wenn man sie als philosophische (oder auch politische) Projekte erkennt, kann es zu einer fruchtbaren Begegnung zwischen Naturwissenschaft und Glauben auf gleicher Ebene kommen. Solche Begegnungen brachten zwar immer wieder Zweifel hervor, aber auch immer neue Vergewisserungen des Glaubens.

Für die deutsche Theologie, überhaupt für die Geisteswissenschaften, ist die gegenwärtige Entwicklung der Gehirnforschung aber ein besonderes Problem, da die Unterscheidung Immanuel Kants zwischen der Welt der Gegenstände, die von der Naturwissenschaft erforscht wird, und der Welt des Geistes in ihr nachwirkt. Man könnte sagen, dass die Gehirnforschung den Geist zum Gegenstand nicht nur hat, sondern macht. Damit entfällt (zumindest hat es den Anschein) bis auf Weiteres der Dualismus zwischen Natur und Geist, der unsere Kultur nachhaltig prägte und besonders in Deutschland einen Schutzraum markierte, in dem sich das Religiöse gegen Materialismus und Reduktionismus des „wissenschaftlichen Weltbilds" behaupten konnte. Der emeritierte Theologieprofessor Manfred Seitz wies mit Recht darauf hin, dass dieser gedankliche Schutzraum für die Theologie sich nunmehr auflöst und dass deshalb die für die Theologie bisher so unhandliche Schrift Martin Luthers „Dass der freie Wille nichts sei" wieder aktuell werde.[148]

> „Die menschliche Gotteserkenntnis ist auf die Selbstoffenbarung Gottes in die gegenständliche Welt von Sinnen und Gehirn, Kultur und Tradition hinein angewiesen."

Die evolutionäre Betrachtung von Gehirn und Verhalten radikalisiert die Frage nach dem Geist einerseits, weil die Einordnung menschlichen Handelns in tierische Vorstufen (einschließlich Sprache, Logik und Ethik) die „Vergegenständlichung" des Geistes bekräftigt. Auf der anderen Seite führt ebendiese Perspektive auch zu Antworten: Die innere Wirklichkeit des Glaubens an Gott kann eine Entsprechung in der Realität haben, ebenso wie der inneren Wirklichkeit des Herrn Müller, der als Bild in meinem Großhirn lebt (und vielleicht über andere Gehirnbereiche mit einigen Emotionen assoziiert ist), eine äußere Existenz entspricht. Allerdings kann ich einen Herrn Müller auch fantasieren, so dass seine innere Existenz über seine äußere Entsprechung erst einmal nichts aussagt.

Menschliche Sinne und Gehirne sind darauf angelegt, etwas von einem anderen Menschen zu erkennen und in ihr inneres Modell der Welt zu überführen, da dessen äußere Existenz ihrer eigenen wesensgleich ist. Gottes Wesen, wie es außerhalb unseres Gottesbildes ist, liegt jedoch auf einer gänzlich anderen Ebene der Wirklichkeit. Daher ist die menschliche Gotteserkenntnis auf die Selbstoffenbarung Gottes in die gegenständliche Welt von Sinnen und Gehirn, Kultur und Tradition hinein angewiesen. Christen haben über viele Jahrhunderte auch angenommen, dass auf der geschaffenen Welt, die wir mit Sinnen und Gehirnen erkennen, bereits der Schatten der Offenbarung liegt. Das Buch der Bücher, das von der Selbstoffenbarung

Gottes in der Heilsgeschichte spricht, ist nicht einziger und unkommentierter Grund unserer Gotteserfahrung. Daneben begegnet uns, so sagt dieser alte Gedanke, im „Buch der Natur" eine „revelatio generalis", Gott offenbart sich auch in seinen Werken. Für die protestantische Theologie ist dieser Gedanke allerdings schwierig, wenn nicht anstößig. Dazu im Kapitel Perspektiven für das Gespräch mit der Naturwissenschaft mehr.

Was beweist der Erfolg der Naturwissenschaft?

Im Gespräch zwischen Naturwissenschaft und christlichem Glauben geht es nicht in erster Linie um die Inhalte naturwissenschaftlicher Erkenntnis, sondern um den Stellenwert, um die Tragweite dieser Erkenntnis. Um diesen Unterschied deutlich zu machen, wird oft ein methodischer Naturalismus als Bedingung der Möglichkeit, Naturwissenschaft zu betreiben, von einem ontologischen Naturalismus unterschieden. Man kann auch von einem schwachen und starken Naturalismus sprechen.

Der Begriff „schwacher Naturalismus" ist aber missverständlich, weil er den Eindruck erweckt, als ob es sich um eine besonders fortschrittliche, ungewöhnliche Art der Naturbetrachtung handelt. Das ist aber keineswegs der Fall. Jede vom Menschen durch Erfahrung erlernte und kulturell tradierte Fähigkeit, die Natur gemäß ihren eigenen Kausalzusammenhängen zu nutzen, beruht auf derselben Methode, vom Jagen und Spurenlesen bis zur Töpferei und Schmiedekunst.

Als die Cro-Magnon-Menschen vor 30 000 Jahren Rentierspuren im Schnee deuteten, taten sie dies unter der Voraussetzung, dass die Spuren nicht von böswilligen Kobolden gefälscht worden waren. Ob sie prinzipiell an Kobolde glaubten oder nicht, spielte dabei keine Rolle. Vermutlich waren die Cro-Magnon-Menschen religiös, das heißt Supranaturalisten, aber sie waren mit Sicherheit auch „schwache Naturalisten". Sie konnten nämlich aus den Spuren nur Schlüsse für ihre Jagdtaktik ziehen, wenn sie sich darauf verließen, dass die Spuren „naturalistisch" entstanden waren. Sie erklärten die Daten (die Spuren im Schnee) mit ihnen bereits bekannten, natürlichen Ursachen, und sie machten, was entscheidend ist, daraus Vorhersagen für die Zukunft. Das taten sie zuversichtlich, denn diese Methode, die Welt kausal zu ordnen, erwies sich immer und immer wieder als erfolgreich. In diesem Sinn gehört der schwache Naturalismus zu den Grundeigenschaften menschlichen Denkens.

Der Unterschied zwischen einem Eiszeitjäger und einem modernen Wissenschaftler besteht lediglich darin, dass Letzterer (gelegentlich) abstrakte methodische Überlegungen anstellt, um die Welt zu ordnen. Martin Neukamm formuliert das Ergebnis knapp und klar im Sinn eines „hypothetischen Realismus", wenn er schreibt, diese Methodik setze „... z.B. die Annahme voraus, dass es eine Welt gibt, die nicht nur der Einbildung unserer Gehirne entspringt, die in Teilen als solche erkannt bzw. durch Theorienbildung (hypothetisch-deduktiv) erschlossen werden kann und dass die Gewinnung empirischer Daten keiner willkürlichen supranaturalistischen Manipulation unterliegt."[149]

Einen starken Naturalismus setzt diese Methode aber nicht voraus. Weil sie funktioniert, ist der Kosmos nicht notwendigerweise „... kausal strukturiert und in sich abgeschlossen, das heißt alle Phänomene können gesetzmäßig und auf der Basis weltimmanenter (natürlicher) Prinzipien und Mechanismen ... beschrieben und erklärt werden."

So definiert Sukopp den starken Naturalismus. Alle anderen, damit ausgeschlossenen Beschreibungen und Erklärungen von Phänomenen werden im Gegensatz dazu als supranaturalistisch oder transzendent definiert.[150]

Aus dem Erfolg der Naturwissenschaft folgt der starke Naturalismus jedoch nicht. Wenn der „hypothetische Realismus" ungefähr wie oben skizziert die notwendigen Bedingungen für diesen Erfolg nennt, vor allem die Regelhaftigkeit oder kausale Ordnung des Naturgeschehens, dann lässt sich in einem zweiten Schritt fragen, welche Weltanschauung mit diesen Prämissen verträglich ist. Das ist offensichtlich nicht nur der starke Naturalismus. Die biblische Schöpfungstheologie erfüllt diese Bedingungen zum Beispiel ebenfalls, ebenso die buddhistische Philosophie des Theravada (mit einigen Parallelen zum kausalen Denken der Naturwissenschaft in der Vorstellung vom „bedingten Entstehen") usw. Für Galilei und Kepler leitete sich die empirische Methode aus dem Schöpfungsdenken ab, ebenso für Francis Bacon.

Auch in ihrem Fall ist ein Umkehrschluss nicht erlaubt, ihr wissenschaftlicher Erfolg beweist den Schöpfungsglauben von Galilei, Kepler oder Bacon nicht. Aber der Umkehrschluss wäre nicht falscher (sondern nur ebenso falsch) wie der in Richtung eines starken Naturalismus. Auch das von Richard Dawkins benutzte Argument, der ontologische Naturalismus sei im Sinn von „Ockhams Rasiermesser" einfacher als religiöse oder idealistische oder buddhistische oder stoische oder irgendwelche anderen Ontologien und sei deshalb plausibler, ist nicht haltbar. „Ockhams Razor" ist ein Kriterium zur Unterscheidung naturwissenschaftlicher Hypothesen, nicht für die weltanschauliche Diskussion, und steht selbst in der Naturwissenschaft auf schwachen Beinen.

Der Naturalismus ist genauso plausibel oder unplausibel wie jede andere Ontologie, die das zu Erklärende (die Regelhaftigkeit der Natur und das Funktionieren der naturwissenschaftlichen Methode) mit ihren Mitteln erklärt.

Das Argument, dass die naturwissenschaftliche Erkenntnismethode funktioniert, hat trotzdem ein hohes Gewicht für unser Weltbild. Aber es bestätigt nicht den Naturalismus, sondern eine kausale Ordnung der Natur. Es widerlegt deshalb nicht den Supranaturalismus oder eine „Transzendenz" in irgendeinem Sinn, sondern ein sogenanntes „intentionales Weltbild" und magisches Denken.

Die Regelhaftigkeit des Naturgeschehens und damit der pragma-
tisch messbare Erfolg der Naturwissenschaft sowie die Abwesenheit
von zahlreichen vorstellbaren Anomalien sind erklärungsbedürftig
und nicht selbstverständlich. Der Naturalismus ist, wie gesagt, eine der möglichen Erklärungen
dafür, der Schöpfungsglauben eine andere.

Diese Überlegungen haben eine weitere Konsequenz. Häufig wird
gesagt, und völlig mit Recht, Theologie und Naturwissenschaft beschäftigten sich mit verschiedenen Ebenen der Wirklichkeit. Sie seien
kategorial unterschiedlich und deswegen nicht zu vermischen. Diese
Aussage ist aber auch missverständlich, so als seien die zu unterschei-
denden Ebenen ontologisch zu verstehen, als sei die Welt tatsächlich
in Seinsebenen einzuteilen, die voneinander getrennt seien. Es gibt
auch eine philosophische Tradition, die genau das versucht. Die
Realität des Weltganzen mag jedoch sein, wie sie will, die kategorial
unterschiedlichen Ebenen von Theologie und Naturwissenschaft
sind erst einmal Erkenntnisebenen. Was wir sicher wissen ist, dass
menschliche Erkenntnis dadurch gewonnen wird, dass Fragen auf
verschiedenen Ebenen unserer Erfahrung und unseres Denkens an
das Weltganze gestellt werden, und dass durch die Art des Fragens
die Antworten in verschiedene Kategorien fallen.

Ob den Erkenntnisebenen auch Seinsebenen entsprechen, und
wenn ja welche, wissen wir nicht auf Grund wissenschaftlichen Forschens und können es nicht wissen, denn jeder menschliche Erkennt-
nisvorgang reduziert die Realität auf das mit menschlichen Erkenntnismethoden Wissbare. Von daher ist die Ausweitung unseres
Naturwissens zu einer Weltanschauung immer nur möglich, wenn
andere Erkenntnisse (oder Prämissen) aus anderen Erkenntnisquel-
len zur Naturwissenschaft hinzukommen. Erkenntniskritische Argumente sind deshalb auch keine Argumente für den christlichen Glauben. Selbst im besten Fall bewirken sie nur, dass das Feld der
existentiellen Entscheidung wieder geöffnet wird, das die Ideologien
verneinen.

Als Christen, die davon überzeugt sind, Geschöpfe Gottes zu sein, betrachten wir die menschliche Vernunft kritischer als die meisten Naturalisten. Denn es ist vernünftigerweise zu erwarten, dass ein ewiger, alles Seiende umfangender Gott, der in einem Licht wohnt, „dahin niemand gelangen kann", uns in seinem Tun und Lassen unverständlich bleibt. Ein verstehbarer Gott wäre nicht der Gott der Bibel.

Und fragen wir diese also, die Liebenden,
Nach der Musik, nach der Zukunftsmusik,
Schweigen sie still wohl und lächeln,
doch aus ihren Blicken strahlt Treue,
Treue geübt am alles umfassenden Leben,
Treue geübt am unsterblichen Geist.
Marie Luise Kaschnitz

PERSPEKTIVEN FÜR DAS GESPRÄCH MIT DER NATURWISSENSCHAFT

Verunsicherung und Vergewisserung

Das Ganze der Welt, ihr erster Ursprung, ihr letztes Ziel und ihr Sinn ist kein Gegenstand empirischer Forschung. Daher sind nicht die naturwissenschaftlichen Theorien Widerpart des Glaubens, sondern die atheistischen, naturalistischen oder reduktionistischen Menschen- und Weltbilder. Dass man deren scheinbare Wissenschaftlichkeit argumentativ auflösen kann, wie im letzten Kapitel, ändert an der Wirkung der „Wissenschaftsgeschichten" nur wenig, sowohl an der Propagandawirkung auf religiös Gleichgültige als auch an der abschreckenden Wirkung für Christen. Sie reagieren häufig unkritisch ablehnend auf die Wissenschaft, anstatt auf deren ideologische Deutung: Weil sich Desmond Morris auf die Evolutionstheorie beruft, wenn er den Menschen als „nackten Affen" charakterisiert, muss man die Evolutionstheorie unter Beschuss nehmen, um das christliche Menschenbild zu retten.[151]

Weil sich Edward O. Wilson auf die Soziobiologie beruft, um den Menschen als Marionette seiner Gene darzustellen, muss man die Soziobiologie ablehnen, um die Willensfreiheit zu retten. Weil sich Stephen Hawking auf die Urknalltheorie beruft, um den Schöpfungsglauben zu bezweifeln, muss man als Christ die Urknalltheorie verwerfen. Solche falschen Antithesen schaden der christlichen Botschaft. In der Sendung „Joachim Bublath" konnte man das Schauspiel verfolgen, wie die Vereinfachungen des Kreationismus durch bloße Umkehr der Argumentationsrichtung zu den Vereinfachungen der Religionskritik wurden.[152] Wenn der Glaube sich missbräuchlich auf eine „biblische Schöpfungslehre" beruft, beruft sich der Unglaube ebenso missbräuchlich auf die Biologie. Aber der Fehler in der Grundhaltung verunsicherter Christen gegenüber der Wissenschaft liegt noch tiefer und lässt sich mindestens bis zu den „Fundamentals", wahrscheinlich noch weiter ins 19. Jahrhundert zurückverfolgen:

> **„Die Naturwissenschaft wird grundsätzlich als Problem für den Glauben gesehen mit der stillschweigenden Folgerung, dass die Christenheit ohne moderne Naturwissenschaft besser dran wäre."**

Die Naturwissenschaft wird grundsätzlich als Problem für den Glauben gesehen mit der stillschweigenden Folgerung, dass die Christenheit ohne moderne Naturwissenschaft besser dran wäre.

Die Haltung gegenüber der Wissenschaft ist deshalb abgrenzend und defensiv, nicht offen und offensiv. Man vergisst die Ursprünge der Naturwissenschaft im Schöpfungsglauben, man vergisst, wie oft und wie großartig ihre Ergebnisse den Glauben fruchtbar herausgefordert und gestärkt hatten.

Allerdings sind die Kirchen und ihre Theologen an dieser falschen Haltung mitschuld, weil sie den Gewinn, den sie aus der Naturwissenschaft ziehen könnten, viel zu wenig realisieren. Dirk Evers zitiert Albert Einsteins berühmtes Wort: „Wissenschaft ohne Religion ist lahm, Religion ohne Wissenschaft ist blind."[153]

> „Wissenschaft ohne Religion ist lahm, Religion ohne Wissenschaft ist blind." Albert Einstein

Er wirft der Theologie vor, die physikalischen Erkenntnisse Einsteins zu wenig theologisch aufgegriffen zu haben. Das mag richtig sein. Aber im Vergleich zur Evolutionsbiologie wurde die moderne Physik theologisch viel stärker auf metaphysische Deutungen hin abgefragt – man denke zum Beispiel an das Werk von Karl Heim und an den Dialog zwischen Quantenphysik und Theologie in den sechziger und siebziger Jahren des 20. Jahrhunderts. Den un- und antireligiösen Weltgemälden auf biologischer Grundlage wurden seltener theologische Entwürfe gegenübergestellt.

Um öffentlich wirksam zu werden, muss der Fortschritt christlichen Denkens aber anschaulich werden, präzise zur christlichen Weltanschauung. Denn auch der Materialismus und Naturalismus interpretiert die Theorien der Naturwissenschaft als Weltanschauung, er produziert Bilder und Geschichten, das Bild vom „Zigeuner am Rand des Universums", das Bild vom Kosmos ohne Geist und Sinn, die Geschichte vom Menschen, der sich durch Wissenschaft zum Übermenschen wandeln könne.

Wenn diejenigen, die Natur und Kosmos mit den Augen des Glaubens sehen, keine anderen Bilder und Geschichten anzubieten haben, werden naturalistische Bilder wirksam werden. Betrachten wir die Natur, die uns umgibt und zu der wir selbst gehören, doch wieder einmal so, wie es die ersten Wissenschaftler taten – als ein Buch, in dem etwas über den Menschen und über Gott geschrieben steht. Schönheit, Fülle, Dynamik der Natur und des Schöpfers erschließen sich uns, wenn wir die unendliche Tiefe und Weite des Weltalls betrachten. Die Freude am Kleinsten teilt sich uns mit, wenn wir die winzigen und doch vollkommenen Blüten einer Wolfsmilch beim Wandern am Weg beachten. Das Schwinden des Lichts am Abend, die Stille des Waldes in der Nacht erzählen uns vom Frieden, den Gott schenkt, die „stille Kammer", von der Matthias Claudius im schönsten aller deutschen Abendlieder dichtete, „wo ihr des Tages Jammer verschlafen und vergessen sollt". Sonne, Mond und Sterne, Berge und Bäume, Blumen und Tiere sprechen zu uns auch in der Sprache der Wissenschaft von Gottes Schöpfung.

„Große Erzählungen" gibt es angeblich nicht mehr. Aber das ist die Ansicht weltfremder Geisteswissenschaftler, die sich in ihrem eigenen skeptischen Milieu bewegen und das Weltbild der Mehrheit nicht mehr zur Kenntnis nehmen. Für die meisten modernen Menschen unserer Kultur erzählt die Naturwissenschaft eine große Geschichte, nämlich die Geschichte von der Evolution des Menschen: eine geologisch extrem rasche (für unser Empfinden aber immer noch ungeheuer langsame) Veränderung aufrecht gehender Hominiden hin zu immer intelligenteren und immer kulturfähigeren Vormenschen, schließlich zum Homo sapiens.

Diese Geschichte beruht auf harten Fakten: Der Zeitrahmen von mehreren Millionen Jahren, der Umbau des Skeletts, die Zunahme von Gehirnvolumina, die genetischen Veränderungen, die noch fassbar sind, die immer raffinierteren Artefakte aus Stein, Knochen und (selten) Holz, schließlich der Gebrauch des Feuers, alles ist hervorragend dokumentiert. Aber nur die menschliche Fantasie fügt diese Daten zu einer Geschichte zusammen, zu bewegenden Bildern über unsere eigene Vergangenheit.

Obwohl sich die BBC in ihrer Reihe „Walking with Cavemen" an das gehalten hat, was die Paläoanthropologie zurzeit weiß, ist für jeden Fachmann offensichtlich, dass das alles nicht einmal für ein alltägliches Lebensbild ausreicht, geschweige denn für ein Verständnis dessen, was Homo ergaster oder Homo neanderthalensis dachten und fühlten. Das wird imaginiert (in diesem Fall recht gut), damit ein Film daraus wird. Über Sinn und Ziel des Lebens eines Neandertalers sagt uns diese Geschichte dennoch nichts oder nur das, was der Filmemacher dazu sagen wollte.

Wie passt die große Evolutionsgeschichte zu der anderen großen Geschichte, die in vielfacher Weise von der hebräischen und christlichen Bibel erzählt wird? Sie spricht davon, wie Gott die Welt aus einem Urchaos bildete, wie eine göttliche Vernunft in der Ordnung der Schöpfung wirkt, wie der gewaltige Strom des Lebens aus Gottes Geist hervorging und wie zusammen mit den Tieren der Erde auch der Mensch nach Gottes Willen auf den Plan trat. Diese Geschichte ist in gewissem Sinn größer, denn sie beleuchtet die ganze Wirklichkeit, in der wir leben, einschließlich der vielen Sachverhalte, die uns die Evolutionstheorie usw. eröffnet. Aber ihre Botschaft liegt eben auch in diesen großen, umfassenden Existenzdeutungen, nicht im Detail der Bilder und Vorstellungen.

Das sieht man schon daran, dass diese Details in der Bibel selbst variieren, von 1. Mose 1 zu 1. Mose 2, von der Sintflutgeschichte zum Buch Hiob und zu den Psalmen, auch vom Alten zum Neuen Testament. Der Schöpfungsglauben wird durch eine wechselnde Symbolik wiedergegeben, die uns aus immer neuen Blickwinkeln erzählt, dass wir Geschöpfe Gottes sind und was das bedeutet. Zum Beispiel spricht Psalm 104, der große Schöpfungspsalm, die Geschöpfe Gottes in den Versen 29 und 30 so an: *„Verbirgst du dein Angesicht, so erschrecken sie; nimmst du weg ihren Odem, so vergehen sie und werden wieder Staub.*

Du sendest aus deinen Odem, so werden sie geschaffen, und du machst neu die Gestalt der Erde."

Hier ist nicht der Anfang der Welt im Blick, sondern das Fortwirken von Gottes Schöpferkraft in Anfang und Ende, Leben und Tod der Geschöpfe. Eine „creatio continua", eine fortwirkende Schöpfung, erhält und formt die Welt bis dahin, dass die Gestalt der Erde neu werden kann.

Wenn man das Schöpfungszeugnis der Bibel einzig auf die Geschichten zwischen 1. Mose 1 und der Sintfluterzählung beschränkt, wird man seiner Fülle und Vielfalt nicht gerecht. Es ist eine große, eine sehr große Geschichte, die da erzählt wird. Aber wie kommen die beiden „großen Geschichten" zusammen? Wie passt das Dunkel der langen Zeit, in der Menschen die Erde bewohnten, mit der Geschichte von Adam und Eva zusammen, mit dem Sündenfall und dem Brudermord des Kain? Wie ist der Mensch, wenn er doch Geschöpf Gottes ist, aus der Freundschaft mit Gott herausgefallen (oder ausgebrochen) und in die Einsamkeit und Not geraten, in der sich die Menschheitsgeschichte ereignet? Wenn da ein Gott ist, der mich gemacht hat, warum ist er dann so quälend vor mir verborgen?

Diese Frage beantworten die Geschichten vom Sündenfall im Garten Eden, von Kain und Abel, vom Turmbau zu Babel und von der Sintflut. Man sollte sie zusammen betrachten und sich nicht auf die Schlange im Apfelbaum fixieren lassen, denn nur zusammen geben sie eine Antwort auf die einzig mögliche Art, nämlich in Bildern und Symbolen. Aber wie passt diese Antwort in die naturwissenschaftliche Geschichte von Vormensch und Mensch? Was hat Homo ergaster Böses getan? Oder war er es nicht, war es erst Homo sapiens, vielleicht während der letzten Eiszeit? Der Neandertaler war es nicht, wie uns alle Fantasy-Autoren versichern, der war ein edler Wilder. Aber Spaß beiseite, wir wissen es nicht. Oder genauer gesagt, man kann die große Geschichte vom Versuch des Menschen, ohne Gott zu leben, nicht in die Geschichte der Naturwissenschaft einfügen. Die ist zu klein dafür.

Umgekehrt geht es besser. Den ersten Faustkeil, die erste Feuerstelle und die erste Höhlenmalerei kann man in das Schöpfungshandeln Gottes einfügen, allerdings nicht „wissenschaftlich", sondern imaginativ. Der große Paläontologe Friedrich von Huene stellte sich, wie gesagt, die Verbindung der beiden Geschichten so vor, dass Gott zuerst die biologische Art Mensch über Jahrmillionen hervorgebracht habe und dann ein Menschenpaar, Adam und Eva, aus dieser biologischen Menschheit in die Gottesnähe gerufen habe. Dort blieben sie aber nicht, und damit begann das Elend.

Andere stellen sich vor, dass alle biologischen Menschen in einer primären Unschuld und tiefem Gottvertrauen lebten, bis diese durch Angst, Gewalt und Machtstreben verloren ging. Dann stünden die Gestalten von Adam und Eva für alle Menschen.

Wieder andere deuten die Erzählungen vom Sündenfall eschatologisch: Sie malen aus dieser Sicht eine sündlose Vergangenheit aus, meinen aber die Zukunft, in der Gott alle Schuld und Trennung überwunden haben wird.

Die verschiedenen Harmonisierungen von Naturwissenschaft und biblischem Zeugnis schließen sich nicht aus. Man kann sie nahezu beliebig kombinieren. Eine eindeutige Lösung ist auch nicht so wichtig, denn warum muss man die beiden „großen Geschichten" unbedingt zusammenbringen? Sie sprechen uns auf unterschiedliche Seiten unserer Existenz an, und man kann glauben, dass sie irgendwie auch zusammengehören, muss das aber nicht durchbuchstabieren können. Aber man muss – will man als Christ nicht unglaubwürdig sein – die Geschichte, wie Gott den Menschen schuf, so erzählen können, dass Homo ergaster darin Platz findet. Ohne überzeugende Geschichten geht es nicht. Denn wenn im Religionsunterricht gegen die kreationistische Schöpfungslehre und die naturalistische Ursprungsgeschichte nichts gesetzt wird als eine Analyse, wie sich der elohistische vom jahwistischen Quelltext unterscheidet, werden Christinnen und Christen nicht zufrieden und Gleichgültige nicht interessiert sein. Sie wollen nicht nur wissen, wie die ältere und neuere Antike den Glauben an Gott, den Schöpfer, in der Sprache ihres jeweiligen Weltbilds bezeugte. Sie wollen wissen, wie die Christen heute den Glauben an Gott, den Schöpfer, in der Sprache des heutigen Weltbilds bezeugen.

Der Kreationismus bietet ihnen diese Möglichkeit, allerdings durch eine Vergewaltigung von Erfahrung und Vernunft, und um den Preis einer falschen Frontstellung gegen die Wissenschaft. Wenn mit gleicher Leidenschaft in die moderne Welt hinein von Gott als Schöpfer gesprochen würde, und dies mit anstatt gegen die Wissenschaft, hätte der Kreationismus nicht mehr viele Chancen, und Atheisten hätten einen echten Gesprächspartner.

Das Buch der Natur

Wenden wir uns also der theologischen Relevanz der naturwissenschaftlichen Theorien zu. Dazu muss man die Natur nicht unbedingt als eine „revelatio generalis" betrachten, wie es die altkirchliche und römisch-katholische Tradition mehrheitlich tut.[154] Die evangelische Theologie hat Schwierigkeiten mit dieser traditionellen christlichen Vorstellung, dass man aus dem „Buch der Natur" etwas über Gottes Handeln erfahren könne. Sie verweist als Gegenargument auf die grundsätzliche Ambivalenz der Natur.

In der Tat stehen in der Natur Schönheit und Hässlichkeit, Harmonie und Grausamkeit nebeneinander und wirken ineinander, so dass eine normative Deutung des Naturgeschehens auf den Willen Gottes hin nicht möglich ist. Zu Recht wird deshalb der naturalistische Fehlschluss vom Sein zum Sollen abgelehnt, ebenso der Anspruch, man könne aus unserem Wissen über die Welt zwingende Schlüsse auf das Handeln Gottes ziehen.

Allerdings sollte man dieses an und für sich richtige Argument nicht überziehen. Denn es muss auch bedacht werden, dass die Ambivalenz der Natur Augustinus und Galileo Galilei ebenso, nein besser bekannt war als uns heutigen Menschen. Ihre Idee vom „Lesen im Buch der Natur" setzte kein harmloses oder idealisiertes Naturbild voraus. Diesen Männern und zahllosen anderen Christen wurden ihr Naturerlebnis und ihr Naturwissen zur christlichen Erfahrung.

Dies mag die biblische Offenbarung, das Wort Gottes, vorausset-
zen, und insofern ist der Begriff der Offenbarung für das „Buch der
Natur" zu hoch gegriffen. Aber dass Wissen um die Natur zu einem
Weg wird, auf dem die biblische Offenbarung immer wieder neu er-
fahrbar wird – das sollten wir wieder lernen.

Die ethische und ästhetische Ambivalenz der Natur spricht nicht
dagegen. Denn ebenso ambivalent, nein noch viel negativer stellt sich
die Welt- und Kirchengeschichte dar. Dass es sich um eine Heilsgeschichte handelt, wird auf das Wort Gottes hin von Christen geglaubt und wahrhaftig nicht durch das Lesen im „Buch der Geschichte" bewiesen.

Die Analogie zwischen dem „Buch der Natur" und dem „Buch der
Geschichte" lässt sich sogar ausweiten. Wenn wir weder von der
Natur- noch von der Weltgeschichte sprechen, sondern von der persönlichen Biografie, schwinden die Vorbehalte gegen die Suche nach
Spuren Gottes mehr oder weniger still dahin. Dann sprechen wir
nicht nur – sehr mit Recht – davon, dass die Lebensgeschichte, so
schwer und schmerzlich sie sein mag, in Gottes Hand bleibt und
unter dem Vorzeichen der Gnade steht. Dann sprechen wir unbefan-
gen auch davon, dass die Gnade Gottes durch die Ereignisse des
Lebens verständlich, vielleicht hie und da erst enthüllt wird, dass
unsere Lebenserfahrungen uns eine ganz uns eigene Sprache verlei-
hen, vom Handeln Gottes zu sprechen, und dass sich im Rückblick
Gottes Gnade in unserem Leben erschließt. Es wäre absurd, solche
Glaubensaussagen unter den Verdacht der unzulässigen Mythisie-
rung der Biografie zu stellen, so zeitgebunden und subjektiv sie sein
mögen. Anders kann ein Mensch sein Leben nicht als eines erfahren,
das im Glauben gelebt wird.

Ebenso kann von der Weltgeschichte und ebenso von der Erd- und
Stammesgeschichte gesprochen werden, solange deutlich bleibt, dass
dieses Reden zeitgebunden bleibt, weil es an den menschlichen Wis-
sensstand gebunden bleibt. Als einige vorläufige Versuche dieser Art
sind die folgenden Abschnitte zu verstehen.

Der weite Raum und die lange Zeit

Die Zahlen sind unvorstellbar groß. Da ist die ungeheuerliche Dauer der Erdgeschichte, da sind die zahllosen Jahrmillionen der Evolution. Aus den sieben Tagen von Genesis 1 wurden zwar schon bei Augustinus viele Jahrtausende, aber was ist das im Vergleich zu den Jahrmilliarden, von denen die kosmologische Standardtheorie ausgeht? Die Geschichte der Gattung Homo, die zwei oder drei Millionen Jahre dauern mag, ist dagegen eine Episode, aber immer noch unvorstellbar lang gegenüber den 5000 Jahren bekannter Menschheitsgeschichte. Selbst die Art Homo sapiens ist seit mindestens 150 000 Jahren auf dieser Welt unterwegs, malte Bilder, schnitzte Statuen und stattete ihre Toten beim Begräbnis für ein Jenseits aus.

Wie die lange Zeit, so erschüttert auch der unfassbar weite Raum des Kosmos die christliche Vorstellungswelt. Der Mensch, der nach geometrischen Maßen nur ein Staubkorn im Weltall ist, kann doch nicht wichtiger sein als ein Staubkorn. Macht angesichts dieses Bildes räumlicher Unendlichkeit die Menschwerdung Gottes noch Sinn? Wie soll die Erde von besonderer Bedeutung, Ort der Inkarnation des Schöpfers in seine Schöpfung hinein sein, angesichts der Vermutung, dass es unzählige Planeten gibt mit unzähligen Lebewesen und vielleicht zahllosen Intelligenzen? Ist die christliche Heilsgeschichte dagegen nicht unheilbar provinziell?

In seiner berühmten Vision „Die Rede des toten Christus vom Weltgebäude herab, dass kein Gott sei", sieht sich Jean Paul auf einem Friedhof vor dem herniedergefahrenen Christus stehen. Die Toten fragen: „Christus! Ist kein Gott?" Er antwortete: „Es ist keiner."

„... Ich ging durch die Welten, ich stieg in die Sonnen und flog mit den Milchstraßen durch die Wüsten des Himmels, aber es ist kein Gott. Ich stieg herab, so weit das Sein seine Schatten wirft, und schaute in den Abgrund und rief: ‚Vater, wo bist du?' Aber ich hörte nur den ewigen Sturm, den niemand regiert, und der schimmernde

Regenbogen aus Westen stand ohne eine Sonne, die ihn schuf, über dem Abgrund und tropfte hinunter. Und als ich aufblickte zur unermesslichen Welt nach dem göttlichen Auge, starrte sie mich mit einer leeren, bodenlosen Augenhöhle an, und die Ewigkeit lag auf dem Chaos und zernagte es und wiederkäute sich ... Da kamen, schrecklich für das Herz, die gestorbenen Kinder, die im Gottesacker erwacht waren, in den Tempel und warfen sich vor die hohe Gestalt am Altare und sagten: ,Jesus! Haben wir keinen Vater?' Und er antwortete mit strömenden Tränen: ,Wir sind alle Waisen, ich und ihr, wir sind ohne Vater' ... "

Der Kosmos als Wüste, der Mensch als Waise, die Welt als ein Chaos, das keine Vaterhand ordnet: der Schrecken vor dem Nichts, der horror vacui, gehört zum modernen Lebensgefühl ebenso wie Fortschrittshoffnung und Vernunftglaube.

Eine überraschende Antwort auf den horror vacui, den schon Blaise Pascal (1623 bis 1662) spürte, findet sich in einem Fantasy-Roman der 2008 verstorbenen, christlichen Schriftstellerin Madleine L'Engle. Wer „A Wrinkle in Time" (deutsch: Die Zeitfalte) gelesen hat, weiß, wie man andere Welten und Rassen des Universums in eine christliche Abenteuergeschichte einspinnen kann, ohne theologisch und poetisch unglaubwürdig zu werden. Typisch ist allerdings auch, dass Madleine L'Engle, ein praktizierendes Mitglied der Episcopal Church, für ihre Kreativität von den protestantischen Fundamentalisten der neokonservativen Religionskultur in den USA des Okkultismus verdächtigt wurde. Der britische Apologet C.S. Lewis fand zu einer tieferen Antwort. Er dankt dem Schöpfer für den abgründigen Kosmos, weil er unserem Geist damit ein Abbild seines eigenen Wesens schenkt. Der Anschein des Planlosen und Sinnlosen im Universum ist ...

„... Zweck und Grund dafür, dass Er die Zeit so lange ausdehnt und die Himmel so tief, denn wenn wir nie dem Dunkel begegneten und nie auf die Straße träfen, die nach Nirgendwo führt, und nie auf die Frage stießen, auf die keine Antwort vorstellbar ist, so würde

*unser Geist kein Gleichnis für die Abgrundtiefe des Vaters finden,
aus der, wenn ein Geschöpf seine Gedanken hinein fallen lässt, kein
Widerhall zu ihm zurück kommt.*"[155]
Hat der Literaturwissenschaftler und Dichter, Freund von J.R.R.
Tolkien und Mitglied der berühmten Inklings, nicht ebenso Recht
wie Jean Paul? Die Endlosigkeit von Zeit und Raum bietet uns ein
besseres Bild für die Ewigkeit Gottes, als die begrenzten, heimeligen
und überschaubaren Himmelsphären im vorwissenschaftlichen Kosmos. Sind die Sphären der Seligen, die Dantes „Paradiso" beschreibt,
die einzigen überzeugenden Bilder vom ewigen Vaterhaus?

Die Sphäre der Seligen ging als Vorstellung mit der ptolemäischen
Kosmologie unter, aber der Verlust lässt sich verschmerzen. Letztlich
entscheidet sich alles daran, ob es in Zeit und Ewigkeit ein Vaterhaus
für den Menschen gibt oder nicht, ob wir in der grauenhaften Leere
des Himmels ohne Gott oder in der abgründigen Heimat von Gottes
Schöpfung leben und sterben.

Diese Entscheidung wird verfälscht und verwischt, wenn wir die
Ungeheuerlichkeit der Welt mit scheinwissenschaftlichen Mitteln zu
verhüllen suchen, wenn wir die Endlosigkeit der Zeit auf einige tausend Jahre und den Abgrund des Raums auf eine Illusion reduzieren,
wie es der Kreationismus versucht. Wir können uns die Welt nicht
selbst als Heimat zurechtdenken. Gott macht sie zur Heimat, oder
wir sind Waisen. Wenn uns die Welt aber als Schöpfung zur Heimat
wird, dann erscheinen die wissenschaftlichen Theorien in einem neuen Licht:

Nach heutigem Wissen entfaltet sich die uns bekannte Menschheitsgeschichte mit der Schnelligkeit und Kraft eines Vulkans. Urplötzlich bricht sie aus der langen Nacht der Evolution und aus der
Dämmerung der Vorgeschichte hervor und reißt die Welt mit sich.
Das Weihnachtsgeschehen wirkt wie die Kulmination, wie der Apex
einer Explosion. Das Kommen des Mensch gewordenen Gottes, die
Inkarnation, erscheint im Zeitenlauf der Evolution wie ein Blitzstrahl, der in das Dunkel der Erd- und Weltgeschichte fährt.

Die 2000 Jahre, die seither vergingen, sind nicht nur für den
Schöpfer, sondern auch für die Schöpfung wie ein einzelner Tag. Es
mag sein, dass wir erst am Morgen des neuen Tags angekommen
sind, den Gott für die Welt her_aufführt. Ein altes Kirchenlied beklagt
zwar die Wartezeit, denn Gott „...verzieht so lange, mit seinem
jüngsten Tage". Gemessen an einem einzelnen Menschenleben hat
das Kirchenlied Recht. Aber gemessen an der Menschheitsgeschichte, und erst recht an der Evolution, wurde Gott gestern Mensch, und
der auferstandene Christus ist Teil unseres „Heute". Mit dem Wissen
um die Evolution im Hintergrund lässt sich zuversichtlich sagen,
dass für die Hoffnung des Glaubens noch nicht aller Tage Abend
ist.

Es ist das Verdienst von Teilhard de Chardin[156], den Maßstab der
Komplexität in die Metaphysik der Natur eingebracht zu haben. Ein
Menschenkörper nimmt zwar einen sehr geringen Raum ein, gemessen am Kosmos, auch seine Dauer ist gering. Aber gemessen an der
Komplexität der physikalischen und chemischen Beziehungen, die
materielle Bausteine seines Organismus miteinander verbinden, und
gemessen an der ungeheuerlichen Komplexität der Informationsver-
arbeitung, nimmt sich das materielle All simpel aus. Unser Gehirn
wiegt höchstens 1500 Gramm, enthält aber 100 Milliarden Nervenzellen, zehnmal mehr, als Menschen auf der Erde leben. Die Zahl der
Synapsen, mit denen diese Zellen verbunden sind, wird durch eine 1
mit 13 Nullen dargestellt. Das sind mehr Synapsen, als es Sterne in
einer Galaxie gibt.

Berücksichtigt man, dass diese Schaltstellen komplexe molekulare
Aktivitäten aufweisen, während ein Stern mithilfe der Standard-Son-
nentheorie physikalisch recht einfach zu beschreiben ist, kommt man
zu einem erstaunlichen Schluss: Gemessen an der ungeheuerlichen
Vielfalt der Elemente, Verbindungen, Prozesse und Entwicklungen,
ist der menschliche Körper ein eigener Sternenhimmel. Dass er nicht
einmal einen Kubikmeter Raum einnimmt und dass er nur siebzig bis
achtzig Jahre existiert, ist vergleichsweise belanglos. Endlose kosmi-

sche Räume, erfüllt mit einem dünnen Gas, das sich in Jahrmillionen kaum verändert, sind im Vergleich winzig an Komplexität. Der menschliche Körper ist ungeheuerlich. Die Erde ist – geometrisch betrachtet – ein Staubkorn im Weltall. Aber sie trägt eine unfassbar komplexe Ökologie aus Abermilliarden von Lebewesen. Mit ihrer Lebenswelt ist sie ein eigener Kosmos, und wir wissen noch nicht sicher, ob es weitere „Hotspots" der Komplexität anderswo im Weltall gibt. Die Erde ist nicht zu unwichtig, um ein Werk aus Gottes Händen zu sein, wenn wir uns von der Öde der großen Zahlen nicht mehr blenden lassen. Sie ist nicht zu unwichtig, um der Ort zu sein, an dem Gott in seine Schöpfung eingeht.

Die fortdauernde Schöpfung und das Harren der Kreatur

Die naturwissenschaftlichen Entwicklungs- und Entfaltungsideen machen aus christlicher Sicht die Vorstellung einer „creatio continua" leichter zugänglich. Dass Gottes Geist, der „creator spiritus", nicht nur am Anfang der Zeit als erster Beweger wirkte, sondern ständig in dieser Welt schaffend präsent ist, lässt sich in einer Theologie der Natur, die sich entwickelt, anschaulich formulieren. Dass die Geschichte der Lebewesen den Weg nimmt, den Gott ihr weist, ergibt sich aus dieser Anschauung von selbst.

Die nach sechs Tagen fertiggestellte Welt macht die Rede vom fortwirkenden Schöpfungshandeln Gottes dagegen eher schwer fassbar. Konsequenterweise lehnen viele Kreationisten die „creatio continua" als unbiblisch ab und grenzen damit jede Entwicklungsdynamik aus ihrem statischen Naturbild aus. Das hat Konsequenzen bis in die Seelsorge hinein. Denn in einem solchen Weltbild ist auch das Hineingenommensein des Menschen, mein eigenes Hineingenommensein in das schöpferische Tun Gottes schwer vorstellbar. Wie wirkt mein eigenes Tun in einer statischen Welt fester Abläufe zusammen mit dem, was Gott tut? Möglich ist Gottes Handeln in dieser Denkwelt nur noch über das rationalistisch verstandene Wunder, also über den Eingriff Gottes in das Uhrwerk der Welt, eine Idee, die im christlichen Fundamentalismus deshalb überstrapaziert wird. Das Rätsel ist viel leichter zu lösen, wenn Gottes Tun in der Welt nie anfängt und nie aufhört. Warum sollte es nicht auch mich auf meinem Weg geleiten, so wie es der Geschichte des Lebens seine Richtung gab? Mit welchen Mitteln Gott in der Schöpfung handelt, das allerdings bleibt ein Geheimnis, das der menschliche Verstand nur selten und bruchstückhaft zu lüften imstande ist.

> „In unsern Adern fließt noch immer der Ozean, aus dem die ersten Landtiere stiegen, in unseren Gefühlen leben die Begierden und Ängste unzähliger Generationen warmblütiger Tiere, und unser Verhalten wurde gestaltet von der Weisheit vieler Generationen von Überlebenden, von den Arten und Lebewesen, die im Katarakt der natürlichen Evolution Bestand hatten. Im Menschen wird die ganze Natur unfassbar wichtig, denn sie redet mit Gott, sie hört Gottes Wort, und sie füllt sich mit Gottes Gegenwart."

Es sei daran erinnert, dass es gerade die Unwandelbarkeit des physikalischen Weltbilds, die Ewigkeit des physikalischen Raums war, die der Theologie nach Isaac Newton Mühe bereitete. In diesem Weltbild wartete das Schicksal des Wärmetods auf den Kosmos, nämlich der Ausgleich aller Entropieunterschiede und damit das Ende aller Strukturen, auch allen Lebens. Generationen empfanden dieses Bild eines kalten Weltendes als Widerlegung des Glaubens. Karl Heim erlebte deshalb die Relativitätstheorie, die mit diesem Weltbild aufräumte, als eine Befreiung für das christliche Denken, und ähnlich wurde später die Quantenphysik aufgenommen. Die kosmologische

Standardtheorie, die dem All selbst eine Geschichte verlieh, kam später, machte der Unwandelbarkeit des Alls aber endgültig den Garaus.

Es lohnt sich daran zu erinnern, wie schwer die materialistische Metaphysik, die sich auf die mechanistische Physik berief, im 19. Jahrhundert auf dem christlichen Denken lastete und wie überholt diese Metaphysik heute ist. Reihen wir die Evolutionstheorie in die Geistesgeschichte naturwissenschaftlicher Theorien ein, die von der Mechanik zur Dynamik führt, dann ist sie theologisch gut verortet. Auch das traditionelle christliche Menschenbild kann von einer Evolutionsvorstellung her neu entfaltet werden. Unser Leib, unsere ganze Natur, ist ein Abbild des Schöpfungsgeschehens, betrachten wir seine stammesgeschichtliche Herkunft. Wir kommen her von den ersten sich fortpflanzenden Molekülen der heißen Ur-Erde, von den Einzellern in den alten Ozeanen, von den ersten Linsenaugen der Fische und den fünf Fingern an den Gliedmaßen der Amphibien, bis hin zur Fürsorge einer Säugetiermutter für ihr Junges und der Rangordnung in einer Horde von urtümlichen Menschenaffen, die vor 10 Millionen Jahren in Wäldern am Nil wohnten. Alles dies und noch viel mehr lebt weiter in unserem Körper, unserem Gehirn und unserem Verhalten. In unsern Adern fließt noch immer der Ozean, aus dem die ersten Landtiere stiegen, in unseren Gefühlen leben die Begierden und Ängste unzähliger Generationen warmblütiger Tiere, und unser Verhalten wurde gestaltet von der Weisheit vieler Generationen von Überlebenden, von den Arten und Lebewesen, die im Katarakt der natürlichen Evolution Bestand hatten.

Im Menschen ist die ganze Schöpfung gegenwärtig. Wenn Gott den Menschen als Gegenüber anspricht, wandelt sich in ihm und durch ihn die Natur zum Gesprächspartner Gottes. Das biblische Wort, nach dem wir zum Bild Gottes geschaffen sind, gewinnt aus dieser Sicht an Tiefe und Weite. Wir sind „Krone der Schöpfung" nicht in dem Sinn, dass wir wichtiger wären als andere Geschöpfe, im Gegenteil. Im Menschen wird die ganze Natur unfassbar wichtig, denn sie redet mit Gott, sie hört Gottes Wort, und sie füllt sich mit Gottes Gegenwart.

Noch mehr weitet sich der Blick angesichts der Inkarnation Gottes in Christus: Als Gott Mensch wurde, wurde er nicht nur Teil der Menschheit, sondern Teil der gesamten Natur und kam allen Geschöpfen unfassbar nahe. Man könnte es wagen, an das Wort des Paulus anzuknüpfen, nach dem mit uns alle Kreatur in der Gefangenschaft der Gottesferne klagt, mit uns auf die Erlösung wartet und mit uns aus der Gefangenschaft befreit werden wird. Wir sind Bild Gottes in der Welt, am Menschen wird das Gotteswort sichtbar und hörbar. Aber wir sind auch Bild der Welt vor Gott, in der Menschheit sehnt sich die ganze Kreatur nach Erlösung.

All diese Bilder von Gott und Welt verblassen, wenn wir uns als Christen mit falschen Antithesen und Frontstellungen von der Wissenschaft abzuschirmen suchen. Wir können damit nur irren, denn Bau und Weg der Welt lassen sich vom menschlichen Denken nicht in ein „ewiges Lehrbuch" fassen. Es ist Wunder genug, dass unser Denken überhaupt etwas von der Schöpfungsvernunft zu erfassen imstande ist. Zu verlangen, dass unsere mythopoetischen Bilder und Geschichten mit der Wirklichkeit deckungsgleich seien, ist unvernünftig und gewährt nur eine Scheinsicherheit, nicht aber die Gewissheit, von der unser Glaube lebt. Der Versuch, die Wahrheit in menschlichen Sätzen zu sichern, spiegelt den Vernunftglauben der Moderne und rückt den Menschen an die Stelle Gottes. Joachim Bublaths und Michael Behes falsche Sicherheiten gehören zusammen wie zwei Seiten einer Medaille.

Der verborgene Gott

Im vorletzten Abschnitt war von der „Ambivalenz der Natur" die Rede. Für Henry H. Beach in den „Fundamentals" war es ein wesentliches Argument gegen die Selektionstheorie, dass diese die Grausamkeit in der Natur auch noch zum Prinzip des Fortschritts macht (Kapitel Die Bibel und die Angst vor der modernen Welt). Dasselbe Argument steht im Mittelpunkt des Denkens bei „Wort und Wissen". Der Tod wird zum Instrument des Schöpfungshandelns Gottes, und damit rückt – so heißt es – der liebende Gott in eine unbegreifliche Ferne.

Allerdings ist der „Kampf ums Dasein" nicht weniger grausam ohne die biologische Funktion der Selektion. Warum muss ein Schmetterling um sein Leben kämpfen? Warum muss ein Wolf davon leben, dass er anderes Leben vernichtet? Die Grausamkeit der Natur, wie sie uns Menschen erscheint, lässt sich aus keiner theologischen und keiner weltanschaulichen Perspektive leugnen oder verharmlosen. Weder Parasiten, die ihre Wirte allmählich zerstören, noch die Jagdmethoden vieler Raubtiere passen zu einer gefühligen Naturromantik. Die schreckliche Ambivalenz der Natur wäre nicht anders, gäbe es andere Kausalerklärungen für die Evolution oder auch gar keine Evolution. Das Problem liegt tiefer und es hat einen traditionellen Namen: Theodizee, Rechtfertigung Gottes. Warum lässt Gott so viel Leid und Unheil in seiner Schöpfung zu?

„Die Welt ist außen schön, weiß, grün und rot,
Innen schwarzer Farbe, finster wie der Tod"[157],
klagte Walther von der Vogelweide im 13. Jahrhundert angesichts der Last und der Vergänglichkeit des Lebens. Ist es denkbar, dass Gott selbst die Welt so eingerichtet hat? Oder muss es nicht so sein, dass die ursprüngliche Schöpfung, von der Gott sagte, sie sei sehr gut, keine schwarze Innenseite gehabt haben konnte, dass sie nicht nur gut, sondern auch durchweg schön war? Ist es denn denkbar, dass der Tod, nach biblischem Zeugnis der letzte Feind Gottes,

gleichzeitig ein Geschöpf Gottes ist, das den Willen Gottes tun muss?

Ja, es ist denkbar, allerdings nur, wenn man sich an die Grenzen menschlichen Denkens wagt. Haben wir nicht von Martin Luther gelernt, dass selbst der Teufel Geschöpf Gottes ist, das gerade dort, wo die böse Macht den Willen Gottes negiert, ihm in tieferer und umfassenderer Weise dienen muss?

Martin Luther gibt auch die einzige mögliche Antwort auf die Frage nach dem verborgenen Gott: Die Hand, die verwundet, ist die Hand, die heilt. Der Gott, der den Tod in der Welt wirken lässt, überwindet ihn auch. Der Schrecken vor dem furchtbaren Todesschicksal lässt uns nur umso mehr nach dem Vaterhaus verlangen. Die Güte Gottes ist unter ihrem scheinbaren Gegensatz verborgen, im Leben der Menschen, aber auch in Natur und Welt.

Man kann verstehen, dass viele Christen sich gegen solche erschütternden Einsichten sträuben und sie theologisch entschärfen wollen, indem sie eine ursprüngliche, gute Schöpfung entwerfen, in der es keinen Raum für den Tod gab. Schließlich gehört die Idee vom Goldenen Zeitalter am Anfang der Welt zum Grundbestand menschlicher Ursprungsmythen und hat ihre eigene, tiefe Plausibilität. Die Verantwortung für die Schwärze der Vergänglichkeit wird allerdings dadurch dem Menschen zugeschoben, oder dem Versucher, der die Menschen gegen Gott aufwiegelte. Der Tod wird so zu einer Notmaßnahme Gottes, die ausgeblieben wäre, hätte der Mensch sich nicht gegen Gottes Willen gestellt.

Dieses Bild kann sich, nebenbei gesagt, nicht auf die biblische Urgeschichte berufen. Aber es macht Gott leichter verstehbar, und gerade darin liegt das Problem. Der Gott, der vom Menschen (oder gar von Satan) zum Handeln gezwungen wird, ist ein allzu harmloser, ein nicht mehr allmächtiger Gott. Die unauslotbare Tiefe Gottes gerät aus dem Blick, Gott ist nicht mehr alles in allem.

Man kann doch nicht ernsthaft Trost in dem Gedanken finden, dass Leid und Tod durch menschliche Schuld in die Welt gekommen und eine Strafmaßnahme Gottes seien! Man hat damit zwar eine rationale Erklärung des Elends, aber immer noch keinen Grund, dieses Elend gerecht zu finden oder gar einen gütigen Gott dahinter zu erkennen. Mit anderen Worten, die Frage der Theodizee, der Rechtfertigung Gottes, wird durch das kreationistische Weltgemälde gerade nicht aufgelöst. Sie bleibt wie sie ist, oder sie wird sogar noch unlösbarer. Denn in der Geschichte, die von der Naturwissenschaft über die Entstehung des Lebens und des Menschen erzählt wird, klingen mehr biblische Töne an.

Passt es nicht besser zu unserem Schöpfungsglauben, dass sich das Leben aus einem ursprünglichen Chaos zu seiner unfasslichen Komplexität und Geistigkeit emporgerungen hat, dass das Wunder des Menschen einer Geschichte des Werdens und Vergehens abgerungen ist, dass die Schönheit der Blumen, die Menschen erfassen und erleben, einem Wechselspiel wilden Werdensdrangs entspringt, dass die höheren Tiere, mit denen wir Menschen uns umgeben, so etwas wie unfertige, aber auch unschuldige, Geschwister sind? Auch unser persönliches Leben ringt sich, wenn Gott uns auf diesen Weg führt, aus dem unfertigen und unerlösten Wesen zum neuen Leben hindurch.

So gesehen erzählt die biblische Geschichte vom Sündenfall nicht davon, wie der Mensch die Schöpfung Gottes verdarb. Das wäre diesem übereifrigen Primaten zu viel zugetraut. Sie erzählt von einem missratenen Anfang der Menschheitsgeschichte, von einem Aufbruch, der in die Irre führte, von einem Weg, der bereits an der ersten Kreuzung verfehlt wurde. Dadurch bricht das Chaos erneut in die Menschenwelt ein, dieses Mal durch das lebensfeindliche Handeln des Menschen selbst, und erneut entringt Gott dem Chaos eine neue Schöpfung.

So gesehen, passt die Naturgeschichte, wie wir sie heute kennen, sogar besser zur biblischen Heilsgeschichte als der Kreationismus: Wie die Geschichte des natürlichen Lebens, so die Geschichte des neuen Lebens. Die dunkle Seite dieser Geschichte zu unterdrücken bedeutet, das Gottesbild der Bibel zu verharmlosen und es menschlichen Wünschen anzupassen.

Zwei weitere Anmerkungen dazu: Zum einen erinnert das Argument der Theodizee, gegen die Evolutionstheorie gerichtet, an die Gründe, die vonseiten des Reinkarnationsglaubens gegen das christliche Menschenbild vorgebracht werden. Auch die Reinkarnation nimmt Tod und Vergänglichkeit scheinbar ihren Stachel, denn unser Leben verläuft danach in sich erneuernden Zeitenkreisen zu immer höheren Stufen hin. Nur so, sagen esoterische Stimmen, wird die Sinnlosigkeit und Bitterkeit des Todes erträglich.

Das mag sein, wenn man den Tod als Mensch mit menschlichen Mitteln tragen will. Doch als Christen können wir auf psychohygienische Bereinigungen unseres Welt- und Menschenbildes verzichten. Christus hat den Tod besiegt, und eine neue Schöpfung ist angebrochen. Wie neu diese Schöpfung ist, wie gewaltig die Revolution ist, die der Gottessohn anführt, das nehmen wir gerade im Blick auf die alte, todesgebundene Welt umso klarer wahr. Das Alte ist vergangen, Neues ist geworden.

Und schließlich entspricht das Argument gegen den Gott, der durch Evolution schafft, in merkwürdiger Weise der Religionskritik, die derzeit mit den „neuen Atheisten" wiederkehrt und die Religion als eine Unheilsmacht in der Menschheitsgeschichte darstellt. Auf der einen Seite wissen die Kreationisten: „So handelt ein Gott nicht, von dem wir bekennen, er sei gut."

Und weil sie wissen, wie Gott handeln muss oder soll, bestehen sie darauf, dass die Schöpfung Gottes ohne Evolution stattfand.

Auch Richard Dawkins und seine Mitstreiter wissen, was Gott in der Weltgeschichte und in der Lebensgeschichte der Gläubigen und Ungläubigen getan haben müsste und was er verhindert haben müsste, würde er existieren. Sie malen die Übel der Kirchengeschichte aus, sie häufen Beispiele für die Gewaltgeschichte der Religionen auf und sagen: So handelt ein Gott nicht, von dem ihr Gläubigen behauptet, es gäbe ihn. Daher ist Religion aus der Sicht Richard Dawkins' ein gefährlicher Virus, mit dem eine Generation die nächste infiziert. Nur wenn religiöse Menschen auch bessere Menschen wären, könnte man Gottes Existenz in Betracht ziehen.

> „Die neuen Atheisten haben mit ihrem zuversichtlichen Schluss Unrecht, dass die Schrecken der Religions- und Glaubensgeschichte gegen Gott sprechen. In Wirklichkeit sprechen sie für die Verlorenheit des Menschen, für das Elend menschlicher Existenz, das mit menschlichen Mitteln nicht überwunden werden kann. Innerhalb oder außerhalb der Religionen, unter Berufung auf Gott oder aus Hass gegen Gott, mit oder ohne religiöse Motive, tut der Mensch dem Menschen Böses an."

Das ist nicht offensichtlich unvernünftig. Denn ebenso wie man den Kreationisten zugestehen muss, dass die Geschichte der Lebewesen eine Geschichte von Leid und Tod ist, so muss man den „neuen Atheisten" zugestehen, dass die Geschichte der Religionen eine Geschichte menschlicher Bosheit und Grausamkeit ist. Wenn sie sagen, dass Religion von Angst und Hass getrieben wird und immer neue Angst und neuen Hass erzeugt, so haben sie Recht. Jede denkbare Übeltat wird im Namen Gottes begangen. Kinder werden unter Berufung auf Gott in die Irre geführt, in Angst und Schrecken versetzt, gequält und getötet. Frauen werden unter Berufung auf Gott unterdrückt, Fremde werden verfolgt, Geld und Macht wird zusammengerafft mit der Begründung, dass Gott diese Gaben seinen Freunden zubilligt und seinen Feinden verweigert. Menschen werden seelisch verletzt und verkrüppelt, die Religion bringt ihnen keine Befreiung, sondern ein Gefängnis. All das gilt auch für jede christliche Kirche und jede Gemeinde, keine Übeltat ist in ihnen unmöglich.

Die neuen Atheisten haben nur mit ihrem zuversichtlichen Schluss Unrecht, dass die Schrecken der Religions- und Glaubensgeschichte gegen Gott sprechen. In Wirklichkeit sprechen sie für die Verlorenheit des Menschen, für das Elend menschlicher Existenz, das mit menschlichen Mitteln nicht überwunden werden kann. Innerhalb oder außerhalb der Religionen, unter Berufung auf Gott oder aus Hass gegen Gott, mit oder ohne religiöse Motive, tut der Mensch dem Menschen Böses an.

Dass es dem Menschen helfen würde, wenn er unreligiös würde, wie Richard Dawkins meint, ist eine Hoffnung, die sich auf kein Stäubchen Evidenz stützt. Wo hat die Abkehr von der Religion je zu neuen und besseren Menschen geführt?

> **„Dass es dem Menschen helfen würde, wenn er unreligiös würde, wie Richard Dawkins meint, ist eine Hoffnung, die sich auf kein Stäubchen Evidenz stützt. Wo hat die Abkehr von der Religion je zu neuen und besseren Menschen geführt?"**

Versuche dieser Art gab es in der westlichen Neuzeit nicht wenige, und sie endeten ebenso katastrophal wie alle religiösen Versuche, die Übel der Welt mit menschlichen Mitteln zu überwinden. Weil sie vorab wissen oder zu wissen meinen, was Gott getan und gelassen haben sollte, sehen die neuen Atheisten auch nicht, was Gott tatsächlich tut: Sie sehen die andere Seite des Glaubens nicht, dass im Glauben an Gott Freude wächst, dass herzzerreißende Schönheit mitten in der Dunkelheit der Welt erblüht, dass mitreißende Taten der Liebe geschehen, die mit übermenschlichem Mut getan werden, dass Menschen, die auf Gott hoffen, das nicht vergeblich tun.

Es ist wahr: Wir leben als Glaubende im Zwielicht, denn hinter uns herrscht Dunkelheit, und vor uns bricht der neue Tag an. Das Licht lässt sich nicht mit der Dunkelheit zu einer akzeptablen Dämmerung verrechnen. Die furchtbaren Taten, die im Namen Gottes geschehen, werden durch die Taten der Liebe nicht aufgewogen. Wir haben als Kirche Jesu Christi keine akzeptable Bilanz vorzuweisen, sondern wir sind ebenso bankrott wie die ganze Menschheit.

Deshalb ist der Fundamentalismus nicht nur für die christliche Vernunft ein Problem. Er kann ein Problem für den Glauben werden, weil er dazu verführt, das Angewiesensein des Menschen auf Gott aus dem Blick zu verlieren. Wir haben das Gute und Richtige ja in der Hand, als Buch, das wunderbar richtige Auskunft gibt, wann immer wir es befragen, als Wissenschaft, die wunderbar richtig ist, wenn alles sonst falsch und gottlos wird, als Moral und Politik, die Gottes Willen entsprechen. Da ist der Schritt nicht mehr weit, bei der eigenen Gemeinde oder Gemeinschaft Sicherheit zu suchen und – ein schrecklicher Irrtum – scheinbar auch zu finden. Denn die Gemeinschaft, die mit mir zusammen die wahre Wahrheit besitzt und verteidigt, muss gut sein – oder etwa doch nicht?

Alle naturwissenschaftlichen Irrtümer zusammengenommen wirken sich nicht annähernd so zerstörerisch auf den Glauben aus wie eine „fundamentalistische" Haltung, die Anfechtung und Angst unter einer falschen Sicherheit und Selbstsicherheit begräbt. Es ist überaus gefährlich für Denken und Glauben von Christen, wenn sie meinen, irgendwie doch in ihrer Kirche, ihrer Gemeinde vor den Übeln des menschlichen Lebens und des eigenen Herzens geschützt zu sein. Jeder Versuch, ein heiliges Leben zu leben, eine reine Gemeinde, eine heile Kirche zu schaffen oder zu finden, ist von vornherein zum Scheitern verurteilt. Nicht wir haben diese Welt der Angst und des Sterbens überwunden. Christus sagt uns zu, er habe die Welt überwunden, und in ihm werden wir schließlich auch Überwinder werden – aber nicht hier und jetzt, nicht in Gottesdiensten und Kirchenkonferenzen, nicht im Leben der Gläubigen, nicht in unserem eigenen Leben, sondern in dem neuen Leben, das Gott schenkt und das jetzt schon beginnt.

Aber alle diese Überlegungen, auch wenn sie nicht unvernünftig sind, erhellen das Geheimnis des verborgenen Gottes letztlich nicht. Das Leid der Natur- und Weltgeschichte mag nicht unerklärbar sein, es bleibt dennoch unerträglich. Wie kann ich einen Gott, der so unmenschlich weit von mir weg ist wie der Gott der Millionen Tode der

Stammesgeschichte, als Vater ansprechen oder überhaupt etwas von ihm erwarten? Das ist die menschliche, die existentielle Frage hinter dem Problem der Theodizee. Sie stellt sich erst, wenn dieser Gott mir zum Gegenüber wird, wenn Hoffnung und Zweifel miteinander ringen, nicht vorher.

Wenn Gott mir gleichgültig ist oder nicht existiert, bleibt das Elend der Welt mit oder ohne Gott so, wie es ist, und ich muss Wege finden, meine wenigen Lebensjahre, die mir von der Evolution zugebilligt werden, irgendwie zu überstehen. Da es dann keine wirklich bedeutsamen Entscheidungen mehr gibt, soll es jeder damit halten, wie er will. Aber wer Glaube, Hoffnung und Liebe nicht fahren lassen will, der lässt sich unweigerlich auf einen Gott ein, der Menschen zum Schreien und Zweifeln bringt und dessen Dunkelheit uns ebenso erschreckt, wie seine Liebe uns anrührt und heilt.

Nachwort:
Ein Engel nimmt eine Beschwerde
entgegen

Es gibt eine himmlische Beschwerdestelle, die mit einem Engel besetzt ist, der über jede Beschwerde eine Akte anlegt und sie mit unbestechlicher Vernunft behandelt. Kürzlich brachte ein Mann folgende Klage vor: „Die Kirche spricht immer wieder davon, dass Gott die Welt geschaffen habe. Sie betont, das mache uns Menschen einmalig und wertvoll. Sie erklärt aber nicht, wie Gott die Welt geschaffen hat. Um diese Frage drückt sie sich herum."

Der Engel überlegte nicht lange: „Wie Gott die Welt gemacht hat, könnt ihr Menschen selbst erkennen, soweit das Werk Gottes für euch überhaupt erkennbar ist. Zwar ist diese Aufgabe für einen Menschen zu groß. Aber Gelehrte vieler Generationen können viel Wissen über die Schöpfung gewinnen."

„Das haben wir über Jahrhunderte getan. Dabei hat sich sehr viel Wissen angesammelt, aber es wurde immer widersprüchlicher. Die Bilder von Mensch und Welt wechselten immer schneller. Schließlich löste sich jede Wahrheit auf, nicht nur die Wahrheit über Gott, sondern über die Natur und den Menschen. Wir wissen immer mehr über die Abläufe in der Welt, und wir wissen immer weniger, was sie für uns bedeuten."

Obwohl sich nichts im Gesicht des Engels bewegte, sah er streng aus: „Die Wahrheit ging euch verloren, weil ihr selbst wie Gott sein wolltet, nicht weil eure Bilder von Mensch und Welt wechselten und wuchsen. Hättet ihr Wissen über die Natur als Wissen über Gottes Schöpfung verstanden, hätte neues Wissen neue Wahrheit enthüllt."

Der Mann war eingeschüchtert, aber er ließ nicht locker: „Man sagt, die Engel Gottes erkennen unmittelbar, was Gott tut. Du könntest mir sagen, wie Gott die Welt erschaffen hat, und ich wüsste die Wahrheit."

Die Geduld der Engel ist ebenso unbegreiflich wie ihre Liebe und ihr Zorn. Könnte ein Engel lächeln, hätte er es getan. „Wir schauen in das glühende Herz der Kraft, mit der Gott alles Geschaffene hervorbringt. Das ungeschaffene Licht blendet uns nicht. Wir erkennen, wie alle Dinge aus Gott hervor gehen und doch in Gott bleiben. Aber unsere Erkenntnis kann nur in der Sprache der Engel ausgesprochen werden, nicht in der Sprache der Menschen."

Der Mann war enttäuscht, fasste sich aber wieder. „Dann muss ich mit weniger zufrieden sein. In der Bibel steht, wie Gott die Welt gemacht hat. Wenn sich die Kirche daran halten würde, anstatt mich mit Naturphilosophie zu verwirren, würde ich die Wahrheit erfahren."

Der Engel erwiderte: „Es hat Gott gefallen, dass berufene Menschen von seinem Tun sprechen, in menschlicher Sprache und mit menschlichen Gedanken. Das Geheimnis der Schöpfung könnt ihr nur so weit erfassen, wie eure Sprache und eure Gedanken zu eurer Zeit und an eurem Ort reichen. Das gilt für die Menschen der Bibel ebenso wie für die Kirche heute."

„Aber da ist wohl ein Unterschied!", rief der Mann empört.

Der Beschwerdeengel sprach weiter, als sei nichts geschehen: „Die Sprache der biblischen Zeugen ist die Sprache ihrer Zeit und doch zu jeder Zeit gültig. Die heutigen Diener der Kirche werden für heute berufen. Aber der Unterschied ist weniger bedeutsam, als du meinst. Ihr Menschen neigt dazu, große Räume, hohe Zahlen und lange Zeiten zu wichtig zu nehmen. Wesentlich ist, dass das Gotteswort im Menschenwort lebt."

„Wie kann ich wissen, ob ich das Wort Gottes höre oder nicht? Du sagst, es verbirgt sich im Menschenwort. Wie soll ich es finden?"

„Du erkennst das Gotteswort nicht daran, dass es dein Wissen um die Welt sicher macht, sondern daran, dass es dich die Welt als Werk Gottes erkennen lässt. Das muss an jedem Ort und zu jeder Zeit neu geschehen. Ihr seid vergängliche Wesen, eure Sprache ist wandelbar, und euer Denken hat Grenzen. Ebenso vergänglich, ebenso wandelbar und begrenzt sind die Geschichten und Bilder, mit denen ihr von der Schöpfung sprecht."

Der Mann ließ nun seinem Ärger freien Lauf: „Dann sind wir verdammt dazu, nie etwas sicher zu wissen und immer damit rechnen zu müssen, dass morgen nicht mehr gilt, was heute gilt?"

Zum ersten Mal schaute der Engel dem Mann ins Gesicht. Der schlug die Augen nieder, denn das Antlitz eines Engels kann kein Mensch ertragen. „Vergänglichkeit ist eure Freiheit, Wandelbarkeit ist eure Würde. In Leben und Denken bildet ihr beständig nach, was Gott durch die Zeiten schafft. Im Menschenwort und Menschenwerk bringt ihr die Taten Gottes aus der Verborgenheit ans Licht. In unbegreiflicher Demut hat Gott euch sogar die Freiheit geschenkt, Ja oder Nein zu diesem Auftrag zu sagen. Wisst ihr nicht, dass die Engel euch um diese Freiheit beneiden? Wir, die wir alles erkennen, was war, was ist und was sein wird, erkennen doch den Menschen nicht. Das Geheimnis des Menschen ist in Gott verborgen, denn Gott selbst wurde Mensch."

Der Mann schwieg lange. Der Engel schwieg mit ihm, denn die Geduld der Engel ist groß. Schließlich sagte der Mann: „Ich ziehe meine Beschwerde zurück. Aber sage mir zum Schluss, wie ich heute so reden und handeln kann, dass die Welt für mich und andere zur Schöpfung Gottes wird."

Der Engel antwortete ihm nicht, sondern ergriff einen Stempel und drückte ein „Erledigt" auf die Akte.

LITERATUR

Grundlagen

Altner, Günter (Hg.): Der Darwinismus, Darmstadt 1981

Augustinus, Aurelius: Über den Wortlaut der Genesis = De genesi ad litteram libri duodecim, deutsch von Carl Johann Perl 1964

Bresch, Carsten: Zwischenstufe Leben – Evolution ohne Ziel?, München 1983, Frankfurt/M. 1993

Darwin, Charles: Die Entstehung der Arten (On the origin of species by means of natural selection or the preservation of favoured races in the struggle for life), 1859

Ders.: Die Abstammung des Menschen (The descent of man and selection in relation to sex.), 1871

Ders.: Der Ausdruck der Gemütsbewegungen bei dem Menschen und den Tieren (The expression of the emotions in man and animals), 1872

Dobszhansky, Theodosius: Evolution, Genetics, and Man, New York 1955

Eldredge, Niles / Gould, Stephen J.: Punctuated Equilibria – an Alternative to Phyletic Gradualism, in: Schopf, T. M. (ed.): Models in Palaeobiology, New York 1972, 82–115

Gould, Stephen J.: The Structure of Evolutionary Theory, Cambridge (MA) 2002

Hertel, Rainer: Complexification: Some Examples of Biological Evolution, in: XXIX Seminario sulla evoluzione biologica e i grandi problemi della biologie, 31–49, Accad Naz Lincei, Rom 2003

Huonder, Quirin: Die Gottesbeweise – Geschichte und Schicksal, Stuttgart 1968

Jaspers, Karl: Der philosophische Glaube, München 1948

Kullmann, Wolfgang: Aristoteles' wissenschaftliche Methode in seinen zoologischen Schriften, in: Wöhrle, G. (Hg.): Geschichte der Mathematik und der Naturwissenschaften in der Antike, Bd. I Biologie, Stuttgart 1999, 103–123

Kutschera, Ulrich: Evolutionsbiologie, Stuttgart 2001, [2]2006

Mayr, Ernst: Animal Species and Evolution, Cambridge/Mass., London 1963, deutsch: Artbegriff und Evolution, Hamburg/Berlin 1967

Ders.: The Growth of Biological Thought – Diversity, Evolution, and Inheritance, Cambridge (MA)/London 1982

Ders.: What Evolution is, New York 2001; deutsch: Das ist Evolution, München 2003

Michel, Paul: Physikotheologie – Ursprünge, Leistung und Niedergang einer Denkform, Zürich 2008

Orgel, Leslie E. / Miller, Stanley L.: The Origins of Life on the Earth, 1974

Smith, John M.: Evolution and the Theory of Games, Cambridge/GB 1982

Ders.: On Evolution, Edinburgh 1972

Wahlert, Gerd von: Darwins Erbe, in: Walter Sudhaus (Hg.): Sitzungsberichte der Gesellschaft Naturforschender Freunde zu Berlin, Bd. 45, Keltern 2006

Wilson, Edward O.: Sociobiology: The New Synthesis, Cambridge/Mass. 1975

Woodward, James: Making Things happen – a Theory of Causal Explanation, Oxford 2003

Quellen

Behe, Michael: Darwins Black Box – The Biochemical Challenge to Evolution, New York 1996

Ders.: Design for Living – the Basis for a Design Theory of Origins, The New York Times, 7. Februar 2005

Davis, Percival / Canyon, Dean: Of Pandas and People – the Central Question of Biological Origins, Richardson (Texas) 1989

Dembski, William A.: The Design Inference – Eliminating Chance through Small Probabilities, Cambridge University Press 1998

Ders.: No Free Lunch – Why Specific Complexity cannot be Purchased without Intelligence, Oxford 2002

Gish, D.T.: Fossilien und Evolution – Fakten hundert Jahre nach Darwin, Neuhausen-Stuttgart 1982

Gitt, Werner: Schuf Gott durch Evolution?, Bielefeld 2002

Johnson, Philip E.: Darwin on Trial, Downers Grove 1991

Ders.: The Wedge of Truth – Splitting the Foundations of Naturalism, Downers Grove 2000

Junker, Reinhard / Scherer, Siegfried: Evolution – ein kritisches Lehrbuch, Gießen ⁶2006

Ouweneel, W.: Evolution in der Zeitenwende: Biologie und Evolutionslehre – die Folgen des Evolutionismus, Neuhausen-Stuttgart 1984

Lönnig, Wolf-Ekkehard: Artbegriff, Evolution und Schöpfung (Selbstverlag), Köln 1986

Scheven, Joachim: Mega-Sukzessionen und Klima im Tertiär, Neuhausen-Stuttgart 1988

Schönborn, Christoph: Ziel oder Zufall? Schöpfung und Evolution aus der Sicht eines vernünftigen Glaubens, Freiburg/Br. 2007

Spaemann, Robert / Löw, Reinhard / Koslowski, Peter (Hg.): Evolutionismus und Christentum, Weinheim 1986

Stein, Alexander vom: Creatio – Biblische Schöpfungslehre, Retzow 2005

Wells, Jonathan: Icons of Evolution – Why much of What We Teach about Evolution is Wrong, Washington D. C. 2000

Whitcomb, John / Morris, Henry: The Genesis Flood, Philadelphia 1961

Wilder-Smith, Arthur E.: Die Naturwissenschaften kennen keine Evolution – experimentelle und theoretische Einwände gegen die Evolutionstheorie, 5. Auflage, Basel-Stuttgart 1985, Erstauflage 1981

Ders.: Evolution im Kreuzverhör, Neuhausen-Stuttgart 1983

Zillmer, Hans-Joachim: Darwins Irrtum – Vorsintflutliche Funde beweisen: Dinosaurier und Menschen lebten gemeinsam, München 1998

Ders.: Die Evolutionslüge, München 2005

Im Internet: www.wort-und-wissen.de

Kritische Literatur

Beuttler, Ulrich: „Denn der Zweck der Welt ist der Mensch" – das Anthropische Prinzip und die abendländisch-christliche Geschichte des Design-Arguments, in: Jahrbuch der Karl-Heim-Gesellschaft 18, 2005

Dawkins, Richard: The Blind Watchmaker – Why the Evidence of Evolution Reveals a Universe Without Design, London 1990, deutsch: Der blinde Uhrmacher, München 1987

Drossel, Barbara / Schütz, Gunther: Intelligent Design – kann man Gottes Handeln wissenschaftlich fassen?, Evangelium und Wissenschaft 28, 2007, 2–23

Edis, Taner: Darwin in Mind – ,Intelligent Design' Meets Artificial Intelligence What's wrong with Evolution?, Sceptical Inquirer Magazine, March/April 2001

Forrest, Barbara / Gross, Paul: Creationism's Trojan-Horse: The Wedge of Intelligent Design, Oxford 2004

Gutsche, Edith / Hägele, Peter C. / Hafner, Hermann (Hg.): Zur Diskussion um Schöpfung und Evolution, Porta-Studie 6, Marburg ⁴1998

Hafner, Hermann: Intelligentes Design – ein wissenschaftliches Argument für Gott?, Evangelium und Wissenschaft 28, Mai 2007, 24-30

Hemminger, Hansjörg: Kreationismus zwischen Schöpfungsglaube und Wissenschaft, EZW Orientierungen und Berichte Nr. 16, Stuttgart 1988

Hemminger, Hansjörg / Hemminger, Wolfgang: Jenseits der Weltbilder – Naturwissenschaft, Evolution, Schöpfung, Stuttgart 1991

Jeßberger, Rolf: Kreationismus – Kritik des modernen Antievolutionismus, Berlin/Hamburg 1990

Kotthaus, Jochem: Propheten des Aberglaubens – der deutsche Kreationismus zwischen Mystizismus und Pseudowissenschaft, Münster 2003

Kutschera, Ulrich (Hg.): Kreationismus in Deutschland – Fakten und Analysen, Berlin 2007

Pennock, Robert: Tower of Babel, Harvard 1999

Schrader, Christoph: Darwins Werk und Gottes Beitrag, Stuttgart 2007

Scott, Eugenie: Evolution versus Creationism – an Introduction, Westport 2004

Strahler, Arthur N.: Science and Earth History, Buffalo/New York 1987

Im Internet: www.evolutionsbiologien.de

ANMERKUNGEN

1 Nach Pro – christliches Medienmagazin: http://www.pro-medienmagazin.de/
themen/fernsehen/fernsehen-single/article/glaubenskrieg-bei-arte-christliche-
fundamentalisten-in-europa/?tx_ttnews%5BbackPid%5D=17&cHash=8a78
74dbc6 (Stand 1.4.08).

2 Hinweise auf Medienberichte in dem Fall sowie auf eine Anfrage im hessi-
schen Landtag zitiert Thomas Junker in seinem allerdings polemischen Aufsatz: Die „erstaunlichen Übereinstimmungen" zwischen Bibel und Evolutionstheorie: Was stimmt wirklich?, Schönberger Hefte 1 38 Nr. 141, 2008,
10-12.

3 Zum Beispiel im ^{40}K/^{40}Ar-System sowie im U/Pb-Zirkon-System, die von den
kreationistischen Kritikern ignoriert werden.

4 Bzw. die ihr zugrunde liegenden Konstanten my0 und epsilon0.

5 Dieses Argument findet sich als Omphalos-Theorie seit dem 19. Jahrhundert
in der wissenschaftskritischen Literatur. Es geht davon aus, dass auch Adam
und Eva einen Nabel (griechisch Omphalos) gehabt hätten, obwohl sie niemals im Mutterleib durch eine Nabelschnur ernährt wurden.

6 Das zugrunde liegende Prinzip ist das des „handicaps", durch das ein Sexual-
partner seine „fitness" demonstriert. Das Prinzip kann hier nicht näher erläutert werden.

7 Werner Gitt: Am Anfang war die Information, 3. Auflage, Holzgerlingen
2002.

8 Aus einem Poster, angeboten von türkischen Islamisten unter http://www.
evolution-schoepfung.de/bilder/15atapue.jpg (Stand April 2008), ebenso verbreitet unter http://www.harunyahya.com/de/kollaps04.php und http://www.
harunyahya.com/de/glauben6.php (Stand April 2008); Näheres im weiteren
Text.

9 Aus Paragraf 19.

10 Aus den Paragrafen 7 und 9.

11 Richard Dawkins: Der Gotteswahn, Berlin 2007; Christopher Hitchens: Der
Herr ist kein Hirte: Wie Religion die Welt vergiftet, München 2007; Michel
Onfray: Wir brauchen keinen Gott: Warum man jetzt Atheist sein muss,
München 2006 (englisch: Richard Dawkins: The God Delusion, Boston 2006;

Christopher Hitchens: God Is Not Great: How Religion Poisons Everything, New York 2007).

12   Ulrich Kutschera (Hg.): Kreationismus in Deutschland – Fakten und Analysen, Berlin 2007.

13   Siehe: http://news.nationalgeographic.com/news/2006/08/060810-evolution. html, Stand 25.8.2006.

14   Die Presse, Printausgabe 12.6.2007.

15   Aus: http://www.biblicalcreation.org.uk/index.html, Stand 12.12.2006 und http://www.answersingenesis.org/docs2006/0307recolonisation.asp, Stand 12.12.2006.

16   Aus: www.csama.org/CSA-INFO.HTM, Stand 20.8.2006.

17   Siehe http://en.wikipedia.org/wiki/Intelligent_design: „In drafts of the book Of Pandas and People, over one hundred uses of the root word ‚creation‘, such as ‚creationism‘ and ‚creation science‘, were changed, almost without exception, to intelligent design." (Stand 1.8.2007).

18   Dazu insbesondere den Sammelband von Günter Altner (Hg.): Der Darwinismus, Darmstadt 1981, mit zahlreichen Originalquellen.

19   Eine Analyse der Problematik, was naturwissenschaftliches „Verfügungswissen" und Orientierungswissen angeht sowie was die Wirkung der Evolutionstheorie auf die Theologie angeht, findet sich bei Hubert Meisinger: Intelligent Design als Herausforderung an Naturwissenschaft und Theologie: www.ekd.de/vortraege/070806_intelligent_design_meisinger.html (Stand 10.8.2007).

20   Taede A. Smedes: Intelligent Design – Theologie, Naturwissenschaft oder Ideologie? Schönberger Hefte 1 38 Nr.141, 2008 5-6; und dsb: Intelligent Design – wie viel Quatsch kann ein Theologe ertragen? A.a.O. 6-7; siehe auch Hubert Meisinger: Intelligent Design – Lückenfüller mit einfachen Antworten auf komplexe Fragen, a.a.O. 2-4.

21   Philip E. Johnson: Darwin on Trial, Downers Grove 1991; Michael Behe: Darwins Black Box – The Biochemical Challenge to Evolution, New York 1996.

22   William A. Dembski: The Design Inference – Eliminating Chance through Small Probabilities, Cambridge University Press 1998; ders.: No Free Lunch – Why Specific Complexity cannot be Purchased without Intelligence, Oxford 2002.

23   http://en.wikipedia.org/wiki/Intelligent_design, Stand 1.8.2007.

24   Christoph Kardinal Schönborn: Ziel oder Zufall – Schöpfung und Evolution aus der Sicht eines vernünftigen Glaubens, Freiburg/Br. 2007.

25 Coleman, S., Carlin, L. (Hg.): The Cultures of Creationism – Anti-Evolutionism in English-Speaking Countries, Aldershot 2004 (Sammelband).

26 Aus www.biologie.uni-dortmund.de, Stand 30.4.2007.

27 Quelle: „20 Minuten" online, 9.4.08, www.20min.ch/news/bern/story/20727703 (Stand 12.4.08); und die Parteiinformationen der EDU und EVP im Internet.

28 Siehe einen Beitrag von Ivan Vikulov bei der XII. European Conference on Science and Theology, Sigtuna, Schweden, 2008: Theological Interpretation of Scientific Hypothesis – Creation-Evolutionistic Discussion in Russian Church; im Internet unter: www.esssat.org, Stand 5.5.2008.

29 Z. B. Pressemeldung 6.2.2007: www.wiesbadener-kurier.de/politik/objekt.php3?artikel_id=2701776, Stand 6.2.2007.

30 Beide Zitate aus der Internetpräsentation von Harun Yahya, s.o., Stand 5.7.2007.

31 Stellungnahme des Evangelischen Oberkirchenrats Stuttgart zum Beschluss der württembergischen Evangelischen Landessynode vom 26. November 1986 betr. Förderung des Studienkollegs „Wort und Wissen" in Baiersbronn-Röt (8. Oktober 1987); und Beirat für Glaube und Naturwissenschaft beim Ev.-Luth. Landeskirchenamt Sachsen: Thesen zum Kreationismus, 1989 (veröffentlicht im Amtsblatt der Ev.-Luth. Landeskirche Sachsens, Dresden, 31.7.1990).

32 Hansjörg Hemminger: Mit der Bibel gegen die Evolution, EZW-Text 195, Evangelische Zentralstelle für Weltanschauungsfragen Berlin, 2007.

33 Wolfgang Huber: Der Schöpfungsglaube als Thema neuer weltanschaulicher Konflikte, in: epd Dokumentation 47/2007: „Unverzagt und ohne Grauen" – Die evangelische Stimme in Konflikten und Herausforderungen unserer Zeit, Texte der EKD-Synode 2007 in Dresden.

34 Evangelische Kirche in Deutschland (Hg.): Weltentstehung, Evolutionstheorie und Schöpfungsglaube in der Schule – eine Orientierungshilfe des Rats der Evangelischen Kirche in Deutschland, 2008, zu beziehen vom Kirchenamt der EKD, Hannover.

35 a.a.O. S.13.

36 Religionspädagogisches Studienzentrum der EKHN (Hg.): Schönberger Hefte 1 38 Nr.141, 2008.

37 Christoph Schönborn: Finding Design in Nature, New York Times 7.7.2005, Übersetzung diepresse.com vom 11.7.2005.

38 Meldung der katholischen Nachrichtenagentur KNA vom 29.3.2006, Washington D.C.

[39] Erklärung vom 26.11.2007 unter http://www.vef.info/aktuell.phtml (Stand 18.4.2008).

[40] a.a.O. S.12.

[41] Aurelius Augustinus: Über den Wortlaut der Genesis (De genesi ad litteram libri duodecim), Buch I Kapitel 19, deutsch von C. J. Perl, Paderborn 1961, 32-33.

[42] Kleiner Katechismus, Martin Luther.

[43] Tycho Brahes Kosmologie beruhte auf Daten für die Bahnen von Gestirnen, die mit bloßem Auge, ohne Nutzung des eben entdeckten Fernglases, gewonnen wurden. In Anbetracht dessen sind seine Bahndaten sehr genau und wurden von Johannes Kepler für die Entwicklung seiner revolutionären mathematischen Deutung der Umlaufbahnen als Ellipsen benutzt. Kepler war jahrelang als Assistent Brahes tätig.

[44] S. zum Beispiel die populären Werke von Petrus Apianus: Cosmographia, Antwerpen 1524; Astronomicum Caesareum (für den Kaiser verfasst), Ingolstadt 1540.

[45] Schule des Aristoteles, benannt nach der Wandelhalle (Peripatos), in der Aristoteles lehrte.

[46] Vorher Kardinal Maffeo Barberini, ein langjähriger Förderer Galileis, der sich erst aufgrund des „Dialogs" gegen ihn wandte.

[47] Internet-Enzyklopädie Wikipedia zum Stichwort „Galilei", www.de.wikipedia. org/wiki/Galileo_Galilei, Stand 18.8.2006.

[48] Eine Übersicht und Analyse der Physikotheologie bietet Paul Michel: Physikotheologie – Ursprünge, Leistung und Niedergang einer Denkform, Zürich 2008.

[49] William Paley: A View of the Evidences of Christianity, 1794; ders.: Natural Theology, or Evidences of the Existence and Attributes of the Deity, Collected From the Appearances of Nature, 1802.

[50] Richard Dawkins: Der blinde Uhrmacher – Ein neues Plädoyer für den Darwinismus, München 1987.

[51] Gottfried Küenzlen: Der Neue Mensch, München 1994 (TB München 1997).

[52] Aus: Alexander von Humboldt: Kosmos – Entwurf einer physischen Weltbeschreibung, 1845 bis 1862.

[53] Charles Darwin: Die Entstehung der Arten (On the origin of species by means of natural selection or the preservation of favoured races in the struggle for life), 1859; ders: Die Abstammung des Menschen (The descent of man and selection in relation to sex), 1871; ders: Der Ausdruck der Gemütsbewegun-

gen bei dem Menschen und den Tieren (The expression of the emotions in man and animals), 1872.

[54] Siehe die Darstellung von Bettex' Werk bei Christoph Raedel: Von der Weisheit des Glaubens, Göttingen 2006.

[55] Siehe dazu den bereits erwähnten Sammelband von Günter Altner (Hg.), a.a.O.

[56] Heute online bzw. als vierbändiges Buch verfügbar, Zitate übersetzt vom Autor.

[57] The Doctrinal Value of the First Chapters of Genesis.

[58] Decadence of Darwinism.

[59] Reinhard Hempelmann: Sind Evangelikalismus und Fundamentalismus identisch?, Materialdienst der EZW 1/2006, 4-15; ders.: Christlicher Fundamentalismus, in: Sonderdruck Nr. 24 1998 aus Materialdienst der EZW 6/1997.

[60] Die innerhalb des protestantischen Fundamentalismus z.T. heftig umkämpften Unterscheidungen zwischen „inerrancy", „infallibility" usw. werden hier beiseitegelassen.

[61] Heute würde man von einer phänomenalen Sprache reden.

[62] Siehe Edward J. Larson unter: http://www.stephenjaygould.org/ctrl/news/file002.html, Stand 1.5.2008.

[63] Ein Beispiel von vielen ist Jonathan Wells: Icons of Evolution – Why much of What We Teach about Evolution is Wrong, Washington D.C. 2000.

[64] Conservapedia (www.conservapedia.com) und CreationWiki (http://creationwiki.org/Main_Page); Stand März 2008.

[65] Siehe z. B. das Themenheft des Evangelischen Gnadauer Gemeinschaftsverbandes zu „Glaube und Naturwissenschaft": Wir – gemeinsam unterwegs, Nr. 6 Juni 2003.

[66] Friedrich Freiherr von Huene: Weg und Werk Gottes in Natur und Bibel, Marburg 1938, 50.

[67] Siehe zum Beispiel Paul Müller: Schöpfung und Wunder – Zufall oder Werk Gottes?, Metzingen 1969; ders.: Bibel und Naturwissenschaft in Widerspruch oder in Harmonie?, Metzingen 1954.

[68] a.a.O. 1969, 10 und 105.

[69] a.a.O. 1969, 11.

[70] Otto Kleinschmidt: Die Formenkreislehre und das Weltwerden des Lebens. Eine Reform der Abstammungslehre und der Rassenforschung zur Anbahnung einer harmonischen Weltanschauung, Halle/Saale 1926; dsb: Naturwissenschaft und Glaubenserkenntnis. Die Zentralfrage moderner Weltanschauungskunde, Berlin 1930; s. auch Uwe Hoßfeld: Formenkreislehre versus Dar-

winsche Abstammungstheorie. Eine weltanschaulich-wissenschaftliche Kontroverse zwischen Otto Kleinschmidt (1870–1954) und Victor Franz (1883–1950); Anzeiger des Vereins Thüringer Ornithologen 2000, 4, 1-26.

[71] Zwei Beispiele aus dem umfangreichen Werk von Joachim Illies: Die Welt ist Gottes Schöpfung, Freiburg/Br. 1981; dsb: Schöpfung oder Evolution. Ein Naturwissenschaftler zur Menschwerdung, Zürich 1979.

[72] Adolf Köberle: Karl Heims Schriftverständnis, Evangelium und Wissenschaft 1 1980, 3-4 (idea-Dokumentation).

[73] Clive Staples Lewis: Is Theology Poetry?, in: Screwtape Proposes a Toast and other Pieces, London/Glasgow 1965, 50-51 (Übersetzung vom Autor).

[74] Zum Beispiel ideaSpektrum 51/52, 2006, 26-27: Dort wird eine Auswahl an Leserbriefen zum Thema „Evolution und Schöpfung" aus dem Jahr 2006 präsentiert, die dem Muster des „equal time arguments" in den USA folgt.

[75] Edith Gutsche, Peter C. Hägele, Hermann Hafner (Hg.): Zur Diskussion um Schöpfung und Evolution, Porta-Studie 6, 2. Aufl. Marburg 1984, 4. Aufl. 1998.

[76] Der Autor dankt Pfarrer Dr. Hermann Hafner und Oberstudienrätin Edith Gutsche für die Durchsicht des Textes und für ihre Korrekturen aufgrund ihrer Kenntnis der geschilderten Vorgänge.

[77] Alexander vom Stein: Creatio – biblische Schöpfungslehre, Retzow 2005.

[78] a.a.O.

[79] Blaise Pascal (1623–1662) in seinen berühmten „Pensées", auf Zettel gekritzelte Notizen.

[80] Helmut Thielicke: Vom geistlichen Reden – Begegnungen mit Spurgeon, Stuttgart 1961, 27.

[81] Charles Darwin: Die Entstehung der Arten (On the origin of species by means of natural selection or the preservation of favoured races in the struggle for life), 1859; ders.: Die Abstammung des Menschen (The descent of man and selection in relation to sex), 1871; ders.: Der Ausdruck der Gemütsbewegungen bei dem Menschen und den Tieren (The expression of the emotions in man and animals), 1872.

[82] Zum Beispiel Theodosius Dobszhansky: Evolution, Genetics, and Man, New York 1955.
Ernst Mayr: Animal Species and Evolution, Cambridge/Mass., London 1963; deutsch: Artbegriff und Evolution, Hamburg/Berlin 1967; ders.: What Evolution is, New York 2001; deutsch: Das ist Evolution, München 2003.

[83] In der RNA tritt U anstelle von T auf.

[84] Siehe John Maynard Smith: Evolution and the Theory of Games, Cambridge/ GB 1982.

[85] Siehe E. O. Wilson: Sociobiology: The New Synthesis, Cambridge/Mass. 1975, mit einem naturalistisch argumentierenden philosophischen Anhang; Richard Dawkins: The Blind Watchmaker – Why the Evidence of Evolution Reveals a Universe Without Design, London 1990; deutsch: Der blinde Uhrmacher, München 1987, mit noch weitgehend naturwissenschaftlicher Argumentation, dagegen ders.: The Selfish Gene, Oxford 1976; deutsch: Das egoistische Gen, Berlin 1978, mit eindeutig reduktionistischer Absicht, später ders.: The God Delusion, London 2006; deutsch: Der Gotteswahn, Berlin 2007, ein zu polemischem Zweck verfasstes Werk.

[86] Die lichtempfindlichen Zellen selbst haben bei allen bekannten Tieren gemeinsame Ursprünge, die Herkunft der lichtempfindlichen Proteinpigmente lässt sich bis hinunter zu Bakterien verfolgen und die genetische Steuerung der Entwicklung lichtempfindlicher Zellschichten weist erstaunliche Gemeinsamkeiten auf – siehe Walter J. Gehring: Genetic control of eye development, Zoology 104, 2001, 171-193.

[87] Der berühmte französische Genetiker François Jacob sprach von „bricolage", ein Wort, das im Englischen in der Regel mit „tinkering" wiedergegeben wird.

[88] Zum Beispiel Kristian Franze: Lichtleiter in der Netzhaut, Spektrum der Wissenschaft, Oktober 2007, 16-19.

[89] Fachlich transponierbare Elemente (transposable elements) genannt.

[90] Die Veränderungsraten sind für alle Gene mehr oder weniger gleich. Allerdings können sich diejenigen, die sehr wichtige Funktionen erfüllen und die obendrein schon weitgehend optimiert sind, nicht mehr wesentlich ändern, ohne dass dies Nachteile mit sich bringt, die von der Selektion beseitigt werden. Aus diesem Grund ändern sich solche Gene im Verlauf der Evolution sehr langsam.

[91] Niles Eldredge / Stephen Jay Gould: Punctuated Equilibria – an Alternative to Phyletic Gradualism, in: Schopf, T. M. (ed.): Models in Palaeobiology, New York 1972, 82-115.

[92] Die lebenden Fossilien belegen die Typostasis allerdings nur in Bezug auf Merkmale, die man fossil untersuchen kann. Die äußere Form und (vermutlich) Lebensweise des Pfeilschwanzkrebses hat sich seit Hunderten von Millionen Jahren nicht verändert. Aber wir werden niemals wissen, ob sich die Population in dieser langen Zeit ein besseres Immunsystem zulegte, ihre Verdauungsenzyme entscheidend verbesserte usw.

[93] Einen anschaulichen Überblick zum Forschungsstand gibt Peter Schuster in seiner bekannt gewordenen Rede in Anwesenheit von Papst Benedikt XVI in Castel Gandolfo 2006: http://www.tbi.univie.ac.at/~pks/Presentation/castelgandolfo-06.pdf (Stand 1.8.2007).

[94] John Maynard Smith: On Evolution, Edinburgh 1972.

[95] Das Beispiel wird von Marc W. Kirschner und John C. Gerhart benutzt in: The Plausibility of Life, New Haven/London 2005, 5-9.

[96] Siehe Reinhold Leinfelder zum Zufall in der Evolution: Der deutsche Kreationismus und seine Rahmenbedingungen aus der Sicht eines Paläontologen, in: Ulrich Kutschera (Hg.): Kreationismus in Deutschland – Fakten und Analysen, Berlin 2007, 287.

[97] Reinhard Junker / Siegfried Scherer: Evolution – ein kritisches Lehrbuch, Gießen 62006.

[98] Quelle: www.siegfriedscherer.de (Stand 1.10.2007).

[99] www.martin-neukamm.de/print/rezension_junker_d.htm (Seite 2, Stand 12.5.2006).

[100] Die Theorie kann hier leider nicht erläutert werden, sie gehört aber zum Grundbestand der modernen Geologie.

[101] Man kann daher einen methodischen Naturalismus, der für die Naturwissenschaft unabdingbare Grundlage ist, von einem ontologischen Naturalismus unterscheiden, der die Realität als Ganzes naturalistisch deutet. Näheres dazu siehe bei Martin Neukamm / Andreas Beyer: Was ist Wahrheit? Oder wie Kreationisten Fakten wahrnehmen und wiedergeben, in: Ulrich Kutschera (Hg.): Kreationismus in Deutschland – Fakten und Analysen, Berlin 2007, 157ff und Martin Neukamm: Wissenschaft und ontologischer Naturalismus – eine Kritik antievolutionistischer Argumentation, in: Ulrich Kutschera (Hg.): Kreationismus in Deutschland – Fakten und Analysen, Berlin 2007, 163-231.

[102] www.genesisnet.info/fragen/antwort... (Stand August 2008).

[103] Näheres siehe bei Reinhold Leinfelder: Der deutsche Kreationismus und seine Rahmenbedingungen aus der Sicht eines Paläontologen, in: Ulrich Kutschera (Hg.): Kreationismus in Deutschland – Fakten und Analysen, Berlin 2007, 277-326.

[104] Dazu könnte man die Pollenanalysen aus Mooren usw. anführen, die noch ein reichhaltigeres Abbild der Pflanzenwelt über viele Jahrtausende liefern.

[105] Ausführlich dazu Andreas Beyer: Was ist Wahrheit? Oder wie Kreationisten Fakten wahrnehmen und wiedergeben, in: Ulrich Kutschera (Hg.): Kreationismus in Deutschland – Fakten und Analysen, Berlin 2007, 102-109.

[106] Deutsche Kreationisten versuchen dieses Problem mit der ebenso fantasievollen wie absurden Theorie zu lösen, es hätte Schwimmwälder gegeben. Wo die übrigen Ökologien waren, während diese fiktiven Wälder durch Deutschland drifteten, können sie allerdings auch nicht sagen.

[107] John Whitcomb / Henry Morris: The Genesis Flood, Philadelphia 1961.

[108] Aus: Grund und Ursach aller Artikel, so durch römische Bulle unrechtlich verdammt sind, 1520, WA 7, 310-317.

[109] Abgesehen davon folgen die Ausnahmen ganz bestimmten Mustern, die evolutionsbiologisch erklärbar sind.

[110] Andreas Beyer weist auf folgenden Zusammenhang hin (persönliche Mitteilung): Ein Teil der Aussagen des Grundtypen-Konzepts deckt sich mit denen der Evolutionstheorie, zum Beispiel die Aussage, dass alle Taxa (wenn sie sachlich korrekt identifiziert und erfasst wurden) genau eine Stammform haben. Diese Stammform muss das Entwicklungspotenzial gehabt haben, die Nachfolgetaxa hervorzubringen. In etlichen (bei Weitem nicht allen) Fällen sind die Faktoren bekannt, die dazu führen, dass ein solches Potenzial eher hoch oder eher gering ist. Dazu gehört der Grad der Spezialisierung (je höher, umso enger begrenzt sind die Möglichkeiten zu späteren Entwicklungen), die Frage nach der Entwicklungsplastizität in der Ontogenese, der Grad der ökologischen Toleranz: je höher, umso mehr Entwicklungsmöglichkeiten usw. Die Evolutionstheorie beschreibt prä- und postzygotische Barrieren für die sexuelle Rekombination, die Forderung der abnehmenden Kreuzbarkeit mit zunehmenden phylogenetischer Distanz kann man direkt daraus ableiten. In all diesen Punkten bringt das Grundtypenkonzept nichts Neues. Neu ist einzig die Behauptung, die Grundtypen würden sich von höheren Taxa grundsätzlich unterscheiden, was man jedoch mit kladistischen Analysen und Befunden widerlegen kann.

[111] Ein ähnliches Argument entwickelt Jochem Kotthaus: Propheten des Aberglaubens – der deutsche Kreationismus zwischen Mystizismus und Pseudowissenschaft, Münster 2003.

[112] Siehe Philip E. Johnson: Darwin on Trial, Downers Grove 1991; Michael Behe: Darwins Black Box – The Biochemical Challenge to Evolution, New York 1996; William A. Dembski: The Design Inference – Eliminating Chance through Small Probabilities, Cambridge University Press 1998; ders.: No Free Lunch – Why Specific Complexity cannot be Purchased without Intelligence, Oxford 2002.

[113] Dieses Beispiel ist allerdings fehlerhaft. Im Internet gibt es einen Entwurf für eine Reihe reduzibler Mausefallen, die unter der Voraussetzung, dass es eine

Selektion immer besser funktionierender Geräte gibt, über etliche Schritte bei der komplexen Form landet. Darin steckt eine Moral: Was Michael Behe sich vorstellen kann, ist kein Maßstab dafür, was es geben kann oder könnte.

[114] Da an diesem Punkt in der Sekundärliteratur (nicht bei Michael Behe selbst) immer wieder ein Fehler auftaucht, sei hier erläutert, dass eine Flagelle (oder Flagellum) der Bakterien ein völlig anderes und viel kleineres Zellorgan darstellt als die Geißeln und Cilien von echten Einzellern (Eukaryoten). Sprachlich gehen die Bezeichnungen durcheinander, aber in der Sache ist der Unterschied zu beachten. Geißeln und Cilien funktionieren, grob gesprochen, wie Ruder, die Flagelle wie ein Propeller.

[115] Siehe www.millerandlevine.com/km/evol/design2/article.html (Stand 1.8.2007); weitere Einzelheiten siehe Martin Neukamm: Wissenschaft und ontologischer Naturalismus – eine Kritik antievolutionistischer Argumentation, in: Ulrich Kutschera (Hg.): Kreationismus in Deutschland – Fakten und Analysen, Berlin 2007, 200ff.

[116] Als Ausgangspunkt kann auch in dieser Frage der bereits zitierte Vortrag von Peter Schuster dienen: www.tbi.univie.ac.at/~pks/Presentation/castelgandolfo-06.pdf (Stand 1.8.2007). Der Ausdruck „Hoyles Paradoxon" geht auf ein Buch des Astronomen Fred Hoyle zurück: Mathematics of Evolution, zuerst publiziert wohl 1987, heute erhältlich in einer Ausgabe von Memphis/Tennessee 1999. Fred Hoyle ist allerdings eine wissenschaftlich dubiose Quelle, denn der Astronom hatte eine Neigung zu fragwürdigen bis absurden Theorien außerhalb seiner Fachkompetenz, zum Beispiel was den Glauben an UFOs und Aliens angeht.

[117] Diese Anmerkung als Hinweis an Leserinnen und Leser, die es dem Autor vielleicht im Kapitel Kreationismus im Aufwind noch nicht abgenommen haben, dass Werner Gitts Argument, materielle Prozesse könnten keine Information erzeugen, so falsch ist wie dort behauptet.

[118] Nähere Erläuterung und weitere Beispiele bei Martin Neukamm: Wissenschaft und ontologischer Naturalismus, a.a.O., 210ff.

[119] Barbara Drossel / Gunther Schütz: Intelligent Design – kann man Gottes Handeln wissenschaftlich fassen?, Evangelium und Wissenschaft 28, 2007, 2-23.

[120] Nancy Randolp Pearcey: Total Truth – Liberating Christianity from Its Cultural Captivity, Crossway 2004.

[121] Man könnte in Begriffen des Aristoteles auch davon sprechen, dass die Naturwissenschaft nur effektive Ursachen, keine finalen Ursachen berücksichtigt (siehe unten).

[122] Eine ausführliche Darlegung und Kritik findet sich bei Martin Mahner: Intel-

ligent Design und der teleologische Gottesbeweis, in: Ulrich Kutschera (Hg.): Kreationismus in Deutschland – Fakten und Analysen, Berlin 2007, 200ff.

[123] Eine radikale Kritik dieser Theologie findet sich bei Taede A. Smedes: Intelligent Design – wie viel Quatsch kann ein Theologe ertragen? Schönberger Hefte 1 38 Nr. 141, 2008 6-7. Sein Argument ist, dass Gott in ihr zu einer Weltrealität wird und damit gerade seine unerforschliche Größe einbüßt. Karl Jaspers argumentiert ähnlich, meint aber, dass Gottesbeweise es nicht erzwingen, sondern lediglich „dazu verführen", Gott in eine Weltrealität zu verwandeln (siehe den weiteren Text).

[124] Aristoteles, zitiert in Ulrich Beuttler: „Denn der Zweck der Welt ist der Mensch" – das Anthropische Prinzip und die abendländisch-christliche Geschichte des Design-Arguments, in: Jahrbuch der Karl-Heim-Gesellschaft 18, 2005, 9-39.

[125] Wolfgang Kullmann: Aristoteles' wissenschaftliche Methode in seinen zoologischen Schriften, in: G. Wöhrle (Hg.): Geschichte der Mathematik und der Naturwissenschaften in der Antike, Bd. I Biologie, Stuttgart 1999, 103-123.

[126] Siehe C.D.Broad im Internet unter http://www.ditext.com/broad/bacon.html (Stand 1.5.2008): "Bacon holds that the existence of teleology in Nature is an obvious fact, and that the investigation of final causes is a perfectly legitimate branch of Natural Philosophy. It has, however, been misplaced; for it belongs to the division of Natural Philosophy which Bacon calls *Metaphysics* and not to that which he calls *Physics*. Bacon's epigram that ‚the research into Final Causes, like a virgin dedicated to God, is barren and produces nothing' has been taken by careless or biased readers to be a condemnation of such research... Now Bacon holds that the existence and some of the attributes of God can be established conclusively by reflexion on the teleology of Nature."

[127] Zitiert bei Quirin Huonder: Die Gottesbeweise – Geschichte und Schicksal, Stuttgart 1968, 57.

[128] Christoph Kardinal Schönborn: Ziel oder Zufall – Schöpfung und Evolution aus der Sicht eines vernünftigen Glaubens, Freiburg/Br. 2007, 18 und 172.

[129] Aus Karl Jaspers: Der philosophische Glaube, München 1948, 30.

[130] A.a.O., 21.

[131] Welt online vom 12. Juli 2007.

[132] Weiter führt der Artikel von Hermann Hafner: Intelligentes Design – ein wissenschaftliches Argument für Gott?, Evangelium und Wissenschaft 28, Mai 2007, 24-30.

[133] A.a.O., 171.

226 UND GOTT SCHUF DARWINS WELT

[134] Eine Übersicht bietet Ulrich Beuttler: Das anthropische Prinzip und die abendländisch-christliche Geschichte des Design-Arguments, Jahrbuch der Karl-Heim-Gesellschaft 18, 2005, 9-39.

[135] Eine logische Tautologie ist eine Aussage, die unabhängig von den Wahrheitswerten ihrer Bestandteile aus logischen Gründen (auf Grund ihrer logischen Konstanten) stets wahr ist. Sie bringt keinen Erkenntnisgewinn, weil es keine möglichen Alternativen zu ihr gibt.

[136] Keine deutsche Übersetzung bekannt.

[137] John D. Barrow und Frank Tipler: The Anthropic Cosmological Principle, S. 7, Übersetzung aus wikipedia.de 15.5.2008.

[138] Im Hintergrund dieses Arguments steht eine grundsätzliche methodische Überlegung, nach der die Naturwissenschaft nicht die ganze Wirklichkeit, sondern nur eine sehr begrenzte Auswahl von Bedingungen (Ursachen) für einen Effekt untersuchen kann. Je mehr Faktoren sie berücksichtigen muss, desto schwieriger wird die Vorhersage von Effekten, und irgendwann (lange bevor auch nur ein kleiner Teil der Wirklichkeit erfasst ist) wird jede Kausalaussage unmöglich.

[139] A.a.O., 69.

[140] Wolfgang von Buddenbrock: Vom Farbensehen der Tiere, Franck'sche Verlagshandlung Stuttgart, 7.

[141] Mary Roach: Almost Human, National Geographic Magazine, April 2008, 124-145, 134.

[142] Frank Vogelsang: Evolutionstheorie und Biologie, Zeitzeichen März 2006.

[143] Ulrich Kutschera: Von Darwin zu Einstein – der Evolutions- und Photonenglaube, S. 19, in: Ulrich Kutschera (Hg.): Kreationismus in Deutschland, Berlin 2007.

[144] S. auch Matthias Roser: Atheisten aller Länder vereinigt euch – einige Beobachtungen zu Ulrich Kutscheras Auseinandersetzungen mit Glaube und Theologie, Evangelium und Wissenschaft 29, Heft 1 2008, 27-44.

[145] Es handelt sich um eine anschauliche Formulierung eines Grundproblems jeder reduktionistischen Anthropologie: Der rationale Begründungszusammenhang aller Argumente wird aufgelöst, auch der reduktionistischen. Von daher dekonstruiert sich ein reduktionistisches Menschenbild bis zu einem gewissen Grad immer selbst.

[146] Martin Urban: Warum der Mensch glaubt, Berlin 2005.

[147] Spektrum der Wissenschaft 11/2005.

[148] Manfred Seitz: Hatte Luther doch Recht? Hirnforschung und Willensfreiheit, Psychotherapie und Seelsorge 4, 2005, 26-28.

[149] Andreas Beyer, Martin Neukamm a.a.O. S. 118.

[150] Martin Neukamm a.a.O. S. 164f.

[151] Desmond Morris: Der nackte Affe, München 1968.

[152] Abendsendung 7. Dezembers 2005 im Zweiten Deutschen Fernsehen.

[153] Dirk Evers: Raffiniert ist der Herrgott..., Zeitzeichen 12, 2005, 57-59.

[154] Als „revelatio specialis" wird traditionell Gottes Offenbarung in Christus betrachtet, als „revelatio generalis" (allgemeine Offenbarung) die Offenbarung Gottes in den Werken der Natur und Geschichte.

[155] Clive Staples Lewis: Perelandra, Freiburg im Breisgau 1950, 200.

[156] Teilhard de Chardin: Der Mensch im Kosmos, München 1965.

[157] Zeile aus: Ouwe war sint verswunden alliu miniu jar ... von Walther von der Vogelweide.

Hansjörg Hemminger

Geister, Hexen, Halloween

Esoterik und Okkultismus im Alltag

144 Seiten, Taschenbuch,
ISBN 978-3-7655-3779-0

Laut einer Umfrage unter 2.200 Schülern nimmt fast jeder dritte Jugendliche aktiv oder passiv an Okkulthandlungen teil, und Dreiviertel aller Jugendlichen haben sich bereits ausführlich mit Okkultismus beschäftigt – prozentual wesentlich mehr Mädchen als Jungen. Pubertierende Teenies pendeln über dem Foto des Angebeteten, andere legen Tarot-Karten, um etwas über die Aussichten in der nächsten Mathe-Klausur zu erfahren oder stechen Nadeln in (angebliche) Voodoo-Puppen, um sich auf magischem Weg an Klassenkameraden oder Lehrern zu rächen.

Die meisten Eltern ahnen nichts von dieser Freizeitbeschäftigung ihrer Kinder, die meist durch Freunde und Freundinnen mit „der Szene" in Kontakt kommen.

Was ist eigentlich Okkultismus? Wie sollte man mit seinen Kindern das Thema ansprechen? Was muss man wissen, was kann man akzeptieren, wo sollte man Grenzen setzen?

LChoice App
kostenlos laden,
dann Code scannen
und ganz einfach
beim Buchhändler
Ihrer Wahl bestellen

Siegfried Großmann

UND ES WAR SEHR GUT

Die Schöpfungsbotschaft der Bibel
als Herausforderung für heute

160 Seiten, Paperback
ISBN 978-3-7655-2035-8

Die Schöpfungsgeschichte: fast 3000 Jahre alt, ein Text, der im Weltbild der Antike zu Hause ist und im Gegensatz zu den heutigen Erkenntnissen der Naturwissenschaft zu stehen scheint. Und heute: Klimawandel, verschmutzte Meere, bedrohte Tierarten, und ein Verlust von gemeinsamen Werten, der viele Menschen verunsichert. Haben uns die alten Schöpfungsberichte der Bibel angesichts dieser Herausfordungen auch heute etwas zu sagen?

Eine zeitgemäße Auslegung der biblischen Schöpfungsgeschichte, in angenehmer Distanz zu Literalismus und Bibelkritik, zu Kreationismus und Evolutionismus. Dieses Buch kann man auch einem Naturwissenschaftler in die Hand drücken.

Barbara Drossel, Professorin für theoretische Physik
an der Technischen Universität Darmstadt

Barbara Drossel

Und Augustinus traute dem Verstand

Warum Naturwissenschaft und Glaube
keine Gegensätze sind

96 Seiten, Paperback
ISBN 978-3-7655-2007-5

*Barbara Drossel wendet sich in ihrem Buch mit Nachdruck gegen
ideologische Verzerrungen im Dialog von Naturwissenschaft und
Theologie. Die Autorin empfiehlt in einer differenzierten Argumentation einen Weg, der dem christlichen Glauben und der Vernunft
genügt, orientiert an historischen und zeitgenössischen Vorbildern.*

Nikolaus Schneider, ehem. Vorsitzender des Rates
der Evangelischen Kirche in Deutschland (EKD)

**LChoice App
kostenlos laden,**
dann Code scannen
und ganz einfach
beim Buchhändler
Ihrer Wahl bestellen

BRUNNEN VERLAG GIESSEN
www.brunnen-verlag.de